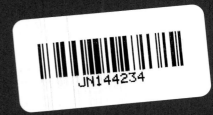

戦後地方自治と組織編成

「不確実」な制度と地方の「自己制約」

稲垣 浩

吉田書店

目　次

本書の引用文中における〔　〕は引用者により補注であり，（　）は原注である。また，引用文中には，今日の観点から見ると不適切な語句を含むものもあるが，原文通りとしている。

序　章

はじめに

1990年代後半以降，多くの府県[1)]において，「部」や「局」といった知事の直近下位に位置する組織（以下，局部組織とする）の改革・再編が，様々な形で進められている（谷畑 2003，吉村 2006，伊藤 2009）。とりわけ，2000年代初頭にかけては，三重県の北川正恭知事（当時）など，いわゆる「改革派」（礒崎・金井・伊藤 2007）知事の府県を中心に，積極的な組織改革が行われてきた（石原・山之内 2011）。

こうした，府県における組織改革の背景として，自主的・自律的，かつ合理的・効率的な行政運営が地方自治体に強く求められるようになったことが挙げられる（久世 2001）。例えば，1999年に大幅な組織の改革を行った岐阜県の梶原知事（当時）は，組織改革に当たって，改革が地方分権の進展に伴う「自己責任」による「地域間競争」への対応策であることを強調している[2)]。

一方，戦後府県の局部組織については，府県における内部管理の制度でありながら，様々な国による制約がその編成において大きく影響してきたことが指摘されてきた（大杉 2009a）。

ひとつは，地方自治法による「規制」である。地方自治法では，地方公共団体の長に属する事務を分掌する組織として，事務の種類に従って分掌する内部事務組織（地方自治法第158条）と，地域的に長の権限に属する事務を分掌する組織である出先機関の二つを定めている（同155, 156条）。このうち，前者の内部事務組織については条例によって設置するとされながらも，都道府県については「都道府県の担当する行政の相当部分が国の機関委任事務」（山崎 1990：266）であることなど，中央省庁との関係が深い「複雑な二重の性格」（長野 1952a：25）を持つことから，「都道府県の行政機構があまりにも区々になることは，国との関係や都道府県相互間に種々の支障を生じさせるため」局部組織の名称，所掌事務，設置数が規定されてきた（以下，局部組織制度とする）（秋田 1967：144）。

地方自治法制定当初の規定では，「都道府県知事が，その権限に属する事務を分掌させるため，左に掲げる局部を設けるものとする」とされ，府県は地方自治法の規定通りに組織を設置しなければならなかった[3)]。同条の規定は，これ以降数度にわたって改正され，1952 年の改正以降，府県の意向や状況に応じて編成することが基本的に認められてきた。同年の改正では，組織の名称や所掌事務が例示（標準局部例）された。また，都に 8 局，道に 8 部，府県については人口段階別に，250 万人以上にあっては 8 部，250 万未満 100 万人以上にあっては 6 部，100 万人未満にあっては 4 部と，設置数が規定された（法定局部数制）。

このように地方自治法に規定されたことについて，成田頼明は「国の行政機関の場合のように国の法令で細部末端の組織まで画一化したり，組織の改廃をすべて自治大臣の認可制にしたりすることは，組織権の本質的内容を侵すもの」と批判した（成田 1979）。また，こうした「規制」によって，局部組織の編成は府県間で硬直的・画一的なものとなったとされる（大杉 2009a，入江 2012：22-23）。

もうひとつは，府県行政に関係する省庁（以下，個別省庁とする）による「統制」である。広域自治体である府県は，基礎自治体に比べて国との関係が強いとされる。特に，個々の局部組織は機関委任事務や補助金，出向人事等を通じて関係する個別省庁と密接な関係を築いており，組織の編成に対する個別省庁の影響力が大きいことが指摘[4)]されてきた（宮本編 1990：86-114）。例えば，関係部局の維持や拡大を図ろうとする個別省庁からの「横やり」によって，府県による自主的な局部組織の改革は制約されてきたという（長野 1955，久世 1957）。

こうした国による制約が，地方自治法の改正に伴う「規制緩和」や，機関委任事務の廃止など分権改革によって個別省庁の影響力が低下したことから，府県の「自由な発想」に基づいた「地域の事情に応じた」「多様性に富むもの」へと組織編成は変化しているとされる（稲継 2006，石原・山之内 2011）。

しかし，図表 序−1に示されるように，戦後の府県は局部組織の再編を全く行ってこなかったわけではない。国による「規制」や「統制」のために，府県による組織編成が硬直的であったとする理解には，いくつかの点で問題があるように思われる。

例えば，府県による自主的な組織編成を「規制」してきたとされる局部組織制度は，完全に組織編成を制約してきたわけではない。局部組織の新設や再編は，国や他府県の行政組織との「権衡」を失しないように編成されなければならないとされた。局部の名称，所掌事務の規定・変更には届出が，地方自治法に定められた局部数を超えて増部する場合には，あらかじめ内閣総理大臣（自治省設置後は自治大臣）との「協議」が必要であった（岩切 1974ab）。ただし，局部の名称や設置数は「標準」を「例示」したものとさ

図表 序−1　局部組織の新設・廃止があった府県数の推移（1950-2009）

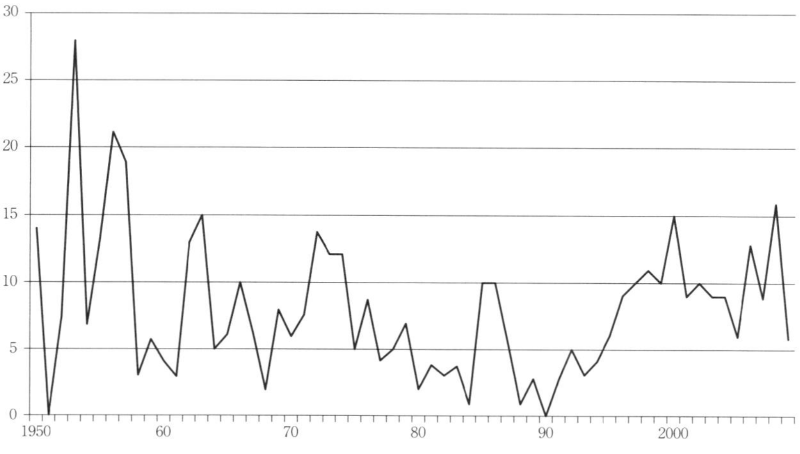

出典）大蔵省印刷局編『職員録』（下巻）各年版のデータをもとに筆者作成。
注）集計にあたっては当年度と前年度の『職員録』を比較し，前年度に存在した組織の名称が当年度に存在しない場合には「廃止」。当年度に新たな組織の名称がみられた場合には「新設」としてカウントした。

れ，「例示」されていない組織を「任意設置部」として設置することも認められていた。増部についても禁止されていたわけではなく，あくまでも「協議」制であり，許可制であったわけではない。なお，1991 年以降段階的に法改正が進められ，2003 年の改正で都道府県の局部・分課に関する規定は廃止された[5)]。

また，1960 年代の終わり頃には，地方自治官庁[6)]自身が現状に法制度が適合していないことを認識していた（秋田 1967：147)。1970 年代には，府県の事情に応じて名称や事務分掌を変更することが可能であることを強調するようにもなった（古居 1977：107)。設置数についても，1956 年の改正当時に 1 部の超過が通達で認められ，多くの府県でその後も 2 〜 3 部程度超過しており，「規制」であったとしても，1991 年以前に実質的に「緩和」されていたと考えられる。

もうひとつの，個別省庁による「制約」の指摘についても疑問が残る。個別省庁が各府県の組織編成に対して意思を表明する制度は存在しておらず，これを無視して直接組織編成に介入すれば，組織編成権を持つ府県や制度を所管する地方自治官庁に対する越権行為となる。とりわけ局部組織は，課や係に比べて全体の所掌範囲が広く，所掌する事務もすべて国の事務（機関委任事務など）であるわけではないことからすれば，個別省庁が府県外部から局部組織を包括的に統制することは難しいことが想定されよう。

このように，国による制約を強調する見方は，必ずしも十分な見方ではないように思われる。では，こうした「規制」や「統制」がなかったとすれば，府県は自由に「地域の事情に応じた」組織を編成してきたのであろうか（砂原 2011：2)。以下では，組織編成をめぐる「不確実性」の問題を手掛かりに，戦後府県の局部組織の編成構造について考えていくことにしたい。

第１節　局部組織の編成構造

(1)　局部組織制度と「正統性」

森田朗が指摘するように，行政組織の編成とは，政策を実施する手段，組織の効率的な管理，あるいは組織を通じた政治的な影響力の拡大など，多様な目的や視点が複雑に絡み合う過程であり，その帰結を正確に予測することは困難である（森田 1987）。サイモンは，こうした組織編成過程に見られるように，政策決定においてその帰結を正確に予測することは困難であり不確実であるとする（Simon 1974，河野 2002，橋本 2005，伊藤 2006）。こうした指摘からすれば，戦後府県による局部組織の編成も，同様に不確実性の高いものであったと考えられる。

局部組織制度は，機関委任事務など，融合的な国・府県関係（特に，個別省庁と府県との関係）を制度の存在理由としてきたことから見て，保健所の設置などに見られるような，いわゆる「必置規制」などと類似の性格を持つ制度であったということができよう。しかし，局部組織制度は，「必置規制」に比べ，国との関係がより複雑なものであったと考えられる。

局部組織制度の大きな特徴として，法制度を所管する官庁，制度の根拠となる事務や政策を所管する省庁，府県の対応が一致していないことが指摘できる。例えば，必置規制のひとつである福祉事務所が，生活保護法や児童福祉法など厚生労働省が所管する事務を執行するために，同省が所管する社会福祉法に基づいて府県と市区に設置を義務づけているのに対して，局部組織制度は関係省庁が所管する事務を執行するために，地方自治官庁が所管する地方自治法に規定され，府県が自らの判断で設置するものである（1956 年の地方自治法改正時の規定：図表 序−２）。このように，局部組織制度をめぐっては，個別省庁，地方自治官庁，府県の３つの主体が関係しており，それぞれが局部組織制度とその編成に対して「正統性」を持つということができる。

図表 序-2　局部組織制度の構造

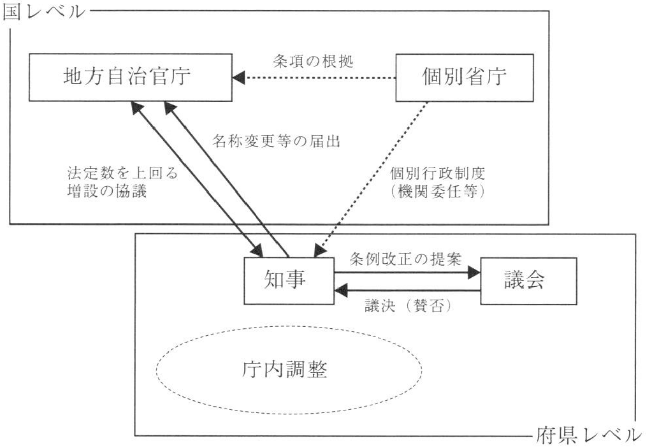

(2)　組織編成をめぐる「不確実性」

こうした，局部組織の編成をめぐる各主体間の関係は，「不確実性」の高いものであったように思われる。前述のように，地方自治官庁は，地方自治法の所管官庁として局部組織の編成に関与してきたが，同法に定められた局部組織の名称や設置数は「例示」された「標準」とされるなど，明確な基準を持って規制していたわけではない。また，国や他府県の行政組織との「権衡」を失しないように編成されなければならないとされたが，「権衡」が具体的にどのような状態を指すのか，明示されていたわけではない。

個別省庁との関係においても，同様であろう。個別省庁にとって府県庁内に関係する局部組織が存在すること[7)]は，機関委任事務の執行などを円滑に進めやすくなるという点で重要な「利益」（内山 1998）であったと考えられる。しかし，前述のように，公式的に個別省庁が府県の組織編成に関与する機会は与えられてこなかった。一方で，個別省庁には，機関委任事務制度に基づく指揮監督権限，出向人事や個別補助金など，府県を直接的に統制・誘導する仕組みが別に与えられている（村上 1994：143-178)。このため，個別省庁にとって意に沿わない編成であった場合，これらの統制の仕組みを通じて，間接的に府県に「報復」することも可能である。

このように，府県における局部組織の編成をめぐっては，直接的な「規制」や「統制」が実際にはなかったことも考えられるが，地方自治官庁や個別省庁が府県による局部組織の編成に関係していなかったわけではなく，その関係は「不確実性」の高いものであったと考えられる。

一方，局部組織の編成をめぐる不確実性は，府県内部においても存在している。地方自治法上，局部組織の設置・改廃は条例によるものとされ，議会による議決事項となる。このため，設置や改廃あるいは組織を条例事項とするか否かという点まで含めて，局部組織（知事直近下位組織）をめぐる問題は，知事と議会の間の政治的な争点となる（cf. Lewis 2003）。例えば，2004年に長野県において，田中康夫知事（当時）が提案した経営戦略局の信州経営戦略局への改称を長野県議会が否決した問題などにみられるように，もともと議会と知事との間に政治的な対立が存在する場合には，組織編成問題がこうした対立を背景とすることで，政治的な争点として浮上しやすくなると考えられる。

また，府県庁内からの反対も想定されよう。例えば，総務・管理系部局の統合は，権力の集中につながることから，専門部局等の反発を受ける可能性が考えられる。また，専門部局に関連する府県庁外部の諸団体も，組織改革に影響を及ぼす要因として考えられよう。農林水産行政における農協や漁協，林業団体，あるいは衛生行政における医師会，福祉行政における社会福祉団体，建築・土木行政における建設業界など，関係団体の支持が個別の局部組織の安定化につながっている場合も考えられる。さらに，こうした諸団体の存在を背景として，議会が組織再編案に反対することも考えられよう。こうした反発が強ければ，「知事主導」の改革であっても，知事は府県庁内で孤立することにつながりかねない。

このように，戦後府県における局部組織の編成をめぐっては，国との関係，あるいは府県内部における関係において不確実性が存在してきた。こうした，構造的に「不確実」な状況のもとで，戦後の府県はどのようにして局部組織を編成してきたのであろうか。

以下では，戦後日本の地方制度に内包される不確実性とそれへの自治体の対応についての先行研究を概観し，これを踏まえて，戦後府県における局部組織の編成構造と不確実性の問題についてさらに検討していくことにしたい。

第２節　分析枠組みの設定

(1) 戦後地方制度の構造と「不確実性」

戦後日本の地方制度をめぐっては，国による自治体への規制や統制が強いことが指摘されてきた。こうした議論の代表的な論者である辻清明は，「民主的」かつ「分権的」に改革されたはずの戦後地方制度の内部には，依然として「非民主的」かつ「集権的」な制度や特徴が存在してきた[8)]と指摘している（辻 1969）。また，多くの研究者が，自治体の自立性や主体性を尊重する立場から，こうした集権的な制度を改革する必要性を主張してきた（大原・横山 1965，井出 1972，赤木 1978，星野 1982）。

しかし，国は「全知全能の神」（武智 1996：167）として，あらゆる政策分野において府県を厳格に統制することができたわけではない。自治体を統制するための法制度があったとしても，統制の基準や対象などが明確に規定されず，運用段階で自治体が独自に解釈・決定する場合や，裁量を行使する部分が大きい制度は少なくない。例えば，地域の地理的・経済的特性に応じて行われる土木行政や産業政策，教育政策における学校の設置等，一定の法制度上の規定はあるものの，実施において自治体の裁量が認められている分野などがある（山下・谷・川村　1992，砂原　2006）。

ただし，こうした場合の自治体の判断や裁量の行使は，国との間に齟齬や紛争を引き起こす場合も少なくない。例えば，公害問題の発生した自治体では，国の定めた基準よりも厳しい規制を自治体レベルで設定する「上乗せ」や，国の定めるサービスに追加してサービスを行う「横出し」などのように，独自の政策を生みだす一方で，こうした制度の適法性をめぐる問題が国との間で生じてきた（曽我　1998：(4) 101）。

このように，自治体の裁量行使や判断をめぐっては国との関係において不確実な部分が少なくないが，自治体はこうした不確実性に全く対処してこなかったわけではない。戦後の地方制度の下では，中央省庁によって企画立案された政策を府県において執行する場合，特に複数の省庁間で重複あるいは対立する政策の場合には，国レベルでの総合化や調整が行われにくいという。その結果，府県レベルにおいてこうした調整を行い，政策を決定し実施してきたとされる（全国知事会 1963）。

また，住宅政策や教育政策など，国（中央政府）（あるいは府県などの上位政府）が関与する自治体（地方政府）の政策とその立案・実施の過程を観察し，そこに地方政府の影響力が大きいことを明らかにしたリード（1990：256-262）によれば，日本の中央政府と地方政府の関係においては，相互に密接なコミュニケーションが存在しており，地方政府側が裁量を行使する場合であっても，中央政府との間で齟齬が発生しにくいとされる。

例えば，中央政府の行政官の地方政府への出向などを通じて，中央政府に対して意見を述べる機会が地方政府には与えられており，こうした回路を通じた密接なコミュニケーションによって，中央政府は政策上の錯誤と相手の意図についての大きな誤算を予防してきたという。地方政府の行政官もこうしたコミュニケーションを通じて自らが持つ地方的な事情に関する知識を政策に取り込み，実施に反映することが可能となるため，集権的な政策決定によって生み出されるかもしれない愚かな結果の発生を防いでいるとされる。

こうした議論からすれば，府県が組織を編成する場合，可能な限り国との間で意思の疎通を図ることによって，国との対立や「報復」を回避しようとする可能性が考えられる。ただし，戦後日本の内政・地方制度においては，省庁間のセクショナリズムが強く，府県との関係も複雑であり，「国」とのコミュニケーション回路は常に明確化されているわけではない。

局部組織制度に関しても，とりわけ個別省庁と府県との間の「回路」は，不明確なものであったように思われる。前述のように個別省庁が府県の組織編成に対して直接意思を表明したり，府県と調整する機会があったわけではない。一方で，自身の意向に沿わない編成が行われた場合，補助金の減額などを通じて間接的に「報復」する可能性があることが指摘されてきた。

(2) 組織編成の「ルール」

では，このように制度の運用をめぐって不確実性の高い状況において，府県はどのように組織を編成してきたのであろうか。

前述のサイモンは，不確実性の高い状況での政策決定では，その決定の合理性は限定的なものにならざるをえないことを指摘した。アメリカの行政学者であるカウフマンも，組織再編によって何らかの問題が発生する可能性がある場合，あるいは組織再編の帰結が非常に不確実な状況である場合，行政組織は，その再編を行うことに対して自ら制約的（self-limiting）になると指摘している（Kaufman 1971：73-79，1976）。

このように，局部組織の編成において，府県が自ら制約的な行動をとることは，近年いくつかの研究において指摘されている。山之内・石原（2008：24）は，現在の府県における局部組織の編成が，機能部別に縦割りに編成されていることについて「機関委任事務時代の呪縛」によるものであると指摘している。また滋賀県の組織改革では，実際にはなかったにもかかわらず，担当した職員が，省庁からの反発を恐れて改革に消極的になる「中央省庁統制の幻」が見られたという（谷畑 2003：73）。

ただし，府県は局部組織の編成をめぐって「制約的」に行動してきたとしても，全く何もしなかったわけではなく，一定の組織変化は見られてきた。では，これまで府県は，どのような行動原理に基づいて組織を編成してきたのであろうか。

マーチとオルセンは，組織や制度は，その選択をめぐって関係する政治アクターが功利主義的に行動した結果として決定されるのではなく，何がその場において「適切な」行動であるかを基準とする「適切さの論理」によって，アクターが自らの行動を決定することを指摘している（March and Olsen 1989）。またマイヤーらは，社会に実際に存在する様々な組織は，非効率的なものである場合が多いことを指摘したうえで，こうした組織選択における非効率性は，社会的に「合理的」であると「儀式的」に見なされている「制度化されたルール（institutional rules）」に基づいて組織が選択された結果であることを主張した（Meyer and Rowan 1977）。

これらを府県の場合にあてはめていえば，国からの直接的な「規制」や「統制」がなくとも，「中央省庁統制の幻」に見られたような，国への「配慮」が組織編成における重要な「ルール」であった可能性が示唆されよう。

一方，戦後の府県が局部組織を編成するうえでの特徴として，府県間で画一的な編成が見られる場合が少なくないことが指摘できる。例えば，後述するように1960年代には，企画部や企画開発部，1970年代には公害部や環境部といった，「例示」されていなかった組織が，数年の間に全国の府県で同じように設置されてきた（稲垣 2006）。また，法律の規定と異なる名称の組織を設置する場合であっても，府県間で類似した名称をとる場合が散見されてきた。

図表 序−3は，標準局部例に規定された部の編成を基準として，それぞれの分野を所管する部の主要な名称とその「設置率」を示したものである。「設置率」とは，表に示された名称を持つ組織を設置した府県の割合である。これによれば，法律の規定にない名称であっても，「商工労働部」等のように，府県間で類似した名称をとる組織を持つ府県の割合は少なくない。また，

図表 序−3　分野別に見た実際に設置された主要な組織とその設置率

（単位：%）

旧標準局部例（6部制）		1953-1960			1961-1970			1971-1980			1981-1990			1991-1997			1998-2006		
総務部		1	総務部	100	1	総務部	100	1	総務部	100	1	総務部	100	1	総務部	100	1	総務部	87
		2	—	—	2	—	—	2	—	—	2	—	—	2	—	—	2	経営管理部	4
民生労働部		1	民生労働部	34	1	衛生部	67	1	民生部	31	1	環境保健部	30	1	環境保健部	24	1	保健福祉部	31
		2	民生部	30	2	厚生部	23	2	生活福祉部/厚生部	14	2	衛生部	23	2	保健環境部	18	2	健康福祉部	27
衛生部		1	衛生部	74	1	民生部	30	1	衛生部	51	1	生活福祉部	30	1	生活福祉部	19	1	保健福祉部	27
		2	厚生部	17	2	民生労働部	30	2	環境保健部	30	2	民生部	21	2	民生部	12	2	健康福祉部	27
商工部		1	経済部	40	1	商工労働部	47	1	商工労働部	62	1	商工労働部	75	1	商工労働部	72	1	商工労働部	46
		2	商工部	28	2	商工部	21	2	商工部	11	2	商工部	7	2	商工労働観光部	9	2	商工労働観光部	13
農林部		2	農林部	42	1	農林部	37	1	農政部	37	1	農政部	37	1	農政部	37	1	農林水産部	48
		1	経済部	40	2	農政部	24	2	農林部	30	2	農林部	24	2	農林水産部	35	2	農政部	19
土木部		1	土木部	92	1	土木部	88	1	土木部	90	1	土木部	89	1	土木部	86	1	土木部	67
		2	土木建築部	80	2	土木建築部	12	2	土木建築部	10	2	土木建築部	11	2	土木建築部	14	2	土木建築部	14
任意設置	企画系	1	企画管理部	2	1	企画部	51	1	企画部	48	1	企画部	46	1	企画部	44	1	企画部	25
		2	開発部	1	2	企画開発部	14	2	企画調整部	19	2	企画調整部	25	2	企画調整部	23	2	企画調整部	12
	その他	-	—	—	-	—	—	1	生活環境部	19	1	生活環境部	17	1	生活環境部	20	1	生活環境部	30
		-	—	—	-	—	—	2	環境部	14	2	環境部	8	2	環境部	9	2	環境部	20

出典）大蔵省印刷局ほか編『職員録』（下巻）各年版のデータをもとに筆者作成。

注１）網掛け部分は，地方自治法に例示されていた名称の組織。

注２）調査対象府県数は，旧地方自治法第158条に規定された6部制府県（人口100万以上250万以下）であり，各時期区分とも府県数は28である。

このように府県間で類似した名称をとる傾向は，標準局部例が廃止された1991年以降も見られている。

こうした府県間での組織編成の類似性は，社会学的新制度論における「同型化」の議論から理解できるように思われる。ディマジオ＝パウェルによれば，「組織フィールド」と呼ばれる，ある特定の制度の下にある組織群は，国家による何らかの強制，正統性を備え成功しているほかの組織の模倣，社会の専門化・特殊化等に伴う規範的圧力といったメカニズムを通じて構造や作動様式を均一化させていく「同型化」が進行するという（DiMaggio and Powell 1991b）。こうした「同型化」は，政治・行政の様々な場面において観察されてきた。

例えば，アメリカの州政府における政策決定について分析したウォーカーは，政策選択においては，政策の帰結の不確実性に対処するため，他の府県で成功あるいは成功したと思われる政策を選択する場合が少なくないと指摘した[9]。その結果，自分たちの州では必ずしも合理的でない政策であっても採用される場合があるという（Walker 1969）。

また，州政府組織の組織再編（reorganization）において州政府間で特定の組織形態の波及する要因について観察したガーネットは，波及している組織再編のアイデアや手法などを受容することは，組織再編を行おうとする主体にとって，その政治的な利益の面から見て有益であると考えられていることを明らかにしている。例えば，首長が他の州において採用されている組織や再編手法を取り込んで再編案として議会等に提案した場合，すでに他の州で「実績」があることから受け入れられやすいという[10]。このように，波及している他の政策を受容することは，それによって組織再編において発生する可能性のある政治的なリスクを逓減する行動としても理解できるという（Garnett 1980：20-21）。

戦後府県の局部組織の編成においても，こうした模倣を通じた不確実性への対応を行っている可能性は高いと考えられよう。ただし日本の府県は，前述のようにアメリカ州政府に比べて国との関係が強いという点で，その制度的環境は大きく異なる。また，日本の府県間における組織編成の画一化は，必ずしも模倣のみとは限らない。

例えば，地方自治法の「例示」通りに組織を設置することによる画一化である。述べてきたように，地方自治法の規定はあくまでも「標準」の「例示」であって，府県が設置を強制されるものではない。しかし，「標準」といえども「正統性」を持つ法律の規定に則って編成されれば，国との関係あるいは府県内部との関係において，そうした組織編成が「正当化」されやすくなるものと考えられよう。

ただし，人口段階別に示されているとはいえ，「例示」通りに組織を編成することは，様々な面で府県行政の実情に合わなくなる場合[11)]も想定される。こうした，組織編成に対する様々な不満や問題が府県内部に積み重なった場合，あるいは何らかの形でそうした問題が顕在化すれば，「例示」どおりに編成することへの「正当性」も低下し，「標準」から逸脱して府県の事情に合わせた機能合理的な組織を編成しようとする動きにつながることが考えられる。一方で，そうした府県の事情に合わせた組織編成が地方自治官庁や個別省庁の意向に沿うものでない場合，再び国との間の不確実性の問題が発生することが考えられる。

こうした一連の指摘を踏まえて，再度地方政府における組織再編と国の関係について考えてみたい。図表 序−4は，国（National Government）による規制と，総体レベル[12)]における組織編成との関係を描いたモデル図である。まず，向かって左側の図は，局部組織制度の集権性を強調するこれまでの研究をもとに，国による規制の有無と地方政府間での組織の多様化と画一化の関係について示したものである。先行研究からすれば，国による規制が存在していれば地方政府の組織は画一化され，規制がなくなれば多様化することになる。

しかし，前述のマーチ＝オルセンの指摘から考えれば，直接的な国による規制や制約がなくとも，その結果について不確実性が存在する「限定合理性」の中で組織編成を行う場合，地方政府は結果に対するリスクを考慮して，何らかの「適切」と考えられるルールに従って組織を編成することが考えられる。前述のガーネットの指摘と戦後府県の組織編成についてのデータから

図表 序−4　規制と組織編成のモデル

規制と総体レベルにおける組織編成の状況との関係についての理念型モデル　　実際の状況のモデル

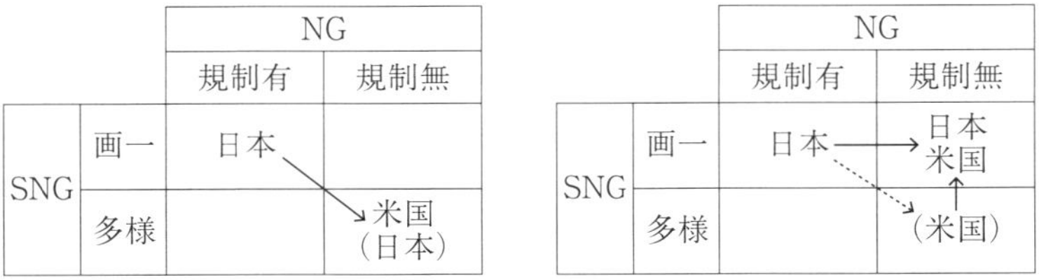

NG＝National Government
SNG＝Sub National Governments

考えれば，府県は他の府県と類似した組織を編成することで，組織編成における不確実性に対応しようとしてきたことが想定される。

このように，地方政府が他の地方政府と類似した選択をすることは，日本においても観察されてきた。伊藤修一郎（2002）によれば，政策を採用しようとする自治体は，すでに政策を採用している自治体の模倣や参照（相互参照）を通じて不確実性を解消してきたとされる[13)]。その理由として伊藤は，先行する自治体があれば，その自治体に対する上位政府の反応を見ることが可能となり，また採用する自治体が増えてくれば上位政府の反対も分散されることでその効果が薄まることを指摘する。上位政府との関係における不確実性を持つ局部組織の編成においても，前述のように類似の組織が設置されてきたことや，国への「配慮」が編成過程において重要であったとみられることからして，同様の現象が発生していた可能性が考えられよう。

こうした諸研究からすれば，戦後府県による局部組織の編成は，先行研究が指摘するように国によって直接的に「規制」され「統制」されてきたわけではなく，一方で個々の府県の政策や社会経済環境に厳密に適合した，機能合理的な組織が編成されてきたわけでもないと考えられる。府県は国への「配慮」や他府県の模倣といった，マイヤーらの言う「制度化されたルール」を生み出し，それに沿って組織を編成してきたと考えられよう。

こうした，模倣や国への配慮を通じた組織編成は，ガーネットが指摘するように，府県内部における不確実性に対処するうえでも有効であると考えられる。その理由は，他府県ですでに「実績」があることを強調することによって，議会をはじめとする府県内部における関係アクターの説得が容易になると考えられるからである。また，戦後府県にとって，国から不利益がもたらされないことは，知事や議会など，府県内部の改革過程に参加するアクターの間で一定程度共通する利益であったと考えられよう。そうであれば，国との関係への「配慮」とその範囲内で他府県の動向を参照することは，府県内部において組織改革を「正当化」するうえで有効であったと考えられよう。

(3)　本書の課題

戦後国・府県関係の変化と局部組織制度

本書は，主に歴史的な視点から，戦後府県における局部組織の制度とその編成について検討を進める。その理由は，述べてきた局部組織制度をめぐる不確実性が，戦前・戦後にかけて進められた地方制度の改革や，それに伴う国・府県関係と府県行政の変化といった，歴史的な動向の影響を大きく受けてきたと考えられるためである。

戦後府県の局部組織の編成を定めた旧地方自治法第 158 条は，戦前の地方官官制の規定を引き継いだものであった（谷畑 2003：61）。戦前の地方官官制は，内務省が「内政に於ける総務省」として内政を統括し，府県が内務大臣の一般的監督権の下に国の出先機関として国の事務を総合的に処理する「内務省－府県」体制（天川 1989）を前提にしていた。いわば，戦前の地方官官制における局部組織制度の「正統性」は，内務省に一元化されていたのである。

しかし，地方自治法の制定・改正が進められた，占領期から「逆コース」期における地方制度改革においては，こうした局部組織制度の前提条件は大きく変化した（天川 1986：135）。

戦前から拡充しつつあった補助金制度や，機関委任事務制度などの「機能的集権化」（市川 1991）が進み，内務省は解体され府県は自治体化されたことによって国から「分離」した。また，個別省庁は府県から出先機関へ事務を「分離」した。さらに，出向人事や補助金などを通じて個別省庁が関係部局と直接結びつくことで府県庁内における部局間の「分離」（大杉 1997：52-53）が進んだ。

戦後府県の局部組織制度は，こうした国・府県関係や，府県行政をめぐる「分離」の影響を大きく受けてきた。後述するように，局部組織制度は，直接的には機関委任される事務の執行体制の確保策として地方自治法に規定されたものである。ただし，それは機関委任事務制度と同様に，府県における行政体制を組織面で確保することで，個別省庁が出先機関へ事務を「分離」することを抑制する狙いが，制度を立案した旧内務省にはあった。また，旧内務省の解体後は，「嫡流」である地方自治官庁が，地方自治法の一制度として所管し，自治体としての府県が法律によって認められた範囲で組織を自主的に編成してきた。このように，局部組織制度をめぐっては，個別省庁，地方自治官庁，府県が複雑に関係してきたのである。

一方で，局部組織制度をめぐるこれらのアクターの考え方は，常に一致するわけではない。戦後幾度となく，例示された組織の統合や名称変更，府県による組織編成権の拡充など，局部組織制度の改革がそれぞれの立場から提起されてきたが「いったん手をつけると各省庁等の意見がまとまらないために，従前の古い規定のまま温存され」てきたとされる（久世 1966a）。地方自治官庁，個別省庁，府県のそれぞれが制度に対して「正統性」を持つために，制度改革は「不決定」（大杉 1991：1）状態に止められ，結果として制度をめぐる不確実性は「温存」されてきたということができよう（天川 1986：135，金井 2007）。さらに，府県の自治体化や知事の公選化，あるいは設置条例をめぐる議会の関与など，府県内部における政策決定の不確実性も，局部組織の編成をめぐる不確実性を増大させることになったと考えられる。

このように，戦後府県の局部組織制度には，戦後改革に伴う様々な変化によってもたらされた構造的な「不確実性」が内包されてきたものの，戦後の府県はそれを前提として，前述のような「制度化されたルール」をつくりだし，組織を編成してきたと考えられる。以下，本書においては，改めて局部組織制度をめぐる「不確実性」を生み出してきた戦後地方制度の形成過程の分析と，実際の府県における組織編成の観察を通じて，戦後府県における局部組織編成の「制度化されたルール」が具体的にどのようなものとして生まれ定着してきたのか，歴史的に明らかにしていくことにしたい。

歴史研究と資料

本書では，歴史的な視座から分析を進めるにあたって，以下のような資料に依拠した。

第１に，戦前・戦後における内政・府県行政に関する論文，記事等である。主に，『自治研究』『自治時報』などの旧内務省や旧自治省関係の論文記事のほか，『自治日報』や『公務員』などの地方自治関係の新聞・雑誌資料を用いた。

第２に，国会や審議会等での議論について，国会会議録検索システム（国立国会図書館）や，内務省や旧自治省から発行された『改正地方制度資料』，自治大学校編『戦後自治史』などを用いた。また，『戦後自治史』については，自治大学校（旧所蔵は，財団法人自治研修協会地方自治研究資料センター）に所蔵されている『戦後自治史』編集作業のために行われたヒアリング記録を用いて作成されており本書においてもこの記録を利用した。

第３に，府県での情報公開請求や公文書館や図書館において収集した資料である。特に，府県公文書館や図書館の資料については，これまで戦後の行政研究においてあまり十分に活用されてこなかったように思われる。

第４に，著述，口述の記録として，以下のような資料を用いた。まず，旧内務官僚・自治官僚の記録については，主に内政史研究会によって行われた談話速記録を用いた。また，府県側の記録については，前述の公文書を通じて得られたもののほかに職員によって執筆された回顧録などを用いた。

『改正地方制度資料』『戦後自治史』など，国レベルの資料についてはこれまでも様々な行政学・地方自治の研究において用いられてきたが，府県レベルの資料についてはあまり用いられてこなかったように思われる。こうした側面は，本書の大きな特徴であるということができよう。

⑷ 本書の構成

本書は，以下のように構成される。

まず第1章と第2章では，戦前から高度成長前期までの期間を対象として，局部組織制度が形成される過程について考察する。

第1章では，戦前・戦中・終戦直後の時期を対象として，府県知事部局の組織制度の形成過程について考察する。まず，戦前・戦中を通じた府県行政の多元化と統合化をめぐる省庁間の対立・競合関係が，府県知事部局の組織編成と法制度の改正過程に与えた影響を明らかにする。続いて，戦後改革において内務省が府県行政の再統合を図ることを目的として，知事部局の組織制度が地方自治法に取り入れられるものの，各省庁による反発や府県による法の想定していない組織の設置などによって，法制度の動揺が見られていったことを明らかにする。

第2章では，1950年代前半から中盤にかけての時期を対象にして，地方自治法の規定が改正された過程について考察する。地方自治官庁によって改正が進められるものの，個別省庁や府県の自治組織権へ配慮したことによって，組織名称や事務分掌の規定が「標準」の「例示」になるなど，当初の「規制」としての性格が希釈化されていくことになった。同章では，その要因として，戦後改革によって省庁ごとあるいは国と府県との分立性・分離性が強くなった内政・地方制度の統合と集権化を目指す動きとその挫折があったことを指摘する。

次に第3章と第4章では，1960年代から1970年代を対象として，前章までに形成された法制度が運用される一方で，それを補完するように「制度化されたルール」が実際の府県行政において形成されていったことを明らかにする。

第3章では，1960年代を対象として，地方自治法の規定と実際の組織編成とが乖離していく状況について考察する。1956年の改正では，府県による局部組織の編成は法律上規制されなかったものの，地方自治官庁の通達などによって事実上「規制」されることになった。しかし，1960年代に入ると，地方自治官庁が省庁間で競合していた地域開発を有利に進めるために，そうした「規制」を事実上「緩和」した。本章では，その理由と影響について考察する。

第4章では，主に1970年代における府県の組織編成の過程とその構造について考察する。地方自治官庁は，オイルショックなどに伴う地方財政の悪化を受けて，組織の整理統合による合理化を府県に求めるようになった。同時に地方自治官庁は，府県による局部組織の統廃合を促進させるために，設置数や名称・事務分掌といった局部組織制度の規定にかかわらず，自由に組織を編成してよいことを府県に対して認めるようになった。こうした「規制緩和」の進展を受けて府県は個々に組織再編を進めるものの，他府県の動向や国との関係などに配慮しつつ，それによって，編成する組織の「正当性」が確保されることに重点をおきながら組織再編を進めていたことを明らかにする。

終章では，これまでの内容を踏まえて，戦後府県（自治体）における局部組織の編成とその構造についてまとめる。さらに，本書での分析を踏まえて，今後の府県における組織編成あるいは地方制度の展望について述べていくことにする。

注

1）本書において府県とは，特に断りのない限り，東京都と北海道を除いたものとする。その理由は，本書において分析対象とする局部組織制度において，その沿革や制度が他の府県と異なるためである。ただし，相互に関係する部分や共通する部分がある場合は，適宜言及する。

2）岐阜県行政管理室作成行財政改革推進本部本部員会議資料「本庁組織・機構の再編整備について（案）」平成10年6月15日付。

3）制定された年と同じ年に行われた改正でも「都道府県知事の権限に属する事務を分掌させるため都道府県に左の局部を置く」と規定されていた。

4）例えば，自治官僚であった久世公堯は「それぞれの部局について，事務内容の上級庁ともいうべき中央各省庁の意思が強く現れており……行政組織に対する国の関与がかなり大きくおよんでいる場合が少なくない」と指摘する（久世 1966）。

5）1991年の改正では，局部の名称等の例示が撤廃された。また同時に局部数の規定が改正され，都に11部，道に9部，400万人以上の府県に9部，400万人未満250万人以上にあっては8部，250万人未満100万人以上にあっては7部，100万人未満にあっては6部となった。続く1996年の改正では，地方分権推進委員会第一次勧告において

「都道府県が法定の局部数を超えて局部をおく場合には自治大臣への協議が必要とされているが，この事前協議制を見直すものとする」と指摘されたことから，自治大臣との事前協議制は事前届出制へと改められた。さらに2002年の地方分権改革推進会議では「都道府県の局部・分課に関する規制については，都道府県の自主組織権を尊重する観点から廃止する」との指摘があり，2003年の改正によって廃止された（山之内・石原2008：24）。

6）本書では，地方自治庁，自治省など，内務省解体後に地方行財政制度を所管した官庁をまとめて「地方自治官庁」と表記する。ただし，具体的な名称を示したほうがよい場合は，適宜示すことにする。

7）組織の編成は，それ自体部長や課長など幹部ポストの増減に直結するため，総務部長や財政課長，土木部長などのように，交流ポストを多くもつ省庁ほど関心を持つと思われる（村上1993，久世1966a，稲継2000，喜多見2010）。

8）こうした集権的な制度の例として，機関委任事務制度などにみられた国と自治体の主従関係，福祉事務所等の必置規制，補助金や地方交付税などの中央政府から自治体への移転財源，あるいは官僚出身知事や出向官僚などの人的側面を通じた中央政府の統制が挙げられてきた。

9）また，前述のカウフマンも，こうした画一化が発生する要因として，一般的に知事や副知事が他の州における組織構造や組織再編の戦略を模倣することを指摘している（March＝Simon 1958：183）。また，かつてアメリカ州政府組織の研究において主流を占める議論であった古典的組織論は，最善の組織編成をもたらす理論を打ちたてれば，それが州間で波及していくことが議論の前提になっていたという。

10）ただし，逆に知事に反対する勢力が，同様に他の州で実績のある代案を用いることでこれに反論する可能性があることも指摘している。

11）ここで府県行政の実態と「合わない」場合ということは，必ずしも政策や機能とのあいだの合理性から見て「合わない」場合を指すわけではない。ここでは，機能合理性の有無を問わず，府県における決定や意向と標準局部例が異なる場合を指すものである。

12）ここでの総体レベルとは，伊藤（2002：16）の定義と同様に，個々の府県における組織編成の状態ではなく，全国の府県の動向を「総体」としてとらえたものである。

13）伊藤は，前述のような参照行動を通じて政策のイノベーションが発達するとして，これを積極的にとらえている。これに対して本書は，むしろこうした参照行動が定着するために，府県が可能な限り多様な選択肢から選択するという営みを行わなくなってしまうという点で消極的にとらえている。

第1章　内務省－府県体制の終焉と戦後府県行政の開始

はじめに

周知のように，戦前の地方における国の事務は，内務大臣をはじめとする各省大臣の指揮監督に基づいて，知事が執行することになっていた。また，内務大臣は，府県行政に対する一般的監督権を持ち，知事をはじめとする府県幹部の人事権を持っていた。内務省は，これらの権限を通じて全国的な地域的利害を掌握することで内政の総合調整を行い，中央政府内において地方の状況を「代弁」してきたとされる（蠟山 1937，内政史研究会編 1966：75）。

しかし，こうした内務省－府県体制（天川 1989，市川 1991）による「総合行政」は，社会経済の発達や戦時行政の進展に伴う行政の膨張，専門性の拡大に伴う省庁間のセクショナリズムの深化によって，徐々にその機能が低下していった。特に，省庁間のセクショナリズムは，戦前体制の大幅な変更をもたらした占領期の改革においても解消されず，機関委任事務制度や地方出先機関の設置，個別補助金の拡充など，地方制度における「機能的集権化」によって，より一層進展することになった（市川 1991）。

また，戦後の府県は自治体化されたことに伴い，多元的な国の事務を国の指示に応じて総合化するだけでなく，地域における政治的な利害関係や行政需要を踏まえたうえで，行政を執行しなければならなくなった（全国知事会編 1963）。こうした，多元的に降りてくる国の事務と府県におけるローカルな政治・行政課題との調整という問題は，戦後において一層複雑化することになった。府県における局部組織制度も，こうした歴史的な変化の影響を大きく受けることになった。

そこで本章では，戦前・戦後を通じて進展した内政や府県行政の多元化に着目しながら，戦後初期において局部組織制度が形成された過程について検討する。

第1節では，戦前・戦時における府県行政の動向から，こうした多元化が発生した経過とその特徴について明らかにする。第2節では，占領改革を通じてこうした多元化を抑制し，内務省－府県体制による「総合」行政を回復しようとした内務省の動きとその挫折の過程について述べる。第3節では，府県側に主たる視点を移し，戦後の地方制度のもとで，公選知事が知事部局の組織編成を通じて府県行政の「総合」化を試みた動きとして，この時期に多くの府県で進められた企画担当部局の設置とその動向について見ていく。

第1節　戦前における内務省－府県体制と府県「総合行政」の変容

(1)　内務省－府県体制下における府県の組織と人事

戦前における府県と内務省

明治憲法下の地方制度では，府県会の設置など府県には一定の自治が認められていたものの，基本的に国の地方官庁として位置づけられていた。地方における国の事務は，一部を除き知事を通じて執行することが原則となっていた（沖田 1976：9-10，大霞会 1980b：156-159）。内務省は，「府県知事がおよそ地方において一切の事柄について細大もらさず責任を持つという」「府県知事中心主義」（鈴木 1957：3）によってこそ，「兎もすれば分派的ならんとする各省の行政を第一線に於」いて，「知事は地方的事情を斟酌しつつ総合的な行政運営を行いうる」とし，府県行政によってもたらされる「総合行政」の利点を強調してきた（井出 1942，市川 1991：116）。

府県行政に対しては，個別省庁の大臣が所管する分野について個別に統制する権限が認められていたが，内務大臣は知事をはじめとする府県幹部職員[1)]の人事権[2)]と，府県行政一般に対する指揮監督権を持っており，内務省はこれらの権限を「テコ」に内政全般に関与し統轄してきた（水谷 1999：162)。このように，内務省は人事権を武器に全国的な地域の利害関係の情報を掌握し，これをもとに内政を総合的に調整[3]してきた（黒澤 1999，内政史研究会編 1966：75）。

特に，「ポスト」の面から，こうした人事の問題と深い関係を持つ府県の組織編成については，地方官官制などによって規定されてきた（図表 1－1参照）。廃藩置県後間もない，1871 年 11 月に制定された県治条例では，庶務，聴訟，租税，出納の４課を置くことが規定された。1886 年の地方官官

図表　1－1　戦前期府県行政機構の設置基準の変遷

	規定法	制定（改正）年月日	分課・分部の内容および改正内容
内閣制度確立以前	府県官制	1871/10/28	租税，庶務，聴訟
	県治条例	1871/11/27	庶務，聴訟，租税，出納
	県治条例改正	1875/4/8	庶務，聴訟，租税，出納，学務
	府県職制並事務章程	1875/11/30	第一課（庶務），第二課（勧業），第三課（租税），第四課（警保），第五課（学務），第六課（出納）
	府県官職制	1878/7/25	分課については府県知事・県令の裁量に一任。
内閣制度確立以降	地方官官制	1886/7/20	第一部，第二部，収税部，警察本部（分課は知事の裁量）
	地方官官制改正	1890/10/10	知事官房，内務部，警察部，直税署，間税署，監獄署。各府県とも，内務部に第一課から第四課まで一律に置くこと。
	地方官官制改正	1893/10/30	直税，間税両署を合併して収税部とし，内務部の一律４課制について，地方の状況により内務大臣の認可を経て増減可能とした。
	地方官官制改正	1896/10/20	収税部廃止，大蔵省に移管。
	地方官官制改正	1899/6/14	内務部を５課制とし，知事は事務の状況により内務大臣の認可を得て増減可能とした。
	地方官官制改正	1903/3/19	府県の監獄事務を司法省に移管し監獄署廃止。
	地方官官制改正	1905/4/18	第一部（地方行政・予算・会計・統計等），第二部（教育・社寺・兵事等），第三部（農業・工業・商業・林業・水産等），第四部（警察・衛生等）の４部制に。
	地方官官制改正	1907/7/12	ナンバー部制を廃止して内務部・警察部の２部制へ。
	地方官官制改正	1920/9/13	東京，京都，大阪，神奈川，兵庫，愛知，福岡の７府県に産業部を置くこととされた。
	地方官官制改正	1926/6/3	内務部から学務部が独立し，内務大臣は特に府県を指定して土木部，産業部または衛生部を置くことができることとした。
	地方官官制改正	1935/1/15	知事官房，総務部，学務部，経済部，警察部の４部制（１官房）とし，内務大臣は特に府県を指定して土木部または衛生部を置くことができることとした。
	地方官官制改正	1942/11/1	知事官房及び内政部・警察部の２部制（１官房）とし，内務大臣は特に府県を指定して経済部，土木部または衛生部を置くことができることとした。
	地方官官制改正	1943/11/1	経済部が必置制となる。
	地方官官制改正	1944/7/8	地方の状況により府県を指定して経済第一部および経済第二部を置き，または別に土木部を置くことができるようになった。
	地方官官制改正	1946/1/31	内政部は内務部に改められ，内務大臣は特に府県を指定して教育民生部を置くことができるようになった。
	地方官官制改正	1946/11/16	教育民生部を必置部とし，内務大臣は特に府県を指定して教育民生部に代えて教育部および民生部を置き，または別に衛生部もしくは土木部を置くことができるようになった。また，農地改革に関する事務の臨時処理組織として農地部が必置部となった。
	地方官官制改正	1946/12/26	内務大臣は特に府県を指定して労働部を置くことができることとなった。

出典）照屋栄一編（1982）4-5 頁をもとに筆者作成。

制からは，部制（第一部，第二部，収税部，警察本部）が採用され，部の編成は法定，部内の分課は知事の権限とされた。ただし，この部の編成権限をめぐっては，1890 年，1893 年，1899 年と短期間のうちに規定が変更されている。1905 年には，第一部（地方行政・予算・会計・統計等），第二部（教育・社寺・兵事等），第三部（農業・工業・商業・林業・水産等），第四部（警察・衛生等）の 4 部制となったが，1907 年には内務部・警察部の 2 部制となっている（照屋編 1982：4-5）。

1917 年の改正では，内務部の分課については知事の裁量に委ねられたが，内務大臣への報告が義務づけられた（今村・辻山編 2004：404）。その後，社会状況の進展とともに，内務部からの分離独立と部数の増加が進み，1920 年の地方官官制改正では，従来の内務部の所掌事項のうち，「農工商森林水産ニ関スル事項及度量衡ニ関スル事項」について，東京府，京都府，大阪府，神奈川県，兵庫県，愛知県および福岡県に産業部が設置されることになった（今村・辻山編 2004：405-406）。1926 年には，普通選挙制の実施に伴う地方制度改正を契機として地方官官制の全文改正が行われ，従来の内務部，警察部に加えて新たに学務部が加えられたほか，内務大臣が必要に応じて府県を指定して，土木部，産業部または衛生部を置くことができることになった（歴代知事編纂会 1980：22-23, 49-50）。

内務省は，実際の行政運営に関する監督権を個別省庁と「分有」（大森 1995：55）しつつも，事務の執行に必要な人事，情報，組織編成を統制することによって，府県「総合行政」を進めてきたのである。

(2) 府県「総合行政」の形骸化

行政の専門分化と内務省－府県体制の動揺

このように，内政における「総合行政」体制として構築された内務省－府県体制であったが，時間の経過とともにその限界が露呈するようになる。

もともと内務省とは，「国内行政中産業教育等に分化してゆくものの跡に残った残余部分に過ぎ」ず，「小さくしようとすれば零に迄なり得る」ものであった（関口 1936：112）。個別省庁による事務の直轄化が進めば「内政の根幹たる諸般の施設を担当し，内政に於ける総務省として構成せられた」（古井 1938）内務省の解体，あるいは内務省－府県体制の形骸化が予想されていた（高木 1965：178）。実際にも，行政需要の膨張や専門性の深化が進むようになると，内務省－府県体制は徐々にうまく機能しなくなっていった。

例えば，大正期から昭和初期にかけて「産業行政の進展につれて農林省商工省の機能が強化」されるようになると，内務官僚はこうした行政分野に対する専門性を持っていなかったことから「内務省の地方行政に対する威令が昔日の如く行かなく」なっていったという（東浦 1938：19）。また，戦時中の「高度国防国家体制」においては，「他の各種行政と連関を保ちつつ地方夫々の実情を斟酌し，事情に応じては適宜なる政策をも加味して実施に当たる」知事よりも，個別省庁が集権的に企画立案する政策を，地方において忠実に執行する体制の必要性が主張されるようになった。

特に，個別省庁は内務省－府県体制に強い不満を持つようになり，そうした不満は，内務省がもつ府県の人事権と一般的監督権に向けられた（黒澤 2013：183-184）。当時，府県の部長はほぼ内務官僚が着任したこともあって，内務大臣（内務省）の意向を優先しがちであり，内務省以外の個別省庁からの通牒や通達に従わない場合が少なくなかったという。このため，個別省庁は「所管の行政を強力かつ効果的に実施し難い」として出先機関による事務の直轄化や，内務省の影響下にない関係団体を通じた「竪の行政機能」（東浦 1938：19）の新設・拡充によって，政策を実施する仕組みを形成するようになる[4)]。こうして「『特別』地方行政官庁」を通じて所管の行政を処理することが「原則」となり，その残余部分を「『普通』地方行政官庁」である知事に委任する「原則例外逆転の勢」（井出 1942）が生じるようになった。

また，こうした個別省庁によるセクショナリズムは，戦時体制の進展とともに，内務省以外にも広く問題として認識されていた。ただし，そうした問題意識は内務省－府県体制の再強化へと向かったわけではなく，内閣機能の強化を中心とした新たな総合行政体制の構想へと向けられた（天川 1994：136-139，高木 1965：177-179）。1935年には内閣調査局が設置され，1937年には国家総動員法の制定とともに，戦時体制下における一元的な物流システムや情報の集中化を目指し企画院が設置されている（天川 1986：125，村井 2008)。

府県制度[5]についても，広田内閣において地方制度改革のひとつとして府県の廃止や道州制の導入が議論されている。また，府県行政に対する職務上の指揮監督権者（各省大臣）と身分上の進退賞罰権者（内務大臣）の不一致が問題となっていたことから，地方官の人事権や地方行政に対する一般的監督権を内務省から切り離し，内閣に移すことによって，内閣主導の総合行政を確立しようとする動きも見られた（井出 1942，市川 1991：134)。

府県外部への「分離」

こうした，一連の動きに対し，内務省は改めて内務省－府県体制の意義を強調するようになった。1936 年 7 月に各府県の経済部長を集めて開催された内務省主催の事務打ち合わせ会では，広田内閣の内務大臣であった潮恵之輔が，社会の発展に伴って行政部門の分化が発生することは必然であるとしつつも，「機構組織の分化は自ら対立の弊を馴致し行政全般の圓滿なる運行を妨ぐるが如き結果を招來する」と指摘している[6]。

また，中央政府レベルにおける新たな総合行政体制の構築を求める動きに対しても反論を試みている。例えば，前述の内閣に地方官人事を移管する構想に対しては，「地方行政庁〔府県〕ハ各種ノ行政ヲ綜合シテ渾然一体トシテ有機的ニ其ノ機能ヲ発揮セシムルノ要」があり，このため「官治行政機関タルノミナラズ自治行政機関」である府県を，その下に持つ市町村とともに「包括セシメテ且立体的ニ綜合シ，一体トシテノ指導監督ヲ為スヲ以て地方行政ノ要旨トス」と指摘した。そのうえで，「而シテ官治自治両方面ニ亘リ地方行政ヲ綜合シ，且包括シテ一般的指導監督ノ任ニ当ル者ハ，実ニ内務大臣ニシテ内務大臣ノ最モ重大ナル職責ナリ」[7]と訴えた。

このように，内務省は，「総合行政」体制としての内務省－府県体制の優位性を強調する一方で，既存の制度の改革を進めた。特に，出先機関へと「分離」していく各省の事務を府県に引き留める手段[8]として，地方官官制の改正による局部組織の新設や拡充が繰り返し行われた（天川 1994：135-139)。

1935 年 1 月の改正では，府県の内務部の組織を変更して総務部とし，新たに経済部を設け，部局を総務部，学務部，経済部，警察部の 4 部制とした。この改正の目的は，従来の内務部所管の事務のうち地方行政関係事務を総務部に入れ，農工商水産関係・土木関係を経済部とすることによって経済行政を「一本化」することであった。また，これにより「折からの不況打開のための農村漁村更生運動の推進に，地方庁を積極的に当たらしめるために行われた府県の経済行政の拡充」を進めた。これに伴い地方事務官の増員が行われ，各府県に経済更生委員会が設置されている（大霞会 1980a：415）。

戦時体制がさらに進むと，府県の行政組織を地方の状況に応じて編成できるよう，全国一律に法定部を設置することを止め，内務大臣の指定する府県については，法定部以外の部を設置することを認めた。1942 年の改正では，政府の行政機構簡素化の方針により内政・警察の 2 部制となったが，内務大臣が特に指定した府県において，経済部，土木部または衛生部を置くことができることになった[9)]。

1944 年には，食糧の増産・配給や軍需動員・経済統制など，経済関係の事務が急増した[10)]ことから，地方の状況により府県を指定して経済第一部および経済第二部（一部＝食糧関係，二部＝経済一般）を置き，これとは別に土木部の設置を認めた。特に，当時「仕事の分量からいうと……農商省の仕事が七分以上，あとは警保局と土木局関係のみであった」（内田 1951：312）といわれていた経済行政の所管部局を府県に置くことは，物資の流通をはじめとした経済政策が重要課題となりつつあった戦時体制の中で，内務省が知事を通じて経済政策に関与するうえで極めて重要な問題であった[11)]。

戦争が終わっても戦後処理や様々な混乱などから，組織編成に関する規定の変更は続いた。1946 年には，内政部が内務部に改められ，内務大臣が必要と認める場合に教育民生部が新設できるようになった。この教育民生部は同年 11 月に必置部となり，内務・経済・警察とあわせて 4 部制となる。同時に，社会福祉・社会保障関係事務の急増に対処するため，教育民生部を置かず教育部・民生部または衛生部を置くこと，または，別に衛生部もしくは土木部を置くことができるとされた。また，農地改革に関する事務の臨時処理組織として農地部が必置部となり，12月には新たな労働行政の需要に対応するため，労働部を必要に応じて置くことができるようになった。その結果，1947年の地方自治法施行直前には，局部組織は大幅に拡大した。例えば大阪府で9部（内務，教育，民生，衛生，経済，土木，警察，労働，農地），宮城県で8部（内務，教育，民生，衛生，経済，土木，警察，農地），香川県で6部（内務，教育民生，経済，土木，農地，警察）が設置されている（大霞会 1980b：88-95）。

府県内部における「分離」

このように，局部組織の拡充・再編による，出先機関など府県庁外への「分離」の抑制が進められる一方で，府県庁内における行政の「分離」も進みつつあった。

戦前の府県においては，その内部における行政の総合化が，人事制度上の問題から必ずしも容易ではない仕組みになっていた。当時府県に派遣された内務官僚たちは，各府県の意向に関係なく内務省の辞令一本で各府県庁や本省の各部局を，それぞれ短い在任期間で転々とする「渡り鳥」であったために，その仕事ぶりは「所謂浮き草稼業」であったという（八木 1993：63）。

また，本来府県「総合」行政の責任者である知事が，知事以下の幹部職員の人事権をほとんど持っていなかったことは，こうした「浮き草稼業」ぶりに拍車をかけていた。知事は府県に配属された高等官の中から課長に補職する権限や，人事の決定に際してその功過について内務大臣に述べる権限が認められていたものの進退を決める権限はなかった。また，人事において知事の意向は原則として聞かないことになっていた[12)]。

このため，府県における内務官僚は「昇進するため，東京に頼らなくてはなら」（自治大学校 1960：129）なかった。特に知事への昇進を目の前にした部長たちは，主務大臣や知事よりも人事権者である内務本省の意見を優先し，またこれを忖度して行動することも多かった。また，部長たちは，お互いに内務省での出世競争におけるライバルでもあるため，何らかの要因が引き金となって相互に対立する場合も見られた。例えば滋賀県では，警察部長が経済部長を告発する事態も発生している（内務省地方局編 1947a：90，153-154）。このため，「ほんとうに県将来の為に官僚の頭が動」かなかったという（大霞会 1977：176，八木 1993：63）。

このように，部長クラスにおいて「浮き草稼業」が問題となる一方で，行政の現場に近い課長クラスではセクショナリズムの問題が顕在化するようになった。課長クラスの人事は，部長級と同様に内務省が一括して行っていたが，一部の課長ポストについては，専門性の府県行政への導入を目的として，関係する省庁との「人事交流」が行われていた（大霞会 1980a：610, 617）。特に，技術関係の人事については，各省庁の意向が強く働いていた。例えば，府県の土木部長や技術課長については，内務省土木局第二技術課長が異動の原案を作ることになっており，衛生関係の技術者についても厚生省の課長の地位にある技術官が地方の衛生課長をはじめ衛生技術官の人事に当たっていたという（大霞会 1980a：604-605，百瀬 1990：106）。

とりわけ，農林関係の人事には農林省の意向が強く反映していたことから，戦前・戦時を通じて府県庁内での農林行政のセクショナリズムが進んだ。1943年に宮城県知事となった内田信也によれば，「当時の農商務省関係の人事はことごとく農商省が抑えていて，知事は，その課長達を動かすこともできず，農産課長の如きは無断で東京へ出張する，というような状態」であり，「農林省の中に大御所的存在の勅任技師がいて，後輩農林技師達を手足の如く，指揮命令して」いたとされ，内務官僚が経済部長など農林関係の部課長に任命された場合であっても「農林省経済更生部」とまで言われるように，農林省の指揮監督による行政運営が徹底されていた（内田 1951：312-313，荻田 2000：40-41）。内務官僚である部長も，農林省系の事務官と技師が取り仕切る経済部[13]を十分に統括することができなかったという（市川 1993：121）。

また，戦時体制の進展とともに，経済行政の関係省庁と府県庁内の関係部局との結びつきも強くなっていった。例えば，経済部長は農林省や商工省の主催する経済部長会議や特定の政策課題ごとの担当部長会議（例えば木炭消費主要府県経済部長会議など）に参加していた[14]。1944年に経済部が分割された際は，両部の間で事務が錯綜するために，権限争いが引き起こされる可能性も憂慮されていた[15]。こうした府県庁の内部におけるセクショナリズムは，それが財政面の問題と結びつくことによって一層深刻化した。各省と関係部局は，個別補助金[16]を通じて結びついていることもあり，知事は個別省庁から「命ぜられたままを，与えられた体制で実行」しなければならなかった（大霞会 1980a：652-653，読売新聞佐賀支局編 1969：172-173, 219-221）。このため，「総合行政」であったはずの府県行政は「官僚の障壁として割拠主義ばらばら政策で，所謂一環《ママ》性のある政策は現われ得な」[17]くなり，府県庁内における「分離」（大杉 1997：52-53）が進むこと[18]になった（大霞会 1980a：635-636，八木 1993：63）。

そこで内務省は，府県庁外への「分離」への対応と同様に，組織編成を通じて府県庁内における「分離」を抑制しようとした。例えば，前述の潮内相は，府県の総務部長を集めた事務打合会において，「機構組織の分化の結果は動もすれば相互の間連絡協調を欠き一部局の得失に拘はりて全局を達観することを怠り為に行政全般の圓滿なる運営を妨ぐるが如き虞なしとせず，各位は常に地方行政全体に眼を注ぎ各部局間の調和と総合的発展とを図るに努め」ることを求め，「部局相互間の連絡協調に留意し行政全般の総合的発展を期するの緊要なるを痛感す」と指摘し，総務部長による全庁的な調整によって総合行政を維持・拡充するよう求めている[19]。

また，庁内の総括管理機能の強化を目的として官房系のセクションの組織改革も図られた。主に知事の秘書機能や機密事項の取り扱いに限定されていた知事官房に官房長が一時必置化され，同じく知事官房に人事課や会計課といった管理セクションが配置されることになった。しかし，官房長と内政部長とが並立することによって，府県庁内における内政部長の地位や調整機能の低下が問題となると官房長は廃止され，知事官房に移っていた予算や人事の権限が内政部に戻されている[20]。

戦時府県における「総合行政」

このように，「跡に残った残余部分」に過ぎない内務官僚の知事や部長たちは，個別行政に対する「技術的方法に依る監督又は統制」の手段や能力を持たなかった。出先機関など府県庁外への「分離」に対抗して，個別行政を所管する部課を府県庁内に増設するものの，彼らは「ジェネラリスト」であるために，専門的な立場から政策を形成し組織を運営することができなかった。こうした点を補うために，個別省庁との「交流人事」を進めた結果，個別省庁と当該部局との人的なつながりによる縦割り化が強くなり，財政上の問題もあって府県庁内での「分離」が進んだ。

さらに，戦争の進展はこうした内務省－府県体制の機能不全を一層深刻化させた。戦争が進むにつれて，混乱する状況に対する迅速な対応の必要性から，地方レベルでの行政の総合化による政策の効率化が重要視されるようになった。このため，中央政府において行政の総合化を担っていた内務省の役割は一層低下し，逆に各府県の状況に応じた調整や対応が求められるようになった。しかし，依然として内務本省に人事権が集中するなど，知事による行政の総合的な調整力は弱いままであった[21)]。

こうして，戦前・戦時を通じて，専門分化に伴う「分離」と，内務省と府県行政の「分離」が同時に進むことになった。内務省がその優位性を強調していた府県「総合行政」は，府県という単一の組織の内部に，多様な専門組織を内包するという点においてのみ「総合」的であるということに過ぎなくなっていたのである。

第２節　占領期の改革

(1)　第１次地方制度改正

知事公選制と府県人事制度をめぐる動き

アメリカは，日本の降伏以前から対日占領構想を作成する中で，地方制度について検討を行っていた。日本占領後も，大学教授など関係者へのヒアリングや実地調査，日本政府担当者に対する資料要求やヒアリングなどを通じて地方制度についての研究を進めており，総司令部が直接改革を進めることも想定されていた（天川 1974）。しかし，総司令部が占領当初において憲法の改正に注力していたことから，すぐに地方制度の改革を始動させる[22)]ことができず，また改革案についての一貫かつ明確な青写真も持っていなかった（自治大学校 1961：10）。このため，総司令部による「監督」のもとで，地方制度を所管する内務省が改革案を提示し，それを総司令部が判断するといった形がとられることになった。

こうした中，明治期において憲法制定に先駆けて地方制度を形成した「故事」に倣うように，内務省は総司令部よりも早く内務省自身の意向を反映した改革案を提示しそれを既成事実化することで，改革を「主導」しようとした（高木 1974：270-271，大杉 1991：5，岡田 1994：56-57，天川 2014：248-249）。1946 年 1 月には，内務省は地方制度改革について以下のような方針[23]を打ち出している（自治大学校 1961：12）。

一，現行府県の行政区域に関する廃合はこれを行わない。

二，知事公選制を実施し，その任期は三年又は四年とし，選挙方法は府県会による間接選挙が最も妥当である。

三，副知事は，原則としてこれを設置しない。但し，北海道その他大府県については別途考究する。

四，地方庁の完全自治体化は現状に適しない。従って知事は公選によって決定するが官吏たる身分をもって任命され，あくまで中央政府の指揮監督を受ける。

五，市町村は現行自治体を更に民主化し，第一線行政機関として窓口事務の迅速処理を目途とする。

六，公民権の拡張は改正衆議院議員選挙法に照応し大きくこれを実施する。

七，大都市特別都制はこの際これを考慮せず，東京都制は他の府県制に準じて改正する。

八，警察行政権は自治体を中心とする自衛組織を基本とし，概ね四段階の機構を考慮する。

占領期の改革では，「構造制度改革」（大杉 1991：140-144）の問題がしばしば提起されている。例えば，後述する 1946 年 9 月の地方制度調査会や第 90 回帝国議会では，公選知事化に伴う「府県ブロック」化への対応として，あるいは根本的な地方制度改革の必要性を求める意見として，道州制の実現を求める発言が見られた（内務省地方局編 1947a：107-108，215-216）。また，学者の中にも道州制の実施を唱えるものがあった（吉富 1947：26-34，長濱 1946：74）。

これに対して内務省は，方針の「一」にあるように，当初から一貫して構造制度改革の問題は回避しようとしてきた。また地方制度調査会や帝国議会での審議においても，第1次吉田内閣の大村清一内相[24]および内務省[25]は，道州制や府県の合併・統合に反対した（高木 1974：274）。高木鉦作は，当時内務省が府県の統廃合や道州制の導入に消極的であった理由[26]として，総司令部民政局が反対していたこと，改革を行ううえで必要な時間的余裕がないこと，早いうちから改革を進めるためにも，議論の紛糾や長期化が予想される府県の統廃合や道州制の導入問題を回避したいとする狙いがあったことを指摘している（高木 1974：274-275）。こうして内務省は，既存の構造制度を前提とした人事・財政・権限などの「管理機能改革」（大杉 1991：140-144）に議論の対象を絞ったのである。

続いて内務省は，首長公選制や直接公選に伴う選挙管理委員会の設置などを盛り込んだ東京都制，府県制，市制，町村制の改正案を第90回帝国議会に提出している[27]。この改正案に首長の公選案を盛り込んだ直接の理由は，1946年2月13日に総司令部から内務省に送られてきた新憲法の草案において首長の直接公選制が盛り込まれていたためであるとされる（荻田 2000：108）。

ただし，知事の公選化は内務省もそれまで検討していた問題であった[28]。戦前の府県行政は，政党政治による知事や幹部職員の休職や異動が頻繁に発生するために不安定なものになっていた。このため内務省は，知事の公選化によって政党から府県の人事を切り離すことで，これを解消しようと考えていたのである[29]。内務省は，幣原内閣の堀切善次郎内相の意向を受けて，終戦後直ちに知事公選問題の研究に着手し，1945年末には知事公選制を盛り込んだ地方制度の改正案をまとめている（自治大学校 1961：8）。同改正案は1947年5月に政府原案として閣議決定され，同年に帝国議会に正式に提案された。

大村内相は，提案理由の中で「地方自治とは地方自治団体が自らの公の事務を自らの機関に依って処理すること」であるとしたうえで，「地方行政の民主化を実現致します上に於ての最も重要な鍵」であるとして，府県知事の公選化が同改正案の基本的な方針であることを明らかにした。さらに，知事公選によって「従来の地方行政に於ける過度の中央集権と官治の弊を是正し，且つは任期を定めたることに依りまして，其の頻々たる更迭による弊害を除去」することが可能となり，「地方政治を安定し，地方自治団体の明朗にして闊達なる自主的発展を図る」ことや「民意を背景として強力なる施策の遂行」することができるようになるとしている（内務省地方局編 1947a：88）。

このように内務省は，政党人事を防ぐというねらいから知事の公選化を容認する一方で，その身分については，職員とともに官吏とすることを考えていた。堀切内相とほぼ同時に内務次官に就任した坂千秋は「恐らく遠からず知事公選を（占領軍は）いってくる。そのときに，副知事には内務省の人間をおいて，行政が円滑にやれるような仕組みを考えなければいかん」と述べるなど，一定の民主化を取り入れながらも，内務省による「人的結合」は維持する方針であった（大霞会 1977：418-419）。また，堀切内相の公職追放を受けて後任の内務大臣に就任していた三土忠造は「府県を純然たる自治団体とすることはできない。どんなに改正しても国家事務が残る」とし，知事の身分を官吏とすることを考えていた。さらに，内務省にとって「円滑」な行政を実現するために，知事の選出方法については，国による統制が可能な形での間接公選制[30)]を考えていた（自治大学校 1961：13-14）。

しかし，内務省の「改革」案は，各方面からの反発を受けることになる。まず，知事の公選については，民政局行政課のティルトン少佐が，徹底した地方分権を推進するうえで知事の直接公選が絶対に必要であると指摘し，結果的に新憲法の草案には直接選挙が明記されることになった。

知事の身分についても，総司令部民政局から官吏であってはならないなどの修正要求が相次いだ。帝国議会での審議においても，社会党の中村高一議員（衆議院）は，地方自治を徹底するうえで知事を公吏とする必要があるとして，政府が府県職員の人事権を持つことを批判した（内務省地方局編 1947a：119-120）。社会党は，1946 年 8 月 2 日付の『毎日新聞』に掲載された各党の修正意見においても「府県庁における部長級を公吏とする。知事は部下の任免権をもつ」とする意見を表明している（自治大学校 1961：187）。

また，内務大臣が府県幹部の人事権を持つことに対する批判も見られた。前述の中村議員は，「知事以下ノ官吏ノ任免権ヲ全部政府ガ握ッテオル点ナドニツイテモ，今マデサエソノ為ノ弊害ハ随所ニ現レテ居ルノデアリマス」と指摘した。自由党の岩本信行議員（衆議院）も「今マデノヨウニ内務省ガ，……経済部長トカ，民生教育部長トカ云フモノノ人事ノ権利ヲ一手ニ掌握シテ居ルトイウ結果ガ，私共ハ洵ニマヅイ」とし，これまでの府県の部長が人事権者である内務省の意向を優先しがちである現状を指摘した。ただし，岩本は「従来ノ行キ方ヲ是正シマシテ，経済部長ハ農林省ガ掌握スル，民生教育部長ハ文部省ガ銓衡スルトイウ行き方ヲ執ラナケレバ，地方ノ実績ハ上ガリ得ナイ」とし，各省による人事を通じた府県への統制を強化させるよう求めている。

これに対して大村内相は，「〔府県は〕内務省ノ出先ニ過ギナイ，他ノ省ノ指揮命令ハ軽視スルヤノ非難」があることを認めつつ「三土前内務大臣以来，内務省ト致シマシテハ此ノ点ニ特ニ著眼致シマシテ，地方庁ハ内務省及ビ各省ト緊密ナ連絡ヲ取ッテ其ノヨウナ非難ヲ一掃スルコトニ全力ヲ傾注シテ」いるとした。また，「府県庁職員ノ任免補充等ニ付キマシテモ，常ニ各省ノゴ意見ヲ十分ニ拝聴致シマシテ，ソコニ内務省ノ出先ニ過ギヌトイウヨウナ心得ヲ持ツコトノナイヨウニ極力努メテ居ル次第デアリマシテ，今後此ノ点ハ大イニ改善セラレルトイフコトヲ確信イタシテ」いると述べた（内務省地方局編 1947a：99）。

この他に，同じ「官吏」でありながらも知事が公選によって決定される一方で，部長以下職員が内務省から任免されることについて議論があった。進歩党の本間俊一議員（衆議院）は，公選知事が官吏であっても，内務省から派遣される部長以下の幹部，すなわち「純然タル官吏」である部長以下の職員が，公選によって選ばれた知事と対立し，結果として府県庁内において知事が浮き上がってしまう可能性を指摘し，知事に部長以下の任免権を与える必要性を強調した。自由党の松永仏骨議員（衆議院）も，同じように内務省が任免権を持っていることについて，知事の手足となって働く部長級・課長級までの任免権を知事が持たなければ，知事は単なる「ロボット」となってしまう恐れがあると内務省の構想を批判した（内務省地方局編 1947a：103，109）。

また，前述の中村議員も，官吏から公吏となることで事務の混乱を招くということはありえず，混乱という面でいえば，むしろ従来から内務官僚が形式主義にこだわるために行政の能率が落ちてきた点を指摘し，これにより「地方民ガ何レモ長イ間泣カサレ」てきたとした。

これに対して大村内相は，「今日ノヨウナ緊迫シタル事態」においては，「府県ノアノ大キナ組織ヲ悉ク抜本的ニ変エテシマウ」ことは「時機」ではないとしながらも，何らかの改革を進める意向を示している。例えば，それまで功過のみを述べる権限しか知事に与えられていなかった部下の人事について，進退についての「具情権」を知事に与える考えがあることを明らかにした。ただし，実際の官吏の異動については，短期間で動くことがないように努めていると述べるにとどめ，内務省から府県の人事権を移すことに対しては反対の姿勢を貫いた。

最終的に，衆議院において改正案は可決されたものの，成立に際して「政府は都道府県の首長及びその部下をすべて公吏とする都制，府県制改正案及びこれに必要なる法律を急速に整備し，来るべき通常議会に提出すること」などの附帯決議を採択している（岡田 1994：57，内務省地方局編 1947a：828-829）。また，総司令部も府県の部長・課長の指名については，府県会の承認を要することとするよう申し入れたほか，修正意見を踏まえて今後新たな改正を実施することと，その際の方向性について明確にするよう求めた（自治大学校 1961：170-171）。

これらの決議や申し入れを受けて内務省は，前述の附帯決議と同じ1946年8月30日に，内務省地方局が作成した文案に総司令部側が手を加えた声明文を発表している。これによれば，知事の身分について「根本的に切替えて地方議会及び選挙人に対して責任を持つ公吏」とし,「部下の任免権を完全に掌握せしめるような性格のものとする」とした。この他に「知事の身分の切替えに伴い新たな見地より府県の組織及び運営の制度を確立すること」や「公吏の任用, 分限等の制度を整備刷新する」ことなど9項目が明らかにされ, 府県の自治体化と知事の公選・公吏化が確実となった。

(2)　地方自治法の制定と第1次改正

地方制度調査会の設置

内務省は, 民政局からのさらなる改革要求に応じる形で, 内務大臣の諮問機関として地方制度調査会[31)]を設置した（岡田 1994：57, 内事局編 1948：1)。地方制度調査会は「終戦後の新事態に即応させるべく」「広範囲に亙る基本的改革を規定した」第1次地方制度改正を踏まえ, さらに「地方自治の民主化」を徹底することを目的として設置され, 以下の4項目が諮問された（内事局編 1948：5)。

第一　地方自治制度について, さらに改正を加える必要があると認められる。これに対する改正の要綱を示されたい。

第二　府県知事等の身分の変更に伴って, 地方における国政事務の処理をいかにするか。その要綱を示されたい。

第三　大都市の現行制度について, 改正を加える必要があると認められる。これに対する改正の要綱を示されたい。

第四　府県知事等の身分の変更に伴って, 地方団体の吏僚制度をいかにするか。その要綱を示されたい。

地方制度調査会は,「各方面の知識, 経験を結合いたして, より徹底せる改革の成果を得」るべく, 帝国議会の議員や地方団体, 学界や教育界などの関係各界, 婦人団体の関係者など, 幅広い分野から委員が招集された。これらに加え, 大都市（東京都, 横浜市, 名古屋市, 京都市, 大阪市, 神戸市）とその所在する府県の関係者, 個別省庁の次官が, 大都市制度問題について議論するための臨時委員として参加した。また，分野別に部会が置かれ，個別省庁の幹部や大学教授らが幹事となって審議が進められた。

この地方制度調査会の答申をもとに内務省は，地方自治法の制定作業を進めた。1947 年 1 月 7 日の定例閣議では，内務大臣から「地方自治法案要綱」についての説明があり，府県へ委譲する事務や府県へ統合する地方出先機関が具体的に示され，各閣僚も原則として事務を府県へ委譲し，出先機関を統合することについて了承した。同年 2 月 17 日には地方自治法の草案が内務省から個別省庁に通知された。同時に内務省は，これに対する意見を個別省庁に求めている。3 月 7 日に閣議決定，同 17 日からは帝国議会での審議に入り，衆議院の審議では各党共同による修正意見が出され，総司令部からも追加で修正意見が出されたことから，これらをもとに法案が修正された。同 23 日には貴族院での審議に入り，さらにいくつかの修正が施されたのち 4 月 17 日法律第 66 号として公布，5 月 3 日に日本国憲法とともに施行された。

ただし，公布・施行までにすべての条文を十分に検討する時間的・物理的余裕がなかったことから，総司令部は地方自治法の公布後も引き続き内容についての検討を進めた。検討の結果，約 40 項目にわたる改正意見が 1947 年 7 月までに取りまとめられた。政府はこれを受け「この際さらに地方公共団体の自治権を強化し，その自律性を徹底して，地方自治の本旨により一層積極的な発揚をはかる」ことを目的として，第 1 回国会に改正法律案を提出し，1947 年 12 月 7 日に参議院において可決，同年 12 月 12 日に公布，翌 48 年 1 月 1 日に施行[32]されている（大霞会 1980b：220）。

事務処理制度をめぐる問題

a）「委任」先行の改革　　前述のように，知事の公選・公吏化，府県の自治体化が既定路線となったことから，それまで府県が国の機関として行っていた国政事務を，今後どのように処理するかが大きな問題となった。

諮問事項第一関係調査項目

第一　総括的事項

（二）事務委任の方法をどうするか

諮問事項第二関係調査項目

第一　国政事務の中どのようなものを地方公共団体に移譲すべきであるか

第二　府県知事等を公吏とするに伴って，現在行政官庁としての府県知事に処理させている国政事務は，今後どういう形で処理していくか

第三　府県に移譲した国政事務に対する国家の統制はいかにして行うか

第四　府県相互間の行政の調整乃至統制をいかにして行うか

第五　特別地方行政機関の中で府県に統合することを適当とするものはないか

これらの調査項目に対して第１部会において議論が行われ，第３部会において議論した内容の報告とともに，以下の答申が示された（内事局編 1948：130-162）。

諮問事項第一関係

第一　総括的事項

（二）事務の種類に従い，法律又は政令により，地方団体又は府県知事及び市町村長等に委任するものとすること。

諮問事項第二関係

第一　国政事務は原則として，これを府県に委譲し，事務の性質上委譲することが困難なものは，府県又は府県知事に委任するものとすること

第二　府県知事の身分を公吏とした場合においても，現在の府県知事の処理する国政事務は原則として，府県知事をして処理させるものとすること

第三　府県に移譲した国政事務に対する国家の統制は，各法令中に規定するものとすること

第四　府県相互間の行政の調整乃至統制は，各種の法令によりこれを行うものとすること

第五　特別地方官衙は，極力これを府県に統合すること

第１回総会で諮問事項の説明に立った郡祐一幹事（内務省地方局長）は，

地方制度調査会での議論の方向性として,「地方分権を地方自治の本旨に基いてこれが徹底を図って参りますために警察,教育,保健衛生,財政,労働等の行政を原則として地方自治団体に委譲してしまう。そうして中央政府はこれらの事務については全国的基準の設定,各地方団体間の調整並びに分配に関する職分のみを行う」と述べた(内事局編 1948:19)。また,諮問第二について,知事の公吏への身分切替えに伴って,国政事務と府県固有の事務とが「観念的に」(内事局編 1948:20)分けられていた府県の所管する事務について,「その事務の性質を検討しなおす問題」があるとした。

郡は,知事公選・公吏化後の府県における国政事務の「自治事務」「団体事務」への切り替え,あるいは「団体委任」「機関委任」など委任による事務処理について検討するよう求めた。このうち,「自治事務」への切り替えについては,「従来の国家《ママ》事務と自治事務との区別を考えまする場合には,公吏としての府県知事に掌理致させますことが,かなり難しいのではないか。理屈の上から申しましても,実際の上から申しましても,難しいのではないかという事務の種類が非常に多い」と消極的な姿勢[33)]を見せた。

また,郡は「知事の掌理致します事務,これが従来に比して幅が狭いようなものになりまする場合においては,行政上洵に支障が多い」とし,「従来の官選知事よりも却って貧弱であるというようなものができる。あるいは地方の行政が分裂いたすような状態になりますならば,全く地方制度の改正の意味を失してしまう」とし,府県がこれまで通りに国政事務を所管する必要があることを指摘した。このうち「貧弱である」としたことは,間接的に知事公選化によって各省庁が出先機関の増設とともに事務を直轄へと引き上げる動きを見せたことを指しており,「地方の行政が分裂」とは,出先機関の増設によって,地方における行政主体が府県と出先機関に分裂していることを指しているものと考えられる。

このように郡は,府県がそれまで所管していた国政事務を,公選知事の府県に「分権」するのではなく,「委任」の形で処理させることで国による統制を確保し,出先機関への事務の直轄化による府県行政の「貧弱」化を抑制しようとした。また郡は,上述の事務の切替えの問題と併せて,出先機関の事務のうち府県に統合することが適当なものはないか，議論するよう求めている（内事局編 1948：20-21）。

地方制度調査会第１部会では，岩本信行部会長（衆議院議員・自由党）の提案により，前掲の調査項目のうち，第一，第二，第三が一括して審議された。審議は，個々の事務について府県への委任の可否の問題に優先して，公選・公吏の知事に対する指揮監督の問題が議論された。また，審議に際して，内務省が作成した帝国憲法のもとでの「知事の管掌する国政事務」についての資料が配布されている[34)]。

まず，岩本から，同資料の最初に記されていた「主従大臣より訓令又は指定を受けた事務」が新しい知事においても可能かどうか，との質問があった。これに対して郡は「今後府県の性格が変わり，その〔国の機関との〕二面的性格を払拭して完全な自治体となっても，それぞれの法律に根拠を設けることによって〔国が府県に対して〕必要な指揮のできることは当然である」と述べた（内事局編 1948：149）。

岩本は，引き続いて同資料に示された「法律命令を執行し部内の行政事務を管理すること」が可能かどうか質問した。これに対して郡は「立法上の手段によって解決し得る」として，「団体に委任する形」および「府県知事という機関に委任する形」の２つを提案し，憲法上からも国家が府県に対して監督することは可能である[35)]と述べた。この岩本の質問にある「部内の行政事務」[36)]とは，各省の出先機関等で執行することが明文化されていない当該府県内における国政事務を，包括的に管理し執行する権限のことを指す（金丸 1948：571，高木 1974：283）。地方官官制では，以下のように規定していた。

第五条　知事ハ内務大臣ノ指揮監督ヲ承ケ内閣又ハ各省ノ主務ニ付テハ内閣総理大臣又ハ各省大臣ノ指揮監督ヲ承ケ法律命令ヲ執行シ部内ノ行政事務ヲ管理ス

第六条　知事ハ部内ノ行政事務ニ付其ノ職権又ハ特別ノ委任ニ依リ管内一般又ハ其ノ一部ニ府県令ヲ発スルヲ得（下線部引用者）

内務省は，地方自治法第148条において，こうした「部内の行政事務」を引き続き府県が所管することを規定することで，今後も地方官官制での国の普通地方行政官庁としての府県の位置づけを実質的に維持しようとした（長野 2004：81-82）。これに加えて，主務大臣による指揮監督権を認めることで，個別省庁の公選知事に対する不信感を除去し，引き続き府県を通じて国政事務を実施することを容易にしようと考えていた（高木 1974：283）。

議論の結果，第1部会では，国政事務から自治事務への切替えを進めるほかに，団体委任と機関委任という2つの方式を採用することとし，そのうえでそれまで府県が所管していた国政事務の問題についての議論が進められた。こうした事務処理制度の問題について，第3回総会では以下のように報告されている（内事局編 1948：39）。

（イ）国政事務は，原則としてこれを自治事務とするという原則の下に，これを地方公共団体に移譲するものとし，事務の性質上移譲することの不可能なものにつきましては，これを地方公共団体に団体委任するか，或は機関委任の方法によりまして，これを処理せしむべきであるということに相成ったのであります。

（ロ）と致しまして，府県知事等を公吏と致しました後におきます国政事務の処理も，原則としてすべて従来通り府県知事をして行わしめるものとし，もしその事務中府県の事務として移譲することの可能なものがあれば，府県に移譲すべし。ということに相成ったのであります。

内務省は，この地方制度調査会の答申を受け，それぞれの事務の監督官庁がこれを指揮監督するという地方官官制第5条の後半部分を引き継ぐ形で，地方自治法の政府原案に，（イ）の事務委任の方式を規定した[37)]。

第150条　普通地方公共団体の長の権限に属する国の事務の処理については，普通地方公共団体の長は，都道府県にあっては主務大臣，市町村にあっては都道府県知事及び主務大臣の指揮監督を受ける。

内務省は，この規定を提案した理由として，主務大臣による指揮監督権がなければ「国全体を通じ統一的に処理される国政事務の要請に背馳すること」になると同時に，その結果として「国は個別的に別個に行政官庁を設置せざるを得ないこととなる」（下線部引用者）とした。さらに，これによって「かくては地方行政民主化の要求に副う所以でないのみならず，却って自治団体の行政を貧弱ならしめる結果を生じ，且つ，経費，労力の面においてもまた不合理な制度とならざるを得ない」と指摘している（内務省地方局編1947b：401）。

また，（ロ）の府県において国政事務を処理することについても，第2条および第148条に規定された。

第2条　普通地方公共団体は，その公共事務並びに従来法令により及び将来法律又は政令により普通地方公共団体政令により普通地方公共団体に属する事務を処理する。

第148条　都道府県知事は，当該都道府県の事務及び部内の行政事務並びに従来法令によりその権限に属する他の地方公共団体その他公共団体の事務を管理し及びこれを執行する。（以下略，下線部引用者）

このうち第148条は，「従来地方長官は，国の普通地方行政官庁として，特に他の特別地方行政官庁の権限に属しない国の事務は，すべてその権限に属するもの」とされていたことを踏まえ，「国政事務といえども府県の区域において行われるものは，地方的色彩を帯有し，府県自体又は府県住民の利害休戚に関するものが多く，従ってこれが府県民の要望を反映して行われることが必要」である一方で，府県知事が公選されることとなっても，「従来通り府県の機構によって国の行政を行なうことの必要に毫も変りない」ことから規定された。また事務委任の規定を定めた場合と同様に，府県知事が国政事務を所管する理由のひとつとして，出先機関の設置による「行政の官僚化」や，「経費の濫費に陥り能率を害し，監督が不徹底となる」結果「極めて不合理且つ不経済な結果」となることを指摘している（内務省地方局編 1947b：398-399）。こうして，地方自治法では，地方公共団体となった府県に対して国政事務を委任すること，また「原則」として府県を地方における国政事務の執行主体とすることが規定されることになった。

しかし，この「原則」は出先機関の統廃合問題につながることで個別省庁からの反発にあう。この翌日（第4回会合）の審議では，これまで出先機関において所管されていた事務を府県へ移管することについて検討が進められた（高木 1974：283）。審議では，大蔵，運輸，商工，逓信，農林の各省が所管する特別行政機関のほか，内務省関係の警察，地方行政事務局，土木出張所，地方商工局についても議論の対象となった。このうち，戦時体制の一環として設置された地方行政事務局については，終戦によりその必要がなくなったことから廃止することで一致を見たが，それ以外の機関についてはいずれも個別省庁からの強い反発が見られた。当初内務省関係の出先機関である地方行政事務局，土木出張所，地方商工局（地方行政事務局の下部機関）の事務については，すべて府県に移管するとされたが，内務省国土局や商工省などが反対した。また，警察についても原則として府県に移管するとされたが，中央に政府直轄の国家警察を設けることなどが提案された。

結果として，第3回総会では，府県への事務移管について具体的な案を打ち出すことができず，「実際には特別の地方官庁を必要とせず，むしろ府県に統合することの方が，却って事務を合理的かつ能率的に処理せらるる所以」であり「関係官庁の意見も十分聴取いたしまして，府県に統合すべき否かを検討し」たものの，「特別地方行政機関の統合は，政府において調査検討の上，努めて府県庁に統合するよう」要望するにとどまった（内事局編 1948：39-40）。さらに，国政事務処理特別小委員会[38)]を設置して出先機関の統廃合について協議した結果，地方分権の趣旨に則り出先機関は原則として廃止すべしとする答申案を決定した。この答申を受け，内務省は2月17日に「地方制度改革に伴う地方における国政事務の処理に関する件」を作成し個別省庁に通知している（自治大学校 1963：83-84）。

一　新憲法の精神に則り，地方分権の趣旨を徹底するため国政事務はこれを大幅に地方公共団体に移譲するものとすること。
二　現在の地方長官の権限は，これをそのまま公選都道府県知事及び特別市長に引き継ぐこと。
三　現在の特別地方行政機関は原則として廃止し，国政事務の性質上止むを得ず新憲法施行後存置するを要すると認められるものに限り，法律によりこれを設置するものとすること。
四　前項により現在の特別地方行政機関は，次のように整理すること（以下略）

個別省庁はこの通知に強く反対し，省庁によってはさらに出先機関を新設する予定であることが伝えられた（自治大学校 1963：96-102）。この結果，地方自治法の制定と同時に，出先機関を廃止し事務を府県へ移管することは見送られた。

また，地方自治法第１次改正では普通地方公共団体に対する委任事務について，従来の規定に加えて「その区域内におけるその他の行政事務で国の事務に属しないものを処理する」との規定が加わり，これと平仄を合わせるように第 148 条の規定から「部内の行政事務」が削除された（自治大学校 1965：49, 130）。こうして，府県がその区域における国政事務を所管することは「原則」ではなくなったのである（高木 1974：283）。

ｂ）内務大臣の一般的監督権と知事の解職権　各省大臣が個別に統制する仕組みがとられるようになったこともあり，内務省もこれまで通り府県に対する統制を継続できる仕組みを模索した[39)]。

内務省は，第１部会（第４回会合）において，府県制に定められた内務大臣の権限のうち，今後も内務大臣に留保すべき権限として，府県の配置分合や財産権の処分等とともに，「府県行政の監視その他一般的監督権」を挙げている。府県制では，内務大臣の監督権について以下のように規定していた。

第 127 条　府県ノ行政ハ内務大臣之ヲ監督ス

第129条　内務大臣ハ府県行政ノ法律命令ニ背戻セサルヤ又ハ公益ヲ害セサルヤ否ヲ監視スヘシ

内務大臣ハ之カ為行政事務ニ関シテ報告ヲナサシメ書類帳簿ヲ徴シ並実地ニ就キ事務ヲ視察シ出納ヲ検閲スルノ権ヲ有ス

内務大臣ハ府県行政ノ監督上必要なる命令ヲ発シ処分ヲ為スノ権ヲ有ス

この府県制の規定を継続させる理由として，「全国的な府県の行政を把握して，全国的な情報の収集や配分を行うとか，全国的な基準を設定するというような権能を行います上に，最小限度のこうゆう権限が必要ではないかと考えられるわけであります」とした。

これに対して岩本は「『府県行政の監視その他一般的監督権』の『一般的』とはどういう意味ですか」と質問し，内務省は，府県制第129条の規定を踏まえ，「府県行政の法律命令に背反しないかどうか，公益を害しないかどうかを内務大臣は監視するという権限を持っております。その他報告を徴しますとか実地について事務を視察しますとか，或いは必要な命令を発しまた処分をなすという権限であります」（下線部引用者）と回答した。さらに，第127条の「府県ノ行政ハ内務大臣之ヲ監督ス」という規定について，これを具体的に示したものが第129条の規定であり，これにより「自治団体に関する中央官庁の権限は内務省だけに専属するということが127条から出て参るわけであります」とした（内事局編 1948：187）。

このように，内務省の考えていた内務大臣による府県への「一般的監督権」は，府県制での規定と同様に「命令・処分」といった具体的な統制権限を持つものであった。しかし，この一般的監督権の問題について，地方制度調査会では目立った議論は出ず，第3回総会での報告においても，他の制度に比べてほとんど触れられず，答申にも記載されなかった。こうした経緯から内務省は，一般的監督権の維持が調査会で認められたものとして[40]法案の作成を進めた（内事局編 1948：186-187，自治大学校 1963：64）。

さらに内務省は，こうした内務大臣の一般的監督権と表裏一体のものとして，地方自治法に内務大臣による公聴会を通じた都道府県知事の解職を規定しようとした[41]。

第146条　内務大臣は，都道府県知事が著しく不適任であると認めるときは，政令の定めるところにより，公聴会を開いて，これを解職することができる。（以下略：知事による市町村長の解職規定）

答弁資料では，こうした規定を設けた理由として，次の４点を挙げている。第１に，知事の担当する国政事務は「殆ど各省にわたり，枚挙に堪えない」ことから，「都道府県知事がその職務を公正且つ適実に執行するか否かは」，「独り当該都道府県の利害に関するところであるのみでなく，殆ど直接的に国政にも影響を及ぼす」こと。第２に，住民に解職請求が認められるように，国政運営の見地からも国による解職請求が認められると考えられること。第３に，官吏から公吏へと身分が切り替わったことで，知事に対する懲戒処分の権限が失われたことから，何らかの「国家的意思実現の保障となる手段」が必要とされたこと。第４に，知事が「国家的見地に立脚して，全国民的視野を以て府県行政を執行すべき」にもかかわらず，「府県の利益に拘泥して跼蹐して大局を誤」る恐れがあること，である。また，従来から内務大臣が持っていた知事の解職権は，ほとんど「その発動を見た実例が皆無に近い状況」であったことから，解職権が「濫用」される恐れはなく，「自治権を否認する行き過ぎた制度ではない」とした（内務省地方局編 1947b：401-403）。このように，内務省は，府県行政に対する内務大臣の一般的監督権や知事の解職権を維持することで，個別省庁と並んで府県行政に関与する仕組みを作り，各省の所管事務に応じて府県行政が分断されることを回避しようとしたのである（市川 1991：83）。

しかし，こうした知事の解職権と一般的監督権は，いずれも実現しなかった。まず，一般的監督権には，総司令部民政局が反対した。そのため内務省は，単に旧規定をそのまま地方自治法に移したのでは総司令部の承認を得られないと考え，鈴木俊一行政課長の発案により，「監督」の代わりに「所轄」

という言葉を用いることとし，あくまで「所轄」と「監督」は異なるとして政府原案を作成した。しかし，総司令部民政局は修正を要求し，また衆議院からも修正を求められたことから，内務大臣の一般的「所轄」の規定は削除されることになった（自治大学校 1963：265）。

また解職権の規定についても，草案を見た総司令部民政局が制度を廃止するよう申し入れたが，内務省は「国による監督権」は必要であることを理由として修正しなかった。この解職権についての規定を含んだまま帝国議会に法案が提出されたものの，衆議院において反論が相次ぎ，内務大臣が弾劾裁判所に訴追することができるとする規定に修正された。しかし，地方自治法第1次改正において職務執行命令訴訟制度が導入されたことから，職務執行命令を下し裁判を請求[42]できる主体は主務大臣となった（自治大学校 1965：106-129）。

こうして，内務省は，戦前以来保持してきた府県に対する一般的監督権と知事の解職権を失うことになった。さらに地方における国政事務の処理体系が，府県と出先機関に制度上も分化し，また個別省庁が，それぞれに法律や政令によって府県に事務を委任するか，出先機関を通じて執行するかを選択することができるようになった。このように，府県行政に対する個別行政の制度的な影響力が大きくなる一方で，内務省の影響力は大きく低下していったのである。

人事制度問題

前述の衆議院における附帯決議や，大村内相の声明によって府県の知事以下職員の任免権を知事に与えることは避けられない状況となった。こうした事態を受けて，新たな吏僚制度（公務員制度）の具体的なあり方についての審議が，第3部会において行われた。

冒頭，第3部会の小林與三次幹事（内務省地方局職員課長）は，検討の対象となるのが知事の身分切り替え，都道府県の完全自治体化への移行に伴う都道府県と5大市の公務員制度であることを明らかにし，都道府県と5大市は国家公務員と同一の制度にすべきであると述べた。小林は，こうした制度的な同一化を図る理由として，国と府県との間での人事交流，より具体的には，府県職員が個別省庁との間で異動を繰り返すことによって能力の向上を図ることを挙げた[43)]。このため，国と都道府県・5大市の間で人事交流を行うために，任用，給与など基本的な根本規定を，官公吏を通じて一本にするのが理想であるとし「任用条件を一つにしてしまう。そうするとその間に交流しうる基礎だけは一応成立する。……恩給なども当然通算する。勤続年数も通算」し，中央政府レベルにおいて交流を斡旋する機関を持つべきであると述べた（内事局編 1948：414）。

一方で内務省は，具体的な「交流」者の選定や配分などを通して，これまで通り実質的に府県幹部の人事権を持つことを考えていた。こうした点について，府県における人事権の自主性の観点から反対する意見が見られた。小野眞次委員（衆議院議員・自由党，のち和歌山県知事）や，高石幸三郎委員（川口市長）などは，府県知事に任免権を持たせたうえで，府県と内務省との対等な協議，あるいは協議機関を設置して，そこで人事交流を行うべきであるとし，基本的に知事が部下の人事権を持つことを重視する主張を展開した。

さらに，浅井清委員（行政調査部公務員部長，のち人事院総裁）は，任用を中央・地方間で分離することを主張した。浅井は内務省の主張する国と地方を一体化した公務員制度について「下級の公吏は，府県自ら決めることができる。上級の公吏は国家によって支給せられるということは，自治の精神からみてどういうことになるか，……私は若しそれを他の組織でやる，中央の組織でやるというならば，その組織は国家の組織ではなくて，全国的な一つの自治的な組織がなくてはいかぬ」と述べ内務省の希望する官公吏一本化に反対した（内事局編 1948：469-470）。

一方，第3部会では，新制度の立法形式について，自治体の組織法と公務員制度の身分法とを別々に立法することも決定された。小林は，会議において「私個人の意見としては，できれば都道府県は組織法にしてしまって，片方は官公吏を通じた公務員法という形で規律した方がいいじゃないだろうか」と述べた（内事局編 1948：486）。この小林発言の背景には，府県自体が自治体として国から独立していることが前提となっている以上，身分に関する規定が都道府県の組織法に取り込まれることによって，自動的に官公吏の間での身分が分断されることを避けようとする内務省側の意図があった。これについては，浅井をはじめ他の委員も同意したため，組織法から分離させることで決着を見た。

ただし，身分法の国・地方一本化は，浅井が反対したものの，高石や駒井藤平委員（協同民主党），澤田竹治郎臨時委員（行政裁判所長官）らが支持したことから，部会の希望としては国・地方の一本化を答申することになった。こうした議論を受けて，府県職員の任用や身分について以下のような答申が示された。

諮問事項第四に対する答申（関係部分）

第二　略（後述）

第三　一般職員の任用，給与，分限，服務及び懲戒

（一）任用

（ハ）アメリカに於て，採用されている民主的な公務員委員会（仮称）のごとき機関を中央及び地方に設置して試験，銓衡，任用等に関する事務を掌らせるものとすること。

（ニ）官吏の資格との関係はこれを同等とすること。

（二）公吏の身分については，次の通りとすること。

（八）府県知事は，組織法とし，これと別個に身分法として公務員法を制定すること。但し，なるべく官公吏を通じた公務員に統一すること。

第六　官吏及び公吏は相互に平等に交流することとし，そのために必要な機関を設置すること。

内務省はこれを受けて「公務員法案要綱」を策定し，法制局に提出している。これによれば，同要綱の適用範囲は「国並びに都道府県五大市及びそれらの複合地方団体の公務員」とされた。さらに，一級官吏の銓衡および二級以上の公吏の任用事務については中央公務員委員会が，三級の公吏の銓衡および任用事務については地方公務員委員会が行うこととされ，二級以

上の官公吏の交流は中央公務員委員会の「助言」によるとした（天川・岡田編 1998：574-581）。このうち中央公務員委員会については，内務省が所管することが想定されており，「助言」を通じて内務省が実質的に人事を操作することが可能な仕組みとなっていた（岡田 1994：55-64，稲垣 2004：550-551）。こうした内務省による「公務員法案要綱」について前述の浅井は，内務省の公務員法案の狙いが国（内務省）による府県に対する人事統制にあり「官吏が公吏に対して優越する地位に在り公吏は官吏よりも劣位なる地位に在ると謂うやうな思想と制度とは厳に之を芟除すべき」と非難した[44]。

この「公務員法案要綱」は，1947年2月に国家公務員制度の制定のために来日したフーバー顧問団と総司令部民政局が協議を行い，国家公務員法の制定を総選挙後の新国会以降に先送りすることを決定したため，法案自体は実現しなかった（岡田 1994：66）。しかし，同年6月にフーバーによる国家公務員法草案が公表され各省の意見照会が行われると，内務省は「本法を地方庁職員に適用すること」を条件にフーバー草案を容認した。当時，フーバーによる国家公務員法案は，人事院の設置を規定していたことから各省庁が反対していた。そこで内務省はこうした「逆風」の中にあった国家公務員法案に賛成の意思を示すことで総司令部側の支持を取り付け，念願の府県職員との一本化を実現しようとした。しかし，当時の片山首相自身が人事院の独立性に疑問を感じていたことから，この内務省の意見は各省の意見照会から削除され，国家公務員法の府県職員への適用は見送られた。また，総司令部側も国家公務員法案は国の官吏のみに適用し，公吏への適用は考えていなかった[45]。

これにより公務員法は，国家公務員法と地方公務員法の二本立てとなり，公選知事が府県職員の人事権を持つことになった。しかし，内務省地方局の後継官庁である地方自治庁や自治庁といった地方自治官庁は，依然として人的なつながりを通じた府県への影響力の維持は必要と考えていた。当時，国の官僚と比較して地方公務員の能力は低いと一般的に考えられていたことから，人事の「交流」は地方公務員の能力向上の面からも，必要であると地方自治官庁以外の内政・地方自治関係者の間で認識されていた。このため，後述するように地方自治官庁が所管する地方公務員法の制定過程において，

「交流」問題は再び議論になる。

府県局部組織制度

府県における局部組織制度の問題は，人事制度と同じ第3部会で審議された。この件について内務省は，以下に示す理由から，現行の府県における局部組織の制度を，戦後においても継承させることを考えていた（大霞会 1980b：217）。

第1に，人事面における統制の問題である。前述のように，内務省は，「人事交流」を通じて府県の幹部職員の人事を実質的にコントロールしようとした。このため，全国的に人事を運営していくうえで，各府県の「ポスト」を画一的なものにしておくことは，当時の内務官僚のキャリアパスとの関係[46]からみても重要な問題であると考えられていた。

第2に，各省による出先機関の設置を抑止することである。総司令部民政局の報告書によれば，地方自治法158条において局部組織を法定化[47]したことは「府県庁と競合するような国家機関の支分部局」の設置という「誤った処置」を府県の側からこれを「防止」し，府県が「国家事務を処理する点から見ても，地方公共団体の行政の執行に必要な事務の遂行に十分な余裕をもつ」ために規定されたという（自治大学校 1960：130）。すなわち，出先機関の「受け皿」を作ろうとしたのである。

しかし，人事権をめぐる審議過程においてもそうであったように，法律によって府県の自主的な組織編成に対して規制をかけることは，「民主化」や「分権化」といった視点からの批判を免れないものでもあった。

この局部組織制度について審議した，前述の地方制度調査会第3部会では，具体的な組織編成についてはおおむね現行通りでよいとされながらも，その編成権限をめぐって意見の違いが見られた。元内務次官であった飯沼一省委員は，「仕事をしていく上に或る程度の各府県共通性がないと，色々の場合に非常に不便」であるとして，法律による規定に賛成する意見を述べている。しかし，前述の小野は，現行の制度通りで良いとしながらも「各府県に依って事情が非常に違」うことから「その範囲に於て知事が適当に按配する……自由に知事の裁量に任す」と述べ，稲本早苗部会長（衆議院議員・進歩党）も「今日のように非常に権限が拡大されてまいってきて居るのですから，府県が条例で決めるのが妥当」であるとした。議論の結果，部会としては条例で定めるとの結論に達した（内事局編 1948：12, 424-425）。

答申では，その「第二」において「局部課等の組織は，原則として現行制度によるものとすること」とのみ示されたが，調査会での議論を受けて作成された政府草案では「地方自治法において規定する基本的局部の外都道府県は，条例の定めるところにより，局又は部を置くことができるものとすること」として，法律によって規定された部（以下，必置部とする）だけでなく，府県の事情に応じて設置される部を認めることが規定された（自治大学校 1963：77, 88）。

これに対して，限定的ではあれ府県における自主的な局部組織の編成権を認めたことに対して，個別省庁は一斉に反発した。例えば厚生省は，府県における関係部局の設置を認めつつも，知事が組織の存否についての権限を持つことに対して次のように反対した（自治大学校 1963：101）。

> 地方自治法第百五十八条中に，所要の道府県には衛生部，労働部を設ける旨の明文の規定を置くこと。
>
> （理由）衛生部，労働部の設置を知事の自由裁量にまかすのは，適当でない。衛生部については，昨年五月一八日付最高司令官指令により，その設置が命令されている。

また，当時地方教育行政に関する法律案を準備しており，教育委員会の設置を目指していた文部省は，「教育事務の処理機関について当省において別箇に考慮中であるから教育事務に関する一切の事項は地方長官の所管から除外すること」を申し入れている（自治大学校 1963：97）。

さらに，地方自治法草案では組織編成とともに各部局の事務分掌が規定されていたが，当時出先機関と府県との間で事務権限の配分が明確に決まっていなかったことから，この規定に対する否定的な意見が出されていた。例えば運輸省は，道府県の土木部の事務分掌について以下のように回答している（自治大学校 1963：100-101）。

〔略〕道府県に土木部を設け港湾，交通，水陸運輸に関する事項を所掌させることになっているが，港湾については当省港湾局所管事務と競合し，海運に関する地方行政機構については現行の海運局所管事務とてい触することとなり，又道路運送に関する地方行政機構については，さきに貴省関係局所に対し申し入れをしておいたとおり，目下特別官庁案をもって，これが実現を考慮中で，この点については司令部からも有効な示唆を受けているので，右に関する都道府県の行政機構の改組については，特段の御考慮を願いたい。

こうした意見をもとに内務省において再度検討が行われた結果，当初政府原案において「左に掲げる局部を設けなければならない」とされていた規定は，「左に掲げる局部を設けるものとする」という表現に修正された（自治大学校 1963：232）。

また，資料 1－1 に示すように，地方自治法では「必要に応じて」条例による局部の分合や事務の配分の変更を認めた[48]が，施行と同時に，各府県知事に対して（内務省発第 111 号）「都道府県の局部の組織は，中央各省に関係するところが極めて広く且つ深く，又或程度全国で均斉を保持する必要もあり，「その廃止，変更等の条例は内務大臣の許可を要すること」と通達している。

また，地方自治法案の提案理由の説明において，植原内務大臣から「知事公選の根本的の趣意よりいたしまして，現在地方長官の権限に属する国政事務は，すべてこれを都道府県知事に継承せしむべきことは，申すまでもないことであります。従って，現在の官庁たる都道府県の部局の組織のまま，これを新しい都道府県の部局と」する旨が述べられた（自治大学校 1963：120）。このように，地方自治法の施行時には，府県による自主的な局部組織の編成は大きく規制される[49]ことになった。

知事の持つ組織編成権に対する規制は，資料 1－2 に示すように，地方自治法第1次改正[50]によってさらに強化された。同改正の政府原案では，府県の局部組織については従来通りとなっていたが，総司令部から「都道府県の局部は，法律で一定し，都道府県知事は，財政状況その他特別の事情がある場合に限り，局部を合併できるものとし，局部を新設し又は局部の事務に配分を変更することを認めないようにせよ」との修正意見が表明された[51]ため，政府は改めて検討を行うことになった。その結果[52]，民生部の所掌事務から，保健衛生および勤労関係の事務を削除し，保健衛生については，新たに衛生

資料　1－1　地方自治法第158条（地方自治法制定時）

第百五十八条　都道府県知事が，その権限に属する事務を分掌させるため，左に掲げる局部を設けるものとする。但し，必要があるときは，条例で，局部を分合し又は事務の配分を変更することができる。

都〔略〕

道府県

総務部

一　職員の進退及び身分に関する事項

二　議会及び道府県の行政一般に関する事項

三　市町村その他公共団体の行政一般の監督に関する事項

四　他の主管に属しない事項

民生部

一　社会福祉に関する事項

二　社会保険に関する事項

三　保健衛生に関する事項

四　勤労に関する事項

教育部

一　教育学芸に関する事項

経済部

一　農業，工業，商業，森林及び水産に関する事項

二　物資の配給及び物価の統制に関する事項

三　度量衡に関する事項

土木部

一　土木に関する事項

二　都市計画に関する事項

三　住宅及び建築に関する事項

四　交通に関する事項

農地部

一　農地関係の調整に関する事項

二　開拓に関する事項

警察部

一　警察に関する事項

2　都道府県知事は，その権限に属する事務を分掌させるため，局部の下に必要な分課を設けることができる。

3〔略〕（市町村の規定）

出典）自治大学校（1965）149-150頁。

部を設け，勤労関係は経済部の所掌事務とすることなどの改正案が作成された（自治大学校 1965：150-151）。

この改正と同時に出された通知[53]では，道府県は総務，民生，教育，経済，土木，衛生，農地の7部を必ず設けなければならないとされ，それ以外については「特別の必要がある場合に限り」，農林部など府県が任意で設置可能な部（以下，任意設置部とする）として設置できるとされた[54]。このように必置部・任意設置部ともに法定されたことにより，府県が独自の局部組織を設置することはできなくなり，全国的な局部組織の画一化が進むことになった（岩切 1974a：38）。

⑶　改革における内務省「主導」とその限界

内務省「主導」とその仕組み

占領期の地方制度改革における内務省の基本的な方針は，戦前と同様に，個別省庁と府県との間を内務省が調整することで，「国家的要請と地方要求との間」における「適当なる調和」を確保することが可能な体制を作り出すことであった。こうした方針のもと，内務省は，戦後の府県について「国の行政官庁たる地方長官の管轄区域たる基本的性格」を維持することを大前提とし，知事の公選制や住民参加制度の拡充など「国家ノ大局的立場ニ背反シナイ限リ」の「一定の民主化」（坂千秋）にとどめようとしたのである（内務省地方局編 1947a：77，81，荻田 2000：107，自治大学校 1960：169）。

しかし，戦前の制度が否定され，「地方自治の強化」が「時代の声」（市川 1991：82）であった当時において，中央省庁である内務省が自治体である府県に対する統制権限を維持するということに対しては，総司令部だけでなく，帝国議会など内外から反発を受ける可能性があった。このため内務省は，改革過程を「主導」することで，こうした批判を抑制しようとしていたように思われる。

そうした批判を抑制し，内務省の目的を「改革」に反映させるためには，内務省の意向について何らかの「お墨付き」を与える必要があった。例えば，「各方面の知識，経験を結合いたして，より徹底せる改革の成果を得る」こ

資料　１－２　地方自治法第158条（地方自治法第１次改正時）（下線部引用者）

第百五十八条　都道府県知事の権限に属する事務を分掌させるため都道府県に左の局部を置く。
第一　都　＜略＞
第二　道府県
一　総務部
（一）　職員の進退及び身分に関する事項
（二）　議会及び道府県の行政一般に関する事項
（三）　道府県の予算，税その他財務に関する事項
（四）　市町村その他公共団体の行政一般に関する事項
五　他の主管に属しない事項
二　民生部
（一）　社会福祉に関する事項
（二）　社会保険に関する事項
三　教育部
（一）　教育学芸に関する事項
四　経済部
（一）　農業，工業，商業，林業及び水産業に関する事項
（二）　物資の配給及び物価の統制に関する事項
（三）　度量衡に関する事項
（四）　労働に関する事項
五　土木部
（一）　土木に関する事項
（二）　都市計画に関する事項
（三）　住宅及び建築に関する事項
（四）　交通に関する事項
六　衛生部
（一）保健衛生に関する事項
（二）保健所に関する事項
七　農地部
（一）　農地関係の調整に関する事項
（二）　開拓及び入植に関する事項

２　道府県は，特別の必要があるときは，前項の規定にかかわらず，条例で，左の部を設けることができる。但し，農林部を設けた場合においては商工部を，商工部を設けた場合においては農林部を設けることはできない。

第一　道府県
一　農林部（又は林務部）
（一）農業，林業及び水産業に関する事項（林務部にあっては林業に関する事項）
（二）農林水産物資の配給に関する事項（林務部にあっては林産物資の配給に関する事項）
二　商工部
（一）商業及び工業に関する事項
（二）物資（農林水産物資を除く）の配給及び物価の統制に関する事項
（三）度量衡に関する事項
三　水産部
（一）水産業に関する事項
（二）水産物資の配給に関する事項
四　労働部
（一）労働に関する事項
五　公共事業部
（一）公共事業の経営に関する事項
第二　道　＜略＞
一　開拓部
（一）開拓及び入植に関する事項

出典）自治大学校（1965）152-153頁。

とを掲げて設置された地方制度調査会は，こうした内務省の意向に「お墨付き」を付与すべく設置された審議会でもあった可能性が考えられる[55)]。ただし，審議会が一般的に「隠れ蓑」（佐久間ほか 1972）と呼ばれてきたように，地方制度調査会で審議することだけで「お墨付き」がついたわけではない。「内務大臣の諮問機関」[56)]であっても，内務省にとって有利な結論を導くためには，審議過程に「工夫」が必要であった。そうした「工夫」として，以下の4点が指摘できる[57)]。

第1に，審議過程への「幹事」の「参加」である。地方制度調査会第1回総会に当たっての大村内務大臣は「本調査会に臨む政府の態度は全くの白紙であり原案提出等のことは考えて居らないのでありまして，専ら調査会自体の民主的活動とにより現下最も重要なる使命が完遂されますことを衷心より念願する」と述べている。一方で，会議では内務省が作成した詳細な調査項目があらかじめ示されていた。また，議論は通常，参加した幹事への委員からの質疑という形で進められた。しかし，幹事からの「応答」は，事務処理制度についての第1部会における郡幹事，人事制度についての第3部会での小林幹事にみられたように，実質的に「原案」を含む場合も少なくなかった。すなわち，内務省が設定したアジェンダについて，内務官僚の幹事が改革の「原案」を口頭で提示し，それについて幹事と委員が議論するという形がとられていたのである[58)]。また，第3部会のように，内務官僚が部会の幹事を独占することで内務省が議論を有利に進めることができるようにする「工夫」も見られた。

第2に，審議を「分割」したことが指摘できよう。審議過程の記録からは，内務省が意図的に部会を設定し委員[59)]を配置することで，審議を有利に進めようとしたことが示唆される。例えば，地方制度調査会の組織は総会と部会によって構成され，部会は審議事項に応じて分割されていた。諮問事項第一および第二は第1部会，諮問事項第三は第2部会，諮問事項第四は第3部会に，それぞれ分けられた。各部会の委員は会長と副会長によって「適材適所」（中島会長）に配属されたとされるものの，一定の傾向性が見られる。例えば，国政事務の処理や国の出先機関の問題について審議した第1部会や

資料 1－3　第3部会の委員および幹事

会長	稲本早苗	衆議院・進歩党
委員	大塚甚之助	衆議院・自由党
	小野眞次	衆議院・自由党
	厚東常吉	衆議院・自由党
	早稲田柳右エ衛門	衆議院・進歩党
	永井勝次郎	衆議院・社会党
	駒井藤平	衆議院・共同社会党
	浅井清	貴族院
	高石孝三郎	川口市長
	武田キヨ	自由党
	齋藤てい	進歩党
	佐藤達夫	法制局次長
	寺崎太郎	外務次官
	飯沼一省	内務次官
	谷村唯一郎	司法次官
	平山孝	運輸次官
	澤田竹治郎	行政裁判所長官
幹事	渋江操一	内閣事務官
	柴田達夫	内閣事務官
	井出成三	法制局参事官
	江口見登留	内務事務官
	小林與三次	内務事務官
	八島三郎	内務事務官
	河野一之	大蔵事務官
	奥野健一	司法事務官
	秋山　龍	運輸事務官

出典）自治大学校（1963）15頁。

第2部会には，国会議員のほか地方団体の代表や関係業界が参加し，個別省庁の次官が臨時委員として，また個別省庁の事務官が幹事として参加していた。これに対して，府県の人事や組織について議論した第3部会では，議員と官僚のほかに参加したものは川口市長のみで，臨時委員も法制局次長，外務次官，内務次官，司法次官，運輸次官，行政裁判所長官であり，直接的に府県行政に関係していたのは内務次官くらいであった。また，幹事についても同様に，内務省以外は内閣，法制局，大蔵，司法，運輸からの参加にとどまり，農林や商工といった官庁からの参加はなかった。こうした特徴を，自治体の機能に関する高木鉦作の区分[60]に従っていえば，第1部会や第2部会のように「個別行政」の制度に関する部会には個別省庁が参加し，人事や組織の制度といった「包括的自治体」の側面について議論する第3部会には，戦前来府県への人的派遣を進めてきた農林などの経済省庁や，「当事者」である府県は排除されていたのである[61]。

第3に，審議内容があらかじめ決定されていたことである。1952年から現在まで設置されている地方制度調査会と本調査会と比べると，本調査会のほうが，諮問事項が明確になっていたことがわかる。両者は会議自体の性格や時代状況が異なるので，単純な比較をすることはできないが，のちの地方制度調査会の諮問事項が「現行地方制度について改正を加える必要があると認められる。これに対する改正の要綱を示されたい」と「きわめて茫漠とした抽象的内容」（大杉 1991：12）であったのに対し，本調査会はその調査内容が比較的明確にされていた。また，あらかじめ諮問事項が4つに分割され，具体的な討議内容についても内務省が「ずいぶん細かに」設定した調査項目をもとに議論が進められた（内事局編 1948：32-33）。

内務省「主導」の限界

内務省にとって有利に見えた地方制度調査会であったが，結果的に内務省の意に完全に沿うものとはならなかった。例えば，事務処理制度について機関委任の制度は実現した一方，表裏一体であった出先機関の統合は，地方制度調査会を「延長」してまで具体化を目指したが，調査会では統合の方向性を示すにとどまった。また，出先機関の設置を「例外」とする「根拠」であった知事による「部内の行政事務」の所管についても，地方自治法第1次改正によって削除された。同様に，内務大臣の府県行政に対する一般的監督権や知事の解職権もなくなり，内務省と個別省庁が二元的に府県行政を監督するという戦前の仕組みは消失することになった。さらに，個別省庁による多元的な統制を調整するうえで重要と考えられていた人事制度や組織制度も，内務省の希望通りにはならなかった。

このように，内務省は審議過程において有利な立場にあったにもかかわらず，最終的に内務省にとって不本意な結末を迎えたことは，ひとつには，地方制度改革全体の構造として，T. J. ペンペルや市川喜崇が指摘したように，総司令部の各部局と個別省庁が結びつく「クロスナショナルな連合」が成立していたことに要因があったといえよう（ペンペル 1987，市川 1991：108-112）。この「クロスナショナルな連合」の構図を踏まえて考えれば，これまで述べてきた内務省による一連の審議過程の「主導」は，逆に内務省にとって不利な状況をもたらしていたように思われる。

例えば，審議過程に参加する幹事のポストは，基本的に「包括的自治体」の制度の審議については内務省が独占し，「個別行政」の制度の審議については個別省庁が出席するという形になっていた。一方で，戦前・戦時において，個別省庁から専門官僚が府県に配属されてきたように，「包括的自治体」の制度であっても，個別省庁がその運用に部分的に関与していた。内務省自身も，審議過程において「国」との「人事交流」の必要性を強調[62]し，府県で国政事務を執行することを理由として組織編成の法定化を主張してきた。このため，府県における人事・組織に「国」の関与が認められることは，内務省のみならず個別省庁にとっても利益になる。そうであれば，個別省庁が「幹事」などを通じて，人事・組織制度の審議過程に参加しうるだけの理由はあった可能性があったと考えられよう。また，内務省と個別省庁とが連携して府県人事や組織編成に対する「国」の関与の必要性を主張すれば，結果として内務省と個別省庁，さらに総司令部における個別省庁の関係部局が「連合」を形成することによって，人事や組織編成の分権化を主張する総司令部民政局の主張を抑えることが可能であったとも考えられるのである。

しかし，こうした「連合」が行われれば，「包括的自治体」制度の運用における個別省庁の影響力が強まる可能性がある。例えば，知事の解職権や府県の人事や組織編成といった「包括的自治体」の制度において，他の個別省庁を排して内務省が独占的に関与することが難しくなる。このため，内務省は「包括的自治体」の制度についての審議を，可能な限り内務省の問題として処理し，個別省庁の関与を排除しなければならなかったのである。

このように，地方自治法の制定過程における内務省「主導」は，内務省にとって有利に働いた場合もあれば，不利に働く場合もあった。改革の結果として，内務省と個別省庁とは府県との関係において「同等」，あるいは個別省庁が機関委任事務の監督権を持ち，内務省が府県行政の一般的監督権や人事権を喪失したことなどから見れば「同等以下」となったということもできよう（高木 1986）。自ら主導して改革を進めることによって，自身の方針に沿った制度を既成事実化しようとした内務省の「改革」は，挫折を余儀なくされることになった（高木 1974：270-271）。さらに，地方自治法第1次改正と並行して内務省自身の解体[63]も進められ，ここに内務省－府県体制は崩壊することになったのである。

第3節　府県における局部組織の編成と企画担当部局の形成

(1)　戦後府県行政の形成

府県の自治体化や内務省の解体などによって，府県行政は地域の事情や知事の政治的な意向など，各府県の個別的な事情に左右されるようになった。こうした変化は，「地方ブロック」[64]と呼ばれた全国的な物資流通の停滞問題のように，戦時中から徐々に見られていたが，公選化によって知事が全国的な状況よりも地域の事情を優先するようになったことから，より明確なものとなった。また，内務省が組織・人事・事務（監督）といった諸権限を用いて府県行政を総合的に統制する仕組みはなくなった。公選知事は，内務省に代わってこれらの権限を総合的に運用することで，自身の政治的意向を府県行政に十分に政策に反映させようとした。

一方で，公選知事は，全くフリーハンドで政策を実現することができたわけではない。内務省による統制はなくなったものの，個別省庁による統制は「改革」後の府県行政においても継続した（市川 1992b：132)。機関委任事務制度や補助金，官僚の出向など，個別省庁がこれらの制度をそれぞれの行政分野ごとに総合的に用いて，府県を統制するようになった（辻 1969，赤木 1978，平野 1990，市川 1991)。

ただし，多くの公選知事は，当初からこうした統制を認識して行動していたわけではないように思われる。議会や府県官僚制といった府県の内部的な制約要因を解消し意思の疎通さえできれば，自身が主導して府県行政を進めることは可能であると考える知事は少なくなかった。特に，知事就任後最も大きな課題であった復興開発においては，トップダウンで政策を決定しようとする知事が多く見られた。しかし，無謀な開発構想や折からの財政難などによって，莫大な財政赤字を生み出したことから，1950 年代に入ると相次いで選挙で敗れる知事が見られた（新川 1995)。

このように公選知事は，復興開発を通してトップダウンによる行政運営の限界を認識させられた一方で，個別省庁に対して補助金などの支援を求めることで開発に必要な資源を確保し，府県行政におけるリーダーシップを確保するようになった。こうした面からすれば，1940年代後半から1950年代にかけての府県行政とは，府県に与えられた諸権限を行使することで，トップマネジメントを充実・強化しようとする公選知事の意向と，自身に関係する組織・人事・事務・財源などの総合的な運用を通じて府県行政に関与しようとする個別省庁の意向が，徐々に「融合」していく過程であったように思われる。

本節では，戦後初期における府県行政について概観したのち，その中での組織編成の問題について検討を進める。特に，当時の府県行政における最重要課題であった復興開発を所管し，公選知事がトップダウンによる府県行政の総合的な運営を進めるために，多くの府県で設置された企画担当部局の問題を取りあげることにしたい。

(2)　公選知事の登場と制約

地方政治と知事

先行研究では，第１回統一地方選挙において旧官選知事が大量当選を果たしたことや，またその要因として内務省による選挙対策があったことなどから，知事公選化に伴う府県行政の戦前・戦後の変化は，実質的にはかなり後になってからであるとされてきた。公選知事の着任後も依然として戦前の体制が継続しており，戦後の新たな体制が定着するのは1960年代に入ってからであるとされる（石川 1978：203，西尾 1977，新藤 1986：34）。

しかし，第１回知事選挙における知事候補者の擁立と支持団体の関係について分析した功刀俊洋によれば，同選挙で選出された旧官選知事について，必ずしも彼らが「内務省の地方統制力を体現して……知事候補に擁立された」わけではない[65]とされる（功刀 2005）。また，当選した旧官選知事も，1950年代に入ると次々と落選し，３回以上当選し1950年代に入るまで県政を担当し続けることができたのは，内山（神奈川），友末（茨城），櫻井（熊本）の３人（安井東京都知事を入れると４人）に過ぎなかった[66]。内務省も旧官選知事が当選しやすいように様々な方策を試みていたものの，実際にはあまりうまくいかなかったという（小西 1999）。

こうした戦後の新しい体制においては，戦前において府県会内部にとどまっていた地方政界の影響力が，府県の政治や行政にまで及ぶようになった。とりわけ各府県の地元政界において，知事候補の擁立は，その補佐役である副知事人事も含めて，極めて重要な問題として認識されていた。また，旧官選知事も「個人の行政手腕を地方政界から高く評価されて」立候補したわけではなく「地方保守政界の有力候補が公職追放か知事選挙と同時に実施された国政選挙に出馬したため，知事選挙に立候補しなかった場合に，地方保守政界が彼らを一時のつなぎ役として擁立し，官選から公選へ横滑りさせたものであ」ったという（功刀 2005：14-15）。

行政運営においても，県議会の影響力は戦前に比べて強くなった。例えば，副知事の選任には議会の同意が必要であるため，知事と議会の関係が大きく影響した。特に，知事が議会内に十分な与党を持っていない場合など，議会との間に政治的な対立が存在する場合，自身の意向に沿った副知事を選任することは困難であった。府県によっては，知事と議会との対立が原因で，副知事が不在の状態が長く続いたところや，地方自治法第 161 条の規定に基づいて議会によって副知事を置かない条例が可決された例もあった（中矢 1957：69-73）。また，副知事が選任された場合であっても，議会の多数派との妥協や，彼らの推薦候補を選ばざるをえない場合も少なくなかった。このように，県政界からの支持取り付けや，県民からの大幅な支持がなければ，知事が主体性を発揮して県政を円滑に運営していくことは難しかったのである（住本 1955：38-39）。

公選知事と府県官僚制

同様に，公選知事による行政運営を制約としたものとして，府県官僚制との関係を指摘することができよう。

地方自治法の施行時点において府県に所属していた旧官吏は，「公吏」へと身分を切り替えられ，府県に「取り残される」ことになった（稲継 2000）。こうした府県に残存した旧官吏は，旧内務省による全国的な人事の中で配置されたものであり，その年齢は部長級でも40歳前後と比較的若かった。しかし，身分が切り替えられたために，他府県や内務本省への異動がなくなり，官選知事や本省の幹部への昇進の道も断たれることになった。このため，府県庁内では人事の停滞が問題となった。地方公務員法の制定過程において，公述人として意見を述べた内山岩太郎神奈川県知事は「現在の部長をどこに持っていくか。休職させるわけにも行かなければ，退職させることも具合が悪い。どこかにいいところがないかというのが第一の問題であります」と述べ，旧官吏の停滞のために，知事の人事権が実質的に十分に行使できない状況にあることを訴えている（地方自治庁編 1952：276）。

彼らの一部には，個人的な人脈を通じて中央省庁への帰還を果たすものもあったが，復員や引揚による職員数のだぶつきが中央省庁側でも問題になっていた。とりわけ組織自体が解体された内務省では，府県に残った旧官吏の府県間での異動を仲介する[67]ことはできても，国へ戻すことは難しかったという（内政史研究会編 1974：81-82）。

こうした旧官吏は，知事から副知事に取り立てられる場合もあったが，副知事は「上がり」ポストでもあり，知事との間で軋轢を起こすことも少なくなかった。例えば，任期中にもかかわらず，次期知事選における対立候補として知事の対立勢力に取り立てられることを目指して，意図的に彼らとの関係を強める場合があったという（住本 1955：38，松野 1989：78-81）[68]。

特に，民間出身者が知事となった府県では，府県幹部との軋轢が問題となった。知事が「官僚的組織と風習に不慣れ」であったために，「府県庁の官僚勢力に取り囲まれ，官僚的な習慣，七めんどうな手続，『ハンコ』と書類に包囲」され，その結果「下僚たちの笑いものになり，時には反発を受け，その『抱負経綸』も窒息させられていった」という。こうした問題は，終戦直後の1946年1月に行われた官選知事の異動においてすでに表面化していた。この異動では，兵庫県や埼玉県など一部の府県において民間人が知事に任命されたが，これらの府県では「その部下の地位にある部課長級の官僚陣営は固くスクラムを組み，民間より任命された知事はほとんどロボット化」していたという（永江 1946：32）。さらに，「部下の官僚は，長い間事務を扱い，手慣れていたから，民間から飛び込んできた行政の素人たちの『思いつき』や『計画』を，巧みにつぶし」，「自分たちに都合のよい知事に仕立て直そう」とする場合もあった[69]とされる（住本 1955：37-38）。

⑶　戦後府県「総合行政」の萌芽としての企画担当部局

企画担当部局の誕生

このように，公選知事は行政運営において様々な制約を受けながらも，知事として着任した以上，自身のリーダーシップを強化し，府県行政を主導していかなければならなかった。こうした目的から，1940 年代の後半から 1950 年代の中頃にかけて，県政全体の企画や開発行政を所管した企画担当部局が多くの府県で設置された。

当時の企画担当部局は，各府県で多少差異があるものの，概ね県政全体についての包括的な企画立案や，復興をはじめとする開発行政を総合的に進めるための組織として設置された。例えば，青森県では，津島文治知事によって知事直属の企画室が 1947 年 8 月に設置されている。設置当初における同室の業務は，農業や資源発掘など，当時青森県が直面していた「県政の重要事項の調査立案」と「県政の発展のための基礎調査」とされていた。室員は室長の指名により各部から集めることが可能であり，企画室でとり上げた問題を担当部課に実施させることができるなど，県政の中枢機関としての役割が与えられていた。また，企画室とともに，専門知識を持つ大学教授などの学識経験者を中心として構成され，「ブレーントラスト的な性格」を持つ企画委員会が設置されている（青森県企画史編集委員会編 1982：15-48，51-53）。

また，岩手県では，国分謙吉知事によって，1947 年 7 月に他の部に属さない知事直属の組織として秘書課が設置されている。同課には，知事の秘書機能などを所管する庶務係や秘書係，県史編纂係のほか，各部との連絡調整や部長会議，県政の報道公表などを所管する企画輿論係が置かれた。当時岩手県では，「庁内部課の甚だしい分化によって機能が低下してい」たとされ，これに「深いクサビを打ち，県政施策の推進に当って実質的な筋金となるもの」として，主に開発行政の推進を通じた府県行政の総合化が，秘書課

図表 1－2　青森県における企画担当部局の組織と主な所掌事務の変遷

期間	組織名称・組織編成			主な所掌事務
1947.8 ～ 1949.9	組織名称	企画室		地下資源・水産資源調査，水害対策，総合食料調査，電力対策，総合大学設置運動，国有林解放運動，総合開発計画策定など
	所管係	庶務係	企画係	
		調査係		
		（企画委員会）		
1949.9 ～ 1951.3	組織名称	総務部知事室調査課		主な所掌事務
	所管係	庶務係	調査係	国土総合開発法への対応，青森県総合開発5カ年計画の策定，青森県総合開発10カ年計画の策定，特定地域総合開発計画の策定，青森県経済報告書・青森県行政報告書の作成，県内における金融事情の調査，各種統計調査（51年の統計課との合併以降）など
		運輸交通係	水産係	
		治水和水係	文化厚生係	
		動力源係	農林係	
		商工係	経済金融係	
		電力係		
1951	組織名称	総務部調査課		
	所管係	庶務係	企画係	
		統計係	資金係	
1952	組織名称	総務部調査課		
	所管係	庶務係	第一企画係	
		第二企画係	第一統計係	
		第二統計係	第三統計係	
		資金係		
1953 ～ 1957	組織名称	総務部調査課		
	所管係	庶務係	第一企画係	
		第二企画係	第三企画係	
		第一統計係	第二統計係	
		第三統計係	第四統計係	
		資金係		

出典）青森県企画史編集委員会編（1982）15-77，266頁をもとに筆者作成。

に期待されていた。また，企画輿論係では，阿部千一副知事の指揮のもと，岩手県の現況を詳細に分析した『県政報告書』（県政白書）が作成されている。また，知事の施政方針演説（1947年10月20日県議会第5回定例会）の草稿を作成するなど，秘書課は公選知事のブレーンとしても位置づけられていた（八木 1993：50-54）。

このように，企画担当部局が設置され開発行政を所管したことには，知事によるリーダーシップの確立という点から見て，2つの重要な意味があったと考えられる。

図表 1－3 復興開発期における企画担当部局の設置状況（1950-1955）

	1949	1950	1952	1953	1954	1955
青森	企画室	総務部知事室調査課	総務部調査課	→	→	→
岩手		企画課	→	→	→	→
宮城		企画審議室	→	→	→	→
秋田	企画審議室	→	→	知事室開発課	→	
山形	知事室調査課		知事室企画課	→	→	→
福島			総合開発調査局	→	→	総合開発局
茨城	産業振興企画室		総合開発審議室	知事室総合開発課	→	→
栃木			総務部企画室			
群馬	知事公室企画室	→	→	知事公室審議室	→	→
埼玉		知事室企画委員会事務局	企画委員会事務局	→	総務部企画課	→
千葉		総務部企画広報課		総務部企画調査室	→	→
神奈川		企画審議課	知事公室企画審議課	→	→	→
新潟	審議室	知事室企画課	→	→	→	
富山		知事室企画課	→	企画広報課	→	→
石川	能登地方開発委員会事務局	地方開発委員会事務局	→	地方開発事務局	→	→
福井			総務部企画文書課	→	→	→
山梨	知事室調査弘報課		総合開発審議室	総合開発局	→	知事室企画課
長野		土木部総合開発局	総合開発局	→	→	→
岐阜				総務部調整審議室	→	→
静岡			綜合開発事務局	→	→	知事公室総合開発課
愛知			知事公室企画課	→	→	→
三重			企画本部	→	→	→
滋賀			知事公室企画室	総合開発局	→	
京都	企画審議室	知事公室企画課	→	→	→	知事公室企画文書課
大阪	企画室	企画課	→	→	→	知事室企画課
兵庫		知事室企画課	→	企画統計課	知事公房企画統計課	企画調査課
奈良		総合開発事務所	綜合開発事務局	→	→	→
和歌山		知事公室企画広報課	→	→	→	→
鳥取	総務部調査室	総務部企画課	→	→	総務部統計企画課	知事公室企画広報課
島根		知事公室企画室	企画室	→	→	→
岡山	企画室	→	企画広報室	→	→	企画室
広島	企画室	→	→	→	→	総務部企画広報課
山口			知事室企画課	総務部企画統計課	→	総務部県政室
徳島	総務部企画広報課	→		総合開発事務局	→	県民室
香川				知事公室企画室		知事公室企画室
愛媛	総務部企画課	→	企画室	→	総務部企画室	→
高知		企画室	総合開発局	開発室	総務部企画開発室	→
福岡			知事室企画局	→	→	→
佐賀			知事室開発課	→	→	→
長崎			企画室	→	→	→
熊本	総務部県民課	→	振興局	→	→	→
大分		総務部企画調査課	総務部企画調査課	知事室企画調査課	知事室企画調査課	知事室企画調査課
宮崎			企画局	→	→	企画調査室
鹿児島	企画室	→	→	→	→	→
設置府県数	17	27	40	43	42	40

出典）大蔵省印刷局編『職員録』（下巻）各年版をもとに筆者作成。
注）室や課名のみが書かれているものは「知事直属」の組織。それ以外は課・室名の上に記された名称の組織内に配置。

第１に，開発行政の帰結が知事の政治的功績につながっていたことである。官選知事と異なり，選挙戦を勝ち抜かなければならない公選知事にとって，喫緊の課題であった復興開発で功績を上げることは，再選可能性の拡大のみならず，府県庁内でのリーダーシップの強化など，自身の政治的な影響力を強化することにつながっていた。特に 1940 年代後半から 1950 年代初頭にかけての知事選では，多くの候補者が開発行政の推進を公約として掲げ，当選すると企画担当部局を設置し様々な調査や研究を行ったほか，府県によっては早い時期から具体的な開発事業に着手している（平山 1955：30-33，青森県企画史編集委員会 1982：15，八木 1993：51-63，南 1996：50-51）。このように，開発行政は単に当時の府県行政における重要課題であったというだけではなく，開発の成果がその後の知事の政治的な主導性を大きく左右するという点で重要な問題であった。

第２に，開発行政が府県行政のほとんどの政策分野に関係する「総合」行政であったことである。復興開発の対象は，当初戦争や災害で荒れ果てた治山や治水が主であったが，徐々に森林開発や水力発電などへと拡がっていった。さらに，こうした開発に必要な研究や人材を育成するための大学の誘致や，新制高校の設置なども「開発」の対象となるなど，総合的・包括的なものへと発展していった。公選知事は，自ら主導して新設した企画担当部局を通じて「総合」開発を推進することで，多元化が進みつつあった府県行政を掌握しようとしたのである。このため企画担当部局は，「県庁機構の中に占める位置が他の部課の最上位」あるいは各部局から「超越した存在」，あるいは県行政の「司令塔」としての役割を与えられ，具体的な開発計画の策定や全庁的な政策の総合調整などを所管するようになった（西澤 1952：10，青森県企画史編集委員会編 1982，小安 1952：11-12）。

企画担当部局の「組織」形成

前述のように，地方自治法において府県の局部組織が規定された理由は，府県に委任された国政事務の執行を組織面から担保するということであった。このため，制度の主旨からすれば必置部を設置してさえいれば，府県の事情に応じてそれ以外の局部組織を設置することは認められるはずであったと考えられる。しかし，「特別の必要がある場合に限り」必置部以外の部を設置する場合も，制度上「任意設置部」として法律に定められた部しか設置することはできず，企画担当部局はこの「任意設置部」として定められていないことから「部」にすることができなかった。

ただし，後述のように，1956 年の地方自治法改正と同時に自治庁からの通達が出されるまでは，知事が自由に「部」を新設することに対する規制はあったものの，知事部局の組織，特に知事の直近下位に位置する組織を「部」に限定する法制度上の規定は存在していなかった。地方自治法も，自治体として府県が独自に組織を設置し編成する権利について，完全に否定していたわけではない。こうした制度の「抜け穴」を突く形で，一部の府県では，企画担当部局が既存の「部」とは別に設置され，その組織長（室長，課長）に部長級の職員を充てることによって，事実上「部」と同等に運用していた（南 1996：51）。

また，「部」として設置しなかったことは，知事が企画担当部局をコントロールするうえでも好都合であった。地方自治法制定当初の規定では，地方自治法に定められた「部」以外の「部」を設置する場合には，条例によってこれを定めなければならなかった。すなわち，「部」の設置や改編には，自動的に議会が関与することになる。逆に，「部」でなければ条例で定めなくてもよいため，知事は企画担当部局の設置に対する議会の関与を回避することができたのである。当時，企画担当部局は知事と近いことから，しばしば議会の反対勢力などからの批判や攻撃を受けていた。こうした場合，攻撃する側は，地方自治法に認められていない組織である点を指摘した[70]が，知事側は他府県で設置されていることを理由として設置を正当化しようとした（松野 1989：58，島根県編 1956）。

このように，知事が「室」や「課」といった組織形態をとり，各部局から独立して知事の直近下位に企画担当部局を設置したことには，地方自治法に定められた局部組織制度という制度的な要因と，組織編成における知事の主導権の確保という 2 つの要因があったと考えられる[71]。

図表　1－4　企画担当部局の配置状況（1949-1955）

部局	属性	分課	49	50	52	53	54	55
知事直属	課		0	3	2	4	3	3
	局	有	0	0	6	6	5	3
		無	1	1	3	5	5	2
	室	有	0	0	3	2	1	2
		無	9	6	7	6	5	5
	その他	無	0	1	1	1	1	1
	知事直属計		10	11	22	24	20	16
知事室	課		2	5	10	10	11	12
	局	有	0	0	1	1	1	1
		無	0	1	0	0	0	0
	室	無	1	2	2	2	1	2
	知事室計		3	8	13	13	13	15
総務部	課		3	7	4	4	5	5
	室	有	0	0	0	0	0	1
		無	1	0	1	2	4	3
	総務部計		4	7	5	6	9	9
その他の部局			0	1	0	0	0	0
企画担当部局設置府県総数			17	27	40	43	42	40

出典）大蔵省印刷局編『職員録』（下巻）各年版および，一部府県資料をもとに筆者作成。最上段の数字は職員録各年版の調査年。課レベル以上の企画担当部局を調査対象とした。なお，51年に調査を行った『職員録』は発行されていないため除いた。

注１）網掛けした年のうち，50年は国土総合開発法が策定された年，52年は同法の改正（財政措置等）が行われた年。

注２）青森県では49－51年に設置されていた総務部知事室調査課は総務部としてカウントした。「知事室・分課有」のカテゴリとは，知事室内に配置された企画担当部局の下に分課組織が配置されていた場合をさす。また，外局・事務局も「局」としてカウントした。

図表　1－5　主な企画担当部局長の属性とその変化（1949-1955）

組織長	部局	49	50	52	53	54	55
副知事	知事直属	6	5	9	9	8	3
	知事室	1	1	1	1	0	0
副知事　計		7	6	10	10	8	3
専任	知事直属	3	5	11	13	8	9
	知事室	1	6	12	11	13	14
	総務部	3	7	5	6	8	8
	土木部	0	1	0	0	0	0
専任　計		7	19	28	30	29	31
総務部長兼任	知事直属	0	1	1	1	2	3
	知事室	0	0	0	0	0	1
	総務部	1	0	0	0	1	1
総務部長兼任　計		1	1	1	1	3	5
知事室長兼任	知事直属	0	0	0	1	1	0
	知事室	1	1	0	0	0	0
知事室長兼任　計		1	1	0	1	1	0
土木部長兼任	知事直属	0	0	0	0	1	1
渉外事務局長兼任	知事直属	1	0	0	0	0	0
知事兼任	知事直属	0	0	1	0	0	0
農地部長兼任	知事室	0	0	0	1	0	0
企画担当部局設置府県総数		17	27	40	43	42	40

出典）図表 1－4 と同じ。

注１）兼任には事務取扱も含み，知事室には知事公室・知事公房を含む。

注２）50年の総務部長兼任・知事直属は，総務部次長による兼任。

注３）53年の総務部長兼任・知事直属は，総務部秘書課長による兼任。

注４）54年の総務部長兼任・総務部は総務部地方課長による兼任。

注５）55年の総務部長兼任・知事直属には総務部地方課長１を含む。総務部長・総務部は総務部地方課長による兼任。

組織の定着と「企画畑」の形成

こうして府県に企画担当部局が設置されるようになったものの，必ずしも組織的に安定していたわけではない。特に，企画担当部局が所管していた開発行政や計画行政については，多くの府県で専門的な能力を持っていた人材が確保できていなかった。知事室長として富山県の復興開発の陣頭指揮を執った成田政次[72]によれば，当時の富山県では，戦前期以来の内務省による中央集権的な行政が行われてきた結果，行政運営の基本となる計画の策定や，独自の政策の企画立案といった側面が欠けていたという（成田 2004：152-154）。成田が指摘したように，当時の府県における計画行政のレベルの低さは，後述する国土総合開発法に基づいて全府県において府県計画の策定[73]が行われるようになった際にも指摘されている。当時，この府県計画の取りまとめや府県に対する指導を行った建設省の関係者によれば，各府県が策定した計画には，「県財政をはるかに上回って計画事業費を過大に見積もった点，開発目標と主要事業の取り上げ方とが食い違っている点その他個々の事業については相当考え違いや行き過ぎ等々があった」という（木村 1952：54-58）。

このため，開発行政を開始するに当たっては，こうした専門的な能力を持った人材を府県の内外から確保し，また育成していくことが重要な課題であった。例えば，前述の青森県企画室を設置した津島知事は，就任後初の県議会での所信表明において「県庁の中に企画室を設けまして，そこに相当その方面の練達堪能なる者を集め」ることを明らかにしている。知事は，この方針に基づいて，北海道根釧農業試験場の初代場長や岩手県六原道場長（現・岩手県立農業大学校）などを歴任した松野伝を副知事との兼任として企画室長に知事自ら招聘したほか，各部長には，同室長が指名する人材を「供出」するよう命じている。また，企画室と同時に設置された企画委員会には，北大教授ら学識経験者の集積に努めた（青森県企画史編集委員会編 1982：15-16）。

また，知事の人脈を通じて，企画担当部局に人材を集める場合も少なくなかった。熊本県の初代公選知事であった櫻井三郎は，京都大学の後輩で内務官僚になったばかりの澤田一精[74]を県民課長に配置し，復興開発の責任者として産業振興４カ年計画（第１次産振）の策定等に従事させた。この第１次産振は澤田本人によれば「私自身が作成した」とされ，策定後県民課は総務部振興課を経て振興局へと拡充されている。ただし，法学部出身の澤田は開発行政や計画行政の専門家ではなかったため，のちに振興局総合開発課長として県庁職員の新規採用事務を担当した際，入庁希望者の中から，開発行政や計画行政に関する専門能力を持った人材を採用し振興局に引き入れていった（沢田 2006：42-47）[75]。

こうして，戦後府県に入庁し企画担当部局に配属された職員の中には，旧拓務省（大東亜省）や朝鮮総督府や関東州庁，満州国政府など，戦前・戦時を通じて外地において勤務[76]していた者が少なくなかった。彼らは，勤務先自体がなくなったことや，引揚による人員の超過などによって中央省庁勤務ができず，出身省庁の紹介やかつての同僚，あるいは出身県など様々なコネクションを通じて府県庁に就職することが多かった（久世 1957：92，沢田 2006：42）[77]。例えば，前述の成田政次は，高文合格後，拓務省を経て在満州国日本大使館関東局行政課長となり，関東州全般にわたる戦時政策の企画立案や予算配分の仕事に従事していた。成田は，終戦後出身地である富山県に入庁し復興開発の責任者となった。当時の富山県は，関東局勤務時代から知己のあった高辻武邦が副知事（のち知事）を務めていたほか，入庁後には同じく満州時代から知己のあった，元大東亜省満州事務局長で当時国会図書館専門調査員であった山越道三[78]を，富山県総合開発事務局の調査員に招聘している（成田 2004：152-154）[79]。

このように，満州や朝鮮・台湾など植民地での行政経験をもつ者が多かったことから，当時の府県における開発行政には，そうした経験が強く反映されていたという（岡ほか 1955：20）。例えば，熊本県における産業振興計画の策定や実施には，企画担当部局に満鉄関係者が多かったことから，満鉄調査部の影響が残っていたとされる（南 1996：50-55，岸本 1985，河端 1993：81）。

こうした職員と並び，企画担当部局に勤務していた者として，戦前から勤務していた旧官吏の存在が挙げられよう。前述のように，当初公選知事と対立していた旧官吏たちも，身分切替えによって，多くは府県で生きていく道を選ばざるをえなかった。とりわけ，戦時あるいは終戦直後に採用されたまだ若い旧官吏たちは，本省に帰還することができるほどの人脈や機会を持たなかったため，公選知事の下で仕事をすることを受け容れるか，あるいは少ない人脈と機会を頼りに府県の間を転々とした[80]。一方，こうした若い旧官吏は大学卒のエリートであり，貴重な人材でもあった。知事の中には，企画担当部局のまとめ役として，彼らを積極的に配属するものも少なくなかった[81]。

例えば，広島県の企画室次長を務めた竹下虎之助は，京都帝大法学部卒業後，島根県総務部勤務を経て終戦後の 1947 年に高文合格。同県の秘書課長を経て，1951 年に同県企画室主査（課長級）に就任した。その後竹下は，島根県副知事から当時の自治庁選挙局長に移った兼子秀夫の仲介によって，自治庁から派遣される形で香川県総務部に地方課長・財政課長として 3 年弱勤務した。さらに，自治庁から派遣されていた田中守総務部長と自治庁の仲介によって広島県に異動し，企画室次長や副知事を経て，広島県知事となっている（竹下 2006）。

また，長野県の総合開発局長を務めた西澤権一郎は，東京高等蚕糸学校（現・東京農工大学）卒業後，蚕糸学校教員を経て，1933 年に高文合格。合格後長野県に入り，同県主事を振り出しに，終戦時に同県人事課長，その後総合開発局長に就任した。1955 年には社会党の林虎雄知事のもとで副知事となり，その後継として 1959 年に知事に初当選した（八幡 2007：187-191）。

また，個別省庁の出身者であっても専門的な技術を持つ者などは，その専門能力や個別省庁とのつながりを公選知事に認められ，企画担当部局に配置される場合もあった。例えば佐賀県の知事室開発課長[82]であった香月熊雄は，同県出身で鹿児島高等農林学校（現・鹿児島大学農学部）卒業後，佐賀県に農林技手（肥料奨励官）として入庁した。香月は佐賀県に採用された「生え抜き」職員であったが，入庁当時肥料奨励官の人事権は農林省にあった。採用後も佐賀地方事務所経済課長，農地部開拓課長，東京事務所次長（農林省担当）と異例の出世[83]を経て知事室開発課長に就任した。その後も農林部農政食料課長，農林部長とほぼ農林行政関係の主要ポストを歴任するなど，農林省・農林行政との関係は深かった。その後副知事を経て，佐賀県農政協議会の支援を受けて佐賀県知事に当選している[84]。

一方，企画担当部局に集められた職員たちは，知事との関係も非常に強かった。前述の岩手県の例に見られるように，企画担当部局の職員は知事のブレーンとして府県行政の枢密に携わったほか，知事の選挙活動に動員される場合も珍しくなかった（松尾 1983：142，南 1996：49）。また，企画担当部局以外でも，府県庁内の要職を歴任した[85]ほか，前述の竹下虎之助や西澤権一郎，澤田一精などのように，後に知事あるいは知事候補となる者も少なくなかった[86]。

企画担当部局の「限界」

このように，企画担当部局には様々なルートから人材が集められ[87]，彼らが一定の人的・組織的基盤を築いたことによって，企画担当部局は戦後府県行政における居場所を確保していった。一方で，企画担当部局は，知事のブレーンとして「総合」開発行政を進めたものの，徐々に関係部局との間で軋轢を起こすようにもなった。特に，企画担当部局は人事や資金配分の権限がないために，計画が画餅に終わってしまうことが少なくなかった。

例えば，前述の青森県企画室は，設置からわずか２年後の 1949 年９月に総務部知事室調査課へと縮小されている。当時の職員によれば，設置理由が抽象的であることや，社会や民間の動向を無視した「お役所」的な傾向とともに，関係する民間団体や，庁内の関係する部課との連絡協調体制が欠如していたことが縮小につながった大きな要因であったという。特に，他部局で所管する政策について具体的な企画・立案を行ったことから，他部局の反発を受けやすかったという（青森県企画史編集委員会編 1982：51-52）。

また，長崎県では，1951 年に第２代の公選知事である西岡竹次郎（元代議士，非官僚）によって，佐藤勝也副知事（元内務官僚，のち知事）を室長とする企画室（知事直属）が設置された[88]。企画室には，西岡知事の甥である倉成正が長崎商工会議所調査課長から「引き抜かれる」かたちで次長に就任した。また，大幅な権限が与えられ，室員には「庁内の俊秀」が集められた。しかし，人事や予算面に対して「口出し」するようになり，特に県行政の査察に関する事項を所管していたこともあって，他部局からの反発が強まったという（松野 1989：56-58）。

愛知県においても，企画担当部局は設置後数年間にわたって苦しい運営を強いられていたという。同県では，1951 年に２代目の公選知事として元内務官僚の桑原幹根が当選すると，行政機構改革の一環として企画課と広報課の2課によって構成される知事直属の知事公室が設置された。このうち企画課は，国土総合開発法に関する事務，および知事の特命による事項と並んで，重要県政の企画調整事務を所管することになっていた[89]。しかし，「重要県政の企画調整」といっても，人事と財政を管掌する総務部がすでにあり「予算編成権も人事権もない企画という新しい課ができても，具体的には何から手をつけてよいかわからな」かったという（松尾 1983：142-143）。

また，知事との近さは，組織の安定に寄与する一方で，不安定化にもつながっていた（松野 1989：56-57）。企画担当部局は，設置した知事の在任中は重用されるものの，ひとたび選挙によって知事が交代すれば，廃止や改組につながりやすかった。また，所管する事業の結果によっては，担当職員が左遷させられるなど，知事の動向や影響力が露骨に組織運営や人事に反映しやすい体制でもあった（青森県企画史編集委員会編 1982：58）。

例えば，高知県では，1950年9月に，知事直属の組織として企画室が設置された。企画室の所掌事務は総合開発計画の調査研究と，電源開発に関する事務の2つだけであったが，室長を副知事が兼任するなど知事に極めて近い位置にあった[90]。このため，1951年12月の知事選で現職の桃井直美を激戦の末に破った川村和嘉治によって1952年7月，「前知事派と目される人びとのたまり場のよう」（溝渕 1977：19）であった企画室は廃止されている。

このほかにも，開発計画や様々な調査分析など，開発行政について専門技術を持つ職員が増えるようになると，これらの専門的な視点から計画を策定しようとする職員が，政治的な背景をもとに政策を形成しようとする知事と衝突することもあった。

例えば茨城県では，奥久慈開発で十分な成果を挙げることができなかった産業振興企画室を廃止し，1950年3月1日付けで当時の友末洋治知事自らを室長とする総合開発審議室を新たに設置している。この理由として，特定地域計画に作業が集中したことや，当面の食糧増産や補助金交付に負われてしまったことなどとともに，計画の策定手順として，県内の調査分析を先決にすべきであるとする職員と，具体的な政策を立案することを優先すべきであるとする友末知事との間で対立があったことが指摘されている（佐藤

1965：48)。

一方で，このように「限界」が見られたとしても，企画担当部局そのものが全くなくなったわけではない。例えば，青森県では，廃止された企画室[91]に代わって総務部知事室調査課が設置された。同課は総務部の一課として11係23名でスタートしたが，1955年には9係73名へと規模を徐々に拡大していった。茨城県においても，最終的に友末知事は総合開発審議室を廃止したが，新たに知事室を設け，その分課として総合開発課が設置された（佐藤1965：91-92)。知事の交代後に企画室が廃止された高知県においても，その後人事異動や総合開発局への大幅な組織改編が行われたが，企画担当部局自体は継続して設置された。このように，企画担当部局をめぐっては様々な問題が表面化しつつも，戦後の府県庁における一組織として定着していったのである。

1950年代に入ると，国・地方を通じて開発行政体制が整備される中で，企画担当部局は，府県の外部においてもその位置づけを確立していくことになった。当時，開発行政において問題となっていた省庁間のセクショナリズムや開発資金の不足[92]を解決するために，総合的な開発法制の整備や，開発行政の総合調整を行う総合官庁の設置が主張されるようになった。こうした動きはやがて，国土総合開発法の制定へとつながっていった。国土総合開発法は，後述するように必ずしも強力な総合開発行政にはつながらなかったものの，府県行政における一分野としての総合開発行政の定着や，総合開発行政をめぐる国・府県関係あるいは府県間関係の形成を促していった。こうした政府間関係への対応を含めた，総合開発行政の所管部局として企画担当部局はその存在を確立していったのである。以下では，府県内部から視点を移し，こうした国レベルにおける開発行政の進展の中で，府県の企画担当部局の存在が確立されていく過程について見ていくことにする。

(4)　復興開発行政と企画担当部局

国による復興開発の開始

終戦から間もない1945年9月25日，国土計画や地方計画の所管官庁であった内務省国土局は，「国土計画基本方針」を発表した。1946 年 6 月には，「基本方針」の具体化方策として「復興国土計画要綱」が出され，食糧増産，民生産業の振興，戦災の復興，国土の保全，開発利用のほか，鉄道，道路，港湾，電力，用水等の立地条件の整備を目標としていた（小島 1964：28）。同要綱は，実施において国家的な統制が必要なことから，関係各大臣の諮問に応じて国土計画に関する重要事項の審議調査や建議を行う「国土計画審議会」が内閣に設置され，内務省（国土局）に事務局が置かれた（西水 1975：17）[93]。経済安定本部[94]（以下，安本とする）官制の改正に伴い，安本が恒常機関として拡充強化されると，国土計画の策定事務の一部および国土計画審議会の事務局は経済安定本部建設局計画課に移されている。

国土計画審議会は，「朝野の意見を結集，再建日本に最も適応した国土計画」を得るため，国土局や安本といった立場を超え，全国的・総合的な立場から国土計画を策定する主体として期待されていた。しかし，内務省国土局と安本との間で複雑な機能分担が行われたことや，安本内部においても国土計画事務の所管が錯綜したことなどから，たびたび審議会の活動は中断・停止され，1949 年 5 月 31 日に正式に廃止された（佐藤 1965：44-45）。

前述の，内務省解体の過程においても，開発行政の所管は問題となった。1947 年 5 月の総司令部による「内務省の分権化」要求に対して内務省は，主に地方局・国土局を統合した公共省，あるいは総務省の設置案を提示している。また，国土計画についての事務は安本に移管してもよいとしたものの，地方計画・都市計画については，これらの公共省や総務省で所管するものとした。さらに国土局については「戦災復興院，商工省電力局，運輸省港湾局及農林省林野局の関係事務と総合し，建設省を設立する場合にはこれに移管することを適当と認める」としている（自治大学校 1966：52-56）。

しかし，この内務省の改組案には，国土局の分離問題をはじめ要求したことがほとんど実現されていないとして，総司令部から強い不満が表明された。総司令部民政局は，前田行政調査部総務部長と解体案の検討を進め，その結果内務省国土局は，戦災復興院と統合した建設院とすることとされた。この建設院の設置をめぐっては，地方自治委員会，公安庁などとともに，「地方自治委員会，公安庁及び建設院設置法案」として提案される予定であったが，11月13日の総司令部スウォープ中佐からの提案により建設院単独の法案となる。内務省は1947年12月31日廃止され，翌1948年1月1日から，旧地方局を中心とした内事局や国家公安委員会などとともに，建設院が発足した。

建設院には，安本に移管されたものを除く国土計画の策定関係の事務の一部と地方計画の策定事務が所管されることになった。建設院はその後関係各局との協議機関として地方総合開発協議会を結成し，地域開発に関する国庫補助の予算検討を開始するとともに，安本建設局と連携しながら事業を進めていたが，同協議会は，1948年7月の建設省発足に伴って廃止されている（佐藤 1965：45)。

国総法の成立と改正

このように，中央政府レベルにおける復興開発は終戦当初において，内務省国土局が中心となって進められ，のちに安本の設置と強化拡充，内務省の解体を経て，安本と建設院（建設省）という２つの官庁が中心となった。ただし，安本と建設省の役割分担は明確ではなく，また開発の方向性も異なっていた。

まず安本は，戦後復興のための全国レベルの経済計画の策定を前提とし，その下位部分であり，重点的な資源開発を志向するものとして国土計画を位置づけていた。そのため，当初安本では，只見川と北上川の２水系に限定したTVA方式の特定地域開発計画型立法を目指していた（御厨 1996：231)。

一方，旧内務省土木局の伝統を受け継ぐ建設省は，こうした安本の志向する重点化に批判的であり，府県を通じた全国的・画一的な開発を目指していた。例えば，建設省は1948年に，「各都道府県及び地方の総合的開発計画（地方計画)」の策定をはじめとした「地方計画策定基本要綱」「地方計画策定要領」および，後進ないし未開発地域を指定して開発を行う「特定地域総合開発実施要領」「特定地域開発事業計画立案要領」（特定地域開発計画）を作成し，各都道府県に提示している。

このように建設省が，地域開発における主導権を握るべく行動した背景には，西村英一や田中角栄などが所属する衆議院建設委員会の存在があった。彼らの大きな狙いは，補助金を通じた地方への利益配分であった（御厨 1996：233）。例えば「特定地域開発計画」では，全国数箇所を特定地域として指定し，必要な予算を地方に配分しようとした。この計画の大きな特徴は，安本のように，特定地域を只見川・北上川といった少数の有望な地域に限定せず，全国に特定地域を指定する方針をとっていたという点にあった。このため，折からの財政難から思うような開発行政を進めることができなかった各府県は，地域指定の申請に殺到した。こうした国による地域指定や補助金の分配において，地元選出の国会議員が，その仲介役として存在意義を強めていった（八木 1993：12）。

一方で，安本と建設省とに分立していたことは，国レベルにおいて開発行政を進めるうえでの大きな問題と認識されるようになり，政府は新たな開発法制として国土総合開発法（国総法）を制定し[95]，両者の役割分担を明確にした。具体的には，安本（総合開発局）が「全国総合開発計画」の立案や国土総合開発審議会の事務局を所管し，建設省（計画局）は「都府県」,「地方」,「特定地域」の，各計画の策定についての都府県への指導などを所管することになった。

こうして総合開発における府県との窓口となった建設省は，府県に対して開発計画の策定を促す[96]ようになる。1951 年 2 月 14 日には，国土総合開発審議会（国総法に基づいて設置）は「都府県総合開発計画作成要綱」（府県計画）およびその要目を決定し，2 月 23 日に開催された全国総合開発主任者会議の中で各府県の担当者に伝えている。3 月には，各府県に対して，府県計画の中間案を同年 5 月 30 日までに，特定地域候補地域に関しては特定地域計画に関する計画案を 4 月 30 日までに，それぞれ建設省に提出するよう指示し，同時に各府県に対して都府県総合開発審議会を設置するよう勧奨している。これにより，1952 年ごろまでに，43 都府県で総合開発審議会が設置され，32 都府県が府県計画の策定に着手した。その後，都府県計画の中間案については提出期間を遅らせ，10 月 8 日から約半月間にわたって関係各省の関係官とともに府県に対してヒアリングを行い，問題点を指摘したうえ，これらの修正を要請し，その内容を取りまとめた概要書を建設省に提出させている（木村 1952：55）。

しかし，国総法が制定されても，開発行政は十分に総合化・統合化されたわけではない。例えば，開発の方向性をめぐっては個別省庁間で意見の違いが見られた。農林省は農林水産業の振興を主張し，通産省は産業の発展を，運輸省は輸送体系の拡充を訴えた。また，大蔵省や安本は特定地域計画の指定地域の絞込みによる効率的・効果的な開発を求め，衆議院建設委員会をバックに持つ建設省は全国的な地域指定を主張した。このため地域指定に1年半を費やし，1951年9月26日にようやく第1次候補として全国19地域が指定されるという結果となった（佐藤 1965：59-70）[97]。

こうした地域の選定は，当然のことながら省庁間の争いのみによって決定したわけではなく，各地域による圧力活動が，地元選出の代議士を巻き込んで活発に行われた。国総法において最も重視された特定地域計画における地域指定においては，全国42都府県から51もの地域が名乗りを上げた。各地域は地元代議士を通じた政治的圧力によって獲得を有利に進めようとしたため，府県の窓口となった建設省はこれへの対応に追われることとなった。その後も，指定にもれた地域や地域を有しない地域から，さらなる地域の指定や優遇措置に対する陳情活動が起こり，その結果，後述する1952年の改正では「調査地域」の指定が盛り込まれ，1953年1月にはまず10地域が指定を受け，1954年7月には8地域が追加されている（佐藤 1965：74-75）。

さらに国会では，こうした総花的な地域指定に失望した議員を中心として，TVA型の新たな地域開発を求める声が上がるようになった。1950年12月から始まった第10回国会では，安本の一部と提携した利根川流域1都5県の選出議員を中心とした利根川利水議員連盟の議員によって「利根川開発法」が提出された。同法案は，国総法の特別法として，利根川開発に関係する省庁や行政委員会による縦割りのセクショナリズムを克服し，相互的かつ強力な権限を持ち，国務大臣を長官とする「利根川開発庁」を設置するほか，開発計画の調査，立案および事業の実施に関する事務の調整などについて定めるものであった（御厨 1996：180）。

一方，この「利根川開発法」が提出されたことをうけ，北上川や木曽川，信濃川などの地域からも同種の法案を提出しようとする動きが見られた。これらの単独法が通過すれば，全国に開発法が濫立することで国総法の実効性が低下する可能性が高かった。この結果，「利根川開発法案」は建設行政の一元化を目指していた建設省や衆議院建設委員会の委員からの強い反発に遭い，「北上川開発法案」など他の地域から出された法案とともに審議未了・廃案となった。

このように，個別の河川開発法制は実現しなかったが，建設省や衆議院建設委員会の所属議員は，さらに「重要河川開発法」の制定をめざして動いた。同法は，指定する重要河川水系ごとに治山・治水利水に関する総合計画を策定・実施するものであり，重要河川審議会を設置し同審議会が開発に関する決定に関与させ，さらに建設省がこの事務運営を一手に引き受けることによって，河川総合開発を主導しようとしたのである。しかし，この建設省案に対しては，農林省が農業水利法案の検討に入るなど，省庁間争いの様相を強く帯びるようになった（御厨 1996：182-183）。この結果，こうした新法制定問題は一時棚上げされ，新たに「調査地域」の指定などを柱とする国総法の第1次改正が1952年6月に行われた[98]。

当時各府県では，各省庁が個別に決定した開発政策がそのまま各府県の事業部局によって実施されてしまうなど，開発行政をめぐる府県庁内のセクショナリズムが深刻な問題となっていた。府県は，国総法によって知事に財政面まで含めた総合的な調整権が与えられることによりセクショナリズムが解消されることを期待していた。しかし，国総法では府県が府県計画などを策定することが規定されたものの，計画の策定に当たって府県が関係各省との間で調整を行う権限については規定されなかった。また，計画の策定や調査にかかる費用，あるいは計画の実施における調整を行う権限やその制度などについても規定されなかった（松尾 1952：11-12）。

(5) 政府間関係と企画担当部局

国との関係

このように，国総法は府県が期待していたものとはならなかったが，全国的な開発行政体制が一定程度構築されたことによって，開発をめぐる国と府県との融合が進むことになった。また，国総法の制定によって全国計画や地域計画の策定が制度化され，府県の開発政策に対する援助など中央政府への圧力活動などが行われるようになると，開発行政をめぐる国と府県あるいは府県間の相互調整がより重要になっていった。企画担当部局は，こうした事務を所管することを通じて，府県庁内における位置づけを確立していった。

まず，国との間においては，主に開発関係資料の収集や地域における開発計画の策定など，主に開発・計画に関する技術的な側面を中心に，関係する省庁との関係が形成されていった。

例えば，安本・建設省ともに，1948年頃から有望な開発地域への現地視察や府県を通じた開発に必要なデータの収集を進めていたほか，府県に対して計画の策定を促すようになった。安本は，独自に調査官を府県に派遣しデータの収集を進めていた[99)]。建設省も，府県に対する計画策定の指導や，開発資金となる補助金を交付していた。その結果，建設省に指導・援助を求めてきた府県は22府県に上った（青森県企画史編集委員会編 1982：17-19）。

こうした企画担当部局を通じた国との関係は，技術的な側面以外にも広がっていった。例えば，地元選出の代議士や知事本人を通じた交渉など政治的な関係を経由して行われる政府への要望活動や圧力活動は，知事に近い企画担当部局が所管することが多かった。

例えば，青森県では，終戦直後から国有林の解放運動が盛んになっていたが，この問題の所管部局をどうするかが問題となった。本来ならば林野行政の所管部局である林務課が担当するはずであったが，「専門家」のいる林務課では「相手が国有林野当局ではかえってやりにくい」ことや，当面は東北の関係府県との政治運動となるため，副知事を室長とする企画室で担当することになったという（青森県企画史編集委員会編 1982：44-45）。

また，管内に北上川を抱える岩手県では，「利根川開発法」に対抗してこれと同様の「北上川総合開発法案要綱」を企画室において作成した。しかし，前述のように他の河川流域からも同様の動きが出始め，もしこれらの単独法が成立すれば地域ごとに開発法が濫立することが懸念された。また，北上川流域は，当時国総法に定められた特定地域への指定を目前にしていたこともあり，岩手県内部では「北上川開発法案」の提出について慎重を期すべきとする意見が多く主張されるようになった。こうした状況を受けて，県や関係議員との間で検討した結果，最終的に「利根川開発法」を「潰す」ことを目的として，同法案とほぼ同じ内容の案を岩手県選出議員が中心となって参議院建設委員会に提出した。岩手県企画室は，県選出議員らとともに関係部局へ政治運動を繰り広げた結果，いずれの開発法案も成立しなかった（八木 1993：74)。

さらにこうした，知事や代議士といった政治的ルートだけでなく，前述のような外地から引揚げてきた職員や，府県に残った旧官吏の個人的な人脈を通じた交渉や活動も重要であった。外地での計画行政・開発行政の経験を持つ職員や府県に残存した旧官吏（高文合格者）達は，旧内務省系の省庁をはじめとする中央省庁の官僚や，同じように他府県に勤務していた元同僚などとの個人的な人脈を持っており，こうしたネットワークは重要であった。

例えば，1953年1月には，長崎県，東京都，新潟県，島根県，および鹿児島県を加えた5都県によって「離島振興法制定に関する趣意書」が作成され，離島振興法の制定運動が行われた。この運動では，内務官僚であった澤田一精熊本県振興局総合開発課長や竹下虎之助島根県企画室主査らが，離島振興法の原案を作成している。彼らは，内務官僚として戦災復興院計画局長などを歴任し，島根全県区から選出された衆議院議員であった大橋武夫ら，各府県の関係衆議院・参議院議員を通じて法制局に原案を提出し，法令審査を済ませたのち関係各省に陳情に歩き，最終的に同法の制定にこぎつけたという（松野 1989：56-58，沢田 2006：50-51，竹下 2006：8-10)。

また，府県生え抜きであっても，個人的な人脈を通じて活動する者もあった。例えば，この離島振興法の趣意書や制定運動の中心となった者として，他に前述の倉成正長崎県企画室長（のち衆議院議員，外務大臣）がいた。倉成室長自身は旧官吏や外地勤務者ではなかったが，東洋高圧や長崎商工会議所調査課長での勤務経験を通じて，政治的・事務的な調整能力を身につけており，澤田や竹下らの活動をバックアップしていた。

特に，こうした当時の府県間の連携においては，職員による個人的なネットワークも重要な役割を果たしていた。例えば，当時，岩手県と熊本県は，畜産振興を通じて交流が深く，畜産をはじめとした開発行政に取り組んでいた。両県は，国からの支援体制の充実を求めて，国総法の制定運動を進めた。特に熊本県側の担当者であった前述の澤田課長は，制定運動を進めるために，岩手県に佐々木軍四郎企画課長を数度にわたって訪ね，2人の「共闘」によって，それぞれの県選出国会議員を動かして強力な運動を展開し，「東の佐々木，西の澤田」と呼ばれたという（八木 1993：72-73，沢田 2006：50-51）。

一方で，こうした対外的な調整を円滑に進めるために，国レベルにおける開発行政の中心的な省庁である農林省や建設省をはじめとして，中央省庁から官僚を職員として積極的に受け入れようとする府県も現れるようになった（久世 1957）。三重県出身で農林官僚であった田中覚は，復員後，安本加工食品課長を経て，同じく三重県出身であった東畑四郎農林次官を通じた当時の青木三重県知事からの要請により，1950年5月，三重県の初代農林部長に着任した。田中は，同部長のほかに農地部長や企画本部長を兼任し，地域振興計画や総合開発での中心的な事業であった宮川ダムの建設事業に携わった。特に同ダム建設では，開発計画への援助を求めて関係各省に折衝したところ，最終的に彼の出身母体であった農林省が農業用水事業として補助を認めたという（平野 1997：31-35）[100]。

逆に，こうした能力を県庁生え抜きの職員にも身につけさせようとする府県も見られた。前述の岩手県からは，土木や計画策定に関する各種技術の習得とともに，国土総合開発法における府県の窓口である建設省計画局総合計画課との人的つながりを強化することや政府の動向などについて情報収集を行うことを目的として，建設省に職員が派遣されたという（八木 1993：70-71）。

このように，開発行政を通じた国と府県の関係，あるいは府県間の関係が形成されるにつれ，企画担当部局はこうした対外的な折衝や連絡の窓口として，府県庁内での立場を確立していったのである。このため，企画担当部局に所属する職員には，先に述べた開発行政に関する専門的・技術的な能力だけでなく，他府県や個別省庁，さらには地元選出議員との関係など個人的な人脈や調整能力も必要であった。

府県間の関係

こうした国との関係と並んで重要であったのが，他府県との関係である。復興開発においては，山林や鉱山などの資源開発や，河川・道路整備など府県界を超える広域的な事業も少なくなく，関係府県間の調整や協議が必要であった。このため，東北や九州など地方ごと，あるいは河川流域など，関係する府県の間で連絡調整を行う機関が，戦後の早いうちから設置されている。

例えば中国地方では，1948年に5県が共同して専門の調査機関を設け，総合開発についての検討を開始したほか，四国地方においても，電源開発を中心とする協議機関が設置されている。また，東北地方でも東北6県に新潟県を加えた東北7県自治協議会の内部に「東北開発進行計画委員会」が設置され，東北振興緊急事業計画の作成作業を行っている。府県において開発行政を所管していた企画担当部局は，こうした府県間に設置された連絡調整機関の各府県における窓口として機能するようになった（八木 1993：11-12）。

国総法の制定前後になると，こうした府県間の連絡組織の設置や機能の拡充が促進されるようになる。1950年には関東甲信越地域の1都9県（群馬，新潟，神奈川，山梨，長野，茨城，栃木，埼玉，千葉，東京）によって関東甲信越地方総合開発委員会が設置され，企画担当部局[101]が各府県の窓口となっていた。同委員会が設置された目的は，当時の開発行政が国・地方で「バラバラに赴き勝ち」であった点に鑑み，これまで別々に策定されていた関係府県の開発計画を取りまとめ，関東甲信越地方としての「綜合的な観点から検討する」ことであった。具体的には，分野別の専門部会の設置などを通じた地方開発計画の策定や，開発に関する調査研究所の開設などが予定されていた。さらに，当時制定作業が進められていた国総法など「中央の計画等とも睨み合わせ合理的な計画案を纏め上げる」とともに，これが有効・適切な推進の措置」[102]を講じるために，各県の計画を取りまとめたうえ，地方レベルの計画を策定し国に提出することが予定されていた。また，計画の実効性を確保するために関係各省次官の出席や，前述の専門部会への個別省庁の地方出先機関の長の出席が予定されていた[103]。しかし，次官の出席に関しては「各省次官は全国的な観点において行政の執行を行う性格であり各ブロック別計画の審議に参画することはその立場を困難にする虞れ」があるため，結果として地方出先機関の長のみが出席することとなった[104]。

一方，こうした府県間の連絡組織は，開発事業の連絡調整だけでなく，国への要望や圧力活動も行うようになる。例えば，瀬戸内海沿岸地域では，1951年5月に岡山，広島，山口，愛媛，香川，徳島の6県（後に兵庫県が加入）によって瀬戸内海総合開発促進協議会が設置され（会長広島県知事，副会長香川県知事），国の出先機関の協力を得ながら特定地域への指定を目指していた（小安 1952：11-12）。また，青森・岩手にまたがる北奥羽地域では，前述のように，特定地域計画に漏れた府県などが中心となって，新たに設定された「調査地域」の指定を目指して協働して開発計画を策定し，陳情活動が行われている。その結果，調査地域に指定され，さらに国内最後の特定地域にも指定された。

こうした府県間の連絡組織は，開発事業以外にも見られるようになっていく。例えば，地方自治全般について府県間の会議体や協議機関を作ろうとする動きも早くから見られた。地方自治法の制定直後には，すでに数府県を単位として各地方ブロックごとに，地方行財政に関する様々な問題について協議する地方自治協議会が設置されている。やがてこうした各地方自治協議会は，相互に「各地方自治協議会の連絡提携を緊密にし，地方自治の円滑なる運営と進展を図る」（全国地方自治協議会連合会規約第3条）という共同目標を掲げて，1947年10月1日に全国地方自治協議会連合会が発足した（全国知事会編 1957：9-10，1977：3-4）。同連合会は1950年に全国知事会となり，地方自治協議会はブロック別の知事会として，定期的な会合が開かれている（全国知事会編 1957a：103）。

小 括――内務省－府県体制の終焉と「企画担当部局」の定着

占領改革における内務省の目標は，多元化する各省の影響力を排除し，府県に対する内務省の統制を維持・強化することによって内務省－府県体制による「総合行政」体制を復活・強化することであった。しかし，分権化を求める総司令部（特に民政局）に対して，内務省による集権体制の維持を認めさせることは難しい。内務省は，各省が府県から事務を取りあげ，府県に比べて地域の事情や要望が反映されにくい出先機関に事務を移管してきたことこそが，解決すべき「中央集権」の問題であると主張する。さらに内務省は，機関委任事務制度を府県行政に導入することによって，地域の事情の反映と個別省庁による統制との両立を図り，出先機関への事務の移管を抑制しようとした。

しかし，機関委任事務制度の導入によって，個別省庁による府県への関与はそれまでよりも強くなってしまう可能性があった。そこで内務省は，府県の人事権や組織編成権，知事に対する一般的監督権を戦後においても実質的に維持することで，府県行政への関与を維持し，個別省庁の影響力を抑制しようとしたのである。

ただし，こうした内務省の方針も，中央省庁である内務省が自治体である府県を実質的に統制するものであるという点で集権的であり，そのままでは分権化を旨とする総司令部民政局による方針とは相容れないものであった。内務省は，地方制度改革の過程を「主導」することで，制度の実現を図ろうとしたが，必ずしもうまくいかなかった。

例えば，知事公選は実現したものの，身分を官吏としその罷免権を内務大臣が持つことは実現しなかった。また，内務省は局部という「ポスト」を制度化・画一化することは成功したものの，「ポスト」に配置する人事の権限を持つことはできなかった。また，機関委任事務制度とともに，府県知事の組織編成権を規制することと「引き換え」であったはずの，各省による出先機関の廃止と府県への統合は実現しなかった。さらに，府県は自治体となり知事の公選・公吏化によって府県は内務省から「分離」され，内務省自身も解体されることになった。

こうして府県は自治体として再スタートしたものの，何も問題がなかったわけではない。例えば，戦前・戦時を通じて実質的に進行し，さらに戦後改革によって一層強化された府県庁内における「分離」化や，旧官吏が「残存」した府県官僚制との関係は，公選知事がリーダーシップを発揮して総合的に行政を進めるうえでの制約となっていた。公選知事は，自ら主導して企画担当部局を新設し，こうした課題や制約を克服しようとした。また，企画担当部局には，府県内外から人材が集積され，組織として一定の実質を備えるようになった。しかし，庁内における企画担当部局の権限が強くなり，実質的に各部局の行動を統制するようになると，他部局や議会から反発を受けることになる。また，「新設」である企画担当部局は，当初において国とのつながりが希薄であり，他の部局のように個別省庁の「後ろ盾」を持たず，ひとたび「後ろ盾」である知事が交代すれば，改組や縮小が行われやすくなるなど不安定な組織であった。

一方，国レベルの復興開発の進展は，こうした企画担当部局の不安定性を補完し，府県行政における同部局の定着を促すようになる。国総法の制定など全国的な復興開発の体制が整備されると，その体系の中に組み込まれることによって，府県は国から資金を獲得し，開発を進めるようになっていった。公選知事は，個々の府県での課題が解決すべく行動していたが，そのための財源や政策は，必ずしも「自前」でなければならないと考えていたわけではない[105)]。課題の解決が可能な政策であれば，どの省庁から資金を受け，あるいは統制を受けようがそれほど大きな問題ではなかった。企画担当部局は，こうした個別省庁による縦割り行政や府県間連携など対外的な対応に加えて，府県ごとの政策課題など対内的な状況との調整機能を担うことで，復興開発を通じた「総合行政」部局として，府県庁内で定着していくことになった[106)]。言い換えれば，企画担当部局は，戦前・戦時から国・府県間関係の多元化や府県庁内におけるセクショナリズムが継続してきたことによって，府県行政における「居場所」（藤竹 2000）を見出すことが可能になったのである。

しかし，解体されたとはいえ，内務省による内政あるいは府県行政の統制を是とする勢力からすれば，府県が個別省庁とが個別に結びつくことは必ずしも望ましいものではない。内務省は解体され，地方自治庁，地方財政委員会といった地方自治官庁へと変化したが，その内部には内務省の復活によって，こうした多元化する内政を再度改革する意向を持っている者もいた。こうした勢力による内務省－府県体制の復活に向けた動きの中で，府県行政あるいは局部組織の編成はどのように変化していったのであろうか。次章ではいわゆる「逆コース」期を中心として，その経過を見ていくことにする。

注

1）府県幹部職員のうち，部長には内務官僚（奏任官）がほぼ必ず充てられた。特に，内務部長は最右翼の部局として予算・人事といった管理面から，様々な行政課題に至るまで府県行政を総轄する重要なポストであり，知事職の待機ポストでもあった（県庁物語編集委員会編 1988：67-68）

2）戦前における地方官の人事は，内務大臣が握る高等官（勅任官・奏任官）人事と，内務大臣によって任命される知事が握る判任官人事とに分けて行われ，高等官のうち，知事の人事については内務次官が中心となって内務大臣・地方局長・警保局長・人事課長が相談のうえ決定していた。一方，それ以外の部長以下の人事については，各省官制通則第７条２項において「地方官庁二級ノ官吏〔奏任官〕ノ進退ハ内閣総理大臣ヲ経テ内務大臣之ヲ上奏ス」とされ，併せて地方官官制第八条で「長官〔知事〕ハ所部ノ官吏ヲ指揮監督シ二級官吏ノ功過ハ内務大臣ニ具上シ三級官吏〔判任官〕ノ進退ハ之ヲ行フ」と定められていたが，実際には，人事課長が前述の関係局長と相談したうえで人事を決定していた（自治大学校 1961：169）。

3）一方で，府県行政に対する権限や影響力が内務省に集中したことは，政党政治の発達に伴って，内閣が交代し政権が党派間で移るたびに休職や馘首を含む大規模な政党人事を引き起こす要因となった。こうした人事の対象は主に知事であったが，次第に部長・事務官・警察官にまで及ぶようになった（大霞会 1980a：395-396，大霞会 1977：172-173）。

4）当時，市町村レベルにおいては，小作農の成長に伴う小作争議や地主支配体制の変容，町村会での派閥対立などによって，産業組合や農会など，主に産業別に設立された諸団体と町村との結びつきが低下しつつあった。こうした団体は，やがて農林省による農林振興政策と結びつくようになり，農林省系の帝国農会・産業組合を通じた農林行政の縦割り化が進展していった（市川 1991：120-121）。

5）例えば，1925 年に全国各道府県知事の改革意見を集めて作られた「行政刷新ニ関スル意見書」では，当時京都府知事であった池田宏によって，府県を廃して道州庁的な上級官庁または地方団体を設けることが主張されている。この中で池田は，まず一般地方行政を所管する府県と，地方において所管事務を執行する各省の出先機関との間で事務や権限の重複が発生することから行政の複雑化や非能率化が起こっていることを指摘したうえで，出先機関を統合し，内部に内務，学務，工務，産業，警察の各局を置く地方官庁を全国8カ所に設置し，府県を廃止することを提案している。また，1927年に設置された行政制度審議会では，北海道を除く各府県の区域を6つの州に分け，各州に州庁を置き，親任官の州庁官を置く「州庁設置案」が提案された（天川 1986：114）。

6）『内務時報』第1巻8号，1936年8月，1頁。

7）内務省意見（内閣官房総務課「昭和十三年以降文官制度改正ニ関スル書類」2A－40－資272，国立国会図書館蔵）。

8）こうした府県における国の事務の執行を保障するための制度としては，他に以下のものがあげられる。ひとつは，1940年の地方財政制度改革によって導入された，事務処理に必要な資金を個別補助金とともに手当てする地方分与税制度である。もうひとつは，それまで法律や勅令によらなければ自治体に国政事務を委任できなかったものを，中央各省が命令によっても委任できることに改めた1943年の地方制度改革である（高木 1986：59-60）。

9）1943年には経済部が必置部となっている（今村・辻山編 2004：411）。

10）経済第一部，第二部を設置した理由について内務次官通牒（昭和19年7月3日丙第2197号）では，以下のように述べられている。

「最近地方経済行政は著しく広汎多岐に亙ると共に戦力増強及国民生活の安定確保上愈々其の重要性を加重し来れる現状にあり而も戦局の緊迫に伴ひ其の運営は漸次複雑困難を加へ，現在の機構を以てしては現下の戦時経済諸政策の敏活的確なる浸透徹底を図り其の円滑なる施行を期し難き憾なしとせず，依って大多数の府県に於ける経済部を分ちて二部とし，経済第一部に於ては専ら食糧行政に関する事項を掌り現下喫緊の要務たる食糧の増産及配給の確保に遺憾なきを期すると共に，経済第二部に於ては商工其の他経済一般，森林原野及林産物並に土木に関する事項を掌り特に軍需生産増強に関し庁内外の連絡協調の中枢たらしむる如くし以て地方経済行政の一層円滑強力なる実施を期せんとす」（『自治研究』第20巻8号，1944年8月，44-45頁）。

11）『大阪毎日新聞』1944年7月8日。ただし，後述するように，人事上の問題から内務省による実質的な「総合行政」が確保されたかどうかは，必ずしも明らかではない。

12）ただし，内務省人事課が地方庁勤務者の人事を行ううえで，当該府県の長官（知事）が上京した際に，同行した当局者に話を聞くことは重要であったという（大霞会 1980a：652-653）。

13）1937年の長野県会において，下伊那郡選出の片山均議員は「本県ノ経済部長ハ一年足ラズシテ交替サレテ居ル，而モ経済部ノ機構ハ農林省ノ関係デアル所ノ仕事デアルニ拘ラズ，内務省関係ノ書記官ガ此ノ経済部長ニナラレテ，一年足ラズシテ交代スル時ニ，果シテ本県ノ経済部ノ機構ガ完全ニ統一サレテ居ルノカドウカ，各課長ヲ経済部長ガ果シテ統合出来ルカドウカ」と述べている（長野県編 1972：445）。

14）『中外商業新報』1936年7月10日。

15）『大阪毎日新聞』1944年7月8日。この改正は，「人のための機構改革を排し事務のための機構確立に新構想をめぐらすことは内務首脳に与えられた大きな義務でこの点からいうと経済部二部制はもう少し新角度から考える必要がある」など課題も多かったという。

16）戦前府県における補助金の問題については，市川（1991）を参照のこと。
17）1947年の第5回岩手県議会であった，県庁各課の統合整備と特に企画課もしくは計画課の新設について知事の考えをただした質問（八木1993：63）。
18）当時の府県行政経験者の証言や記録において，同様の指摘がなされているものは多い。例えば，松尾（1983：138）参照。
19）『内務時報』第1巻8号，1936年8月，6-8頁。
20）この結果「学徒動員，疎開などの重要事務をも一手に引受ける内政部長の地位は飛躍的に強化，昔の内務部長乃至総務部長時代のそれに比肩出来るほどのものとな」り，「府県部制の伸縮性が一段と前進した」という（『大阪毎日新聞』1944年7月8日）。
21）こうした点からすれば，内務省は人事制度を通じて府県における総合行政を実現するはずが，逆に人事制度が要因となって府県内部での分立化・多元化の問題を深刻化させていたと見ることもできよう。すなわち，内務省－府県体制の基盤であった人事制度が，結果として内務省－府県体制内部における「分離」を促進させていたのである。
22）その後，アメリカによる対日占領方針が日本政府を利用しつつ改革を進めるという間接統治の形態をとることになった（天川1989：89）。
23）『戦後自治史Ⅱ』によれば，この方針の内容は，堀切内相の意向を受けて内務省が策定した1945年末の地方制度改革案と同じ内容であると推測されるという（自治大学校1961：15）。
24）また，第1次地方制度改正における帝国議会での質疑において，コメの供出などにおける府県ブロック化の弊害を回避する点から道州制の提案がなされている。これに対して大村内相は，「国政事務と自治団体事務」との調和がとれている府県を廃止して，国の機関として道州や特別行政官庁を設置することは「民主主義に反するやうなことになる虞が多い」として，これを明確に否定している（内務省地方局編1947a：111-113）。
25）第1次地方制度改正における内務省の想定問答集では，「府県の廃合を行う考えはないか」との問いに対し，以下のような回答が記されている。

「現在の府県の区域が交通，経済等の発達に伴って，その合理性を失いつつあることは，寔に御説の通であるが，府県の区域の問題は，我が国の現在の国情に即して新に且つ慎重に考え直さなければならない問題であって，軽々に府県ブロックの弊の打破という一方的見地からのみ問題を考えることは適当でない。即ち地方行政運営の単位としていかない区域が最も適当であるかという基本的問題と現在の府県の有する歴史的伝統および地理的沿革等との関係を個々について十分考慮検討した上決すべき問題である。而して，その検討の結果，府県廃合可なりとの結論に到達したとしても少なくとも今はその実施の時期ではないと考えている次第である」（内務省地方局編1947a：1191-1192）。

26）これらに加えて，構造制度改革によって生まれる新たな行政機構の設置問題が，地方制度改革過程における内務省の影響力を減じてしまう可能性があったことも要因のひとつとして考えられよう。府県の行政区域の統廃合の議論は，道州制の導入や内閣直轄化などのように，中央政府における行政機構改革の問題として議論されることになれば，「地方制度」改革の範疇から離れることになる。逆に，各省庁が中央政府の一員として改革過程に参加すれば，相対的に内務省の影響力は小さくなってしまう恐れがあった。
27）「地方公務員法制定並びに人事委員会設立当初の関係者座談会」（全国人事委員会連合会編1962：11-34）。

28）例えば，当時内務省大臣官房文書課長兼会計課長であった荻田保は，「昭和六年に内務省にはいった時に，おれの知事になる頃にはもう公選になるであろうくらいには思っていたのです。それはなにも私一人だけの考えではなくて，おそらくそういう空気が一部にあったのです」と語っている（荻田 2000：110）。
29）例えば，1927 年に設置された田中内閣の行政制度審議会が発表した「州庁設置案」では，府県を完全な自治体としてその長を公選とし，国の行政事務をなるべく広く委任することおよび府県に委任することのできない警察その他の国務事務を処理する数府県を管轄する州庁を設置することとされている（川西 1966：23）。
30）具体的には，知事を都議会または府県会が推薦した候補者の中から天皇が任命するとしていた。
31）この地方制度調査会は，8 月 30 日の声明にあった「地方制度審議会」に該当するものである。
32）このうち全国選挙管理委員会に関する規定は可決の日に，補充選挙人名簿に関する改正規定は同月 20 日から施行された（自治大学校 1965：47）。
33）内務省の提示した調査項目のタイトル自体が，自治事務への切替えよりも先に，事務委任の方法を検討することを示していたことから考えれば，もともと内務省において府県への「分権」は重視されていなかったと考えられる。さらに，各省の出先機関への国政事務の「分裂」を指摘していることから，従来のような府県を通じた総合行政体制を継続したいと内務省が考えていたことが示唆されよう。
34）地方制度調査会の議事録を所収した『改正地方制度資料』第 3 巻には同資料は掲載されておらず，現物を確認することはできなかった。
35）「国家の団体に対する監督権は，地方制度の上で府県というものは第一次に何が監督するかということは，これは私は地方制度それ自身の中に憲法が国家の必要に応じて自治体を決めておるということを憲法が明瞭に致しておるのであります。その限度に於て可能だと私は思います。随いまして団体自身の事務になりますものはもとより，団体に対する委任事務と相成りましたものに対して，国家がそれに対して一般的な監督権を若し地方制度の中に書きますならば，それらの事務の全部を通じて，国家の監督権が作用するということは当然言えると思います」地方制度調査会第 1 部会での郡祐一幹事の発言（内事局編 1948：150）。
36）高木鉦作は，この「部内の行政事務」を地方自治法に規定していたことについて「公吏の知事に普通地方官庁的性格を法的に認めたもので，その点で地方官官制の体系がそのままの形で再現されていたことを意味する」としている（高木 1974：283）。
37）なお，150 条については，衆議院での審議中，行政官庁法が確定したことから，規定中「普通地方公共団体の長の権限に属する国の事務の処理については」の部分が，「普通地方公共団体の長が国の機関として処理する行政事務については」に修正された。
38）地方制度の改正に伴う国費・地方費の負担区分に関する昭和 22 年度予算編成方針について審議した 1947 年 1 月 8 日の臨時閣議では，出先機関への具体的な事務の委譲や統合の内容をめぐって内務省と大蔵省が対立している 。この中で内務省は，財務局，税務署，税関，鉄道局，通信局，通信官署以外の機関は原則として廃止し，それに伴って必要な事務はすべて府県に委譲することを主張した。これに対して大蔵省は，現在各省で持っている出先機関のうち，所管する区域が数府県にわたるものはすべて現状通りとすることを主張し，その他の各省もそれぞれの所管の出先機関の廃止に反対した。議論の結果，大蔵省案が閣議において了承され，国の事務の府県への大幅な委譲という内務省の意向は無視される結果となった（自治大学校 1963：85）。

39）府県制では，こうした内務大臣による監督権について以下のように規定していた。

第 127 条　府県ノ行政ハ内務大臣之ヲ監督ス

第 129 条　内務大臣ハ府県行政ノ法律命令ニ背戻セサルヤ又ハ公益ヲ害セサルヤ否ヲ監視スヘシ

内務大臣ハ之カ為行政事務ニ関シテ報告ヲナサシメ書類帳簿ヲ徴シ並実地ニ就キ事務ヲ視察シ出納ヲ検閲スルノ権ヲ有ス

内務大臣ハ府県行政ノ監督上必要なる命令ヲ発シ処分ヲ為スノ権ヲ有ス

40）『戦後自治史Ⅴ』では，264－265 頁において，「内務大臣の都道府県，市町村に対する一般的権限については，内務省の希望どおりに，現行のままとする旨を答申することとした」との記述があり，その根拠として第 3 回総会での報告が挙げられている。しかし，同報告では前述のように「概ね各種法令による中央の指揮監督の権限により，調整乃至統制を行い得るのではないかと考えられる」と述べた以外に，内務大臣の一般的監督権についての言及はない。

41）なお，この解職権の規定についての議論は，地方制度調査会の議事録には見あたらないことから，地方制度調査会後に内務省内で進められた地方自治法案の制定作業の中で付け加えられたものであると考えられる。

42）裁判の請求先は東京高等裁判所。罷免する主体は内閣総理大臣。

43）小林は「試案」として以下のように述べる。「各本省の三級事務官から考えますと，三級事務官というものをむしろ各府県からみんな派遣させて，留学生のようなもので，優秀なものを各省で三年なり五年なり，普通の事務をとらせて勉強させて，順繰りに交代してやる。教育部と文部省を結び付けて始終交代してやる。その上で，一応教育を経た者で，最高幹部になる者は現地で何年かやらして，大学へ入れる際みっちり再教育して，それを府県の課長あたりに採用する銓衡試験をやって，そこを通ったものに課長の任用資格を一方で与える」（内事局編 1948：485）。

44）「『官吏法』及び『公務員法』について」国立国会図書館憲政資料室所蔵『入江俊郎文書』90。

45）「座談会　地方公務員法制定の経緯」（地方自治研究資料センター 1980：2）。

46）例えば，前述の小林は編成を国が決めるのか，地方へ任せるのかを決める理由として「あまりてんでんばらばらになると，あとから出てきます公吏の任用問題，資格問題との関連上，或る程度局長，部長になる者はこういう資格でなければいかぬ……というようなことでいろいろな問題が出てくるので，何らかの形で，少なくとも段階ぐらいは法律で決めておく必要がありはしないか。それ以上それぞれの分ぐらいを決めて，課を任せるかというようなことがあります」と述べている（内事局編 1948：412）。

47）戦後においても府県の局部組織が法律で画一化されたことは，各省の出先機関の設置が法律事項になったことに対応したものであったという（金丸 1948：36-37）。

48）地方自治法制定時の想定問答集には，「これらの局部をすべて法律で規定されますと，また，窮屈でありますので，但書を設けまして，条例で局部を併せたり分けたり，又は部はそのままにしておいて，事務の配分を変更することができるというように規定をいたしました」との記述がみられる（内務省地方局編 1947b：212-213）。

49）ただし，想定問答集では，以下のように述べられている。

「都道府県は，市町村と同様に完全なる自治権を享有する地方公共団体ではあるが，都道府県及び都道府県知事に対する国の委任事務は，その質量ともに重且つ大であり，且つ全国的に統一的に処理される必要があり，市町村と異なって，政府及び都道府県相互間における連絡交渉を必要とする事項も繁く，従ってこれらの事務を処理すべき部局の組織を或程度一定することは，政府として極めて必要であるのみならず，都道府県相互の間においても，また地方住民としても寧ろ便宜であると考える。又都道府県がその必要に応じて特殊の部局を設けることは，避けがたいところであり，かかる特殊の必要に応ずる措置を講ずるならば，画一に堕する弊も十分防止し得るのであって，何ら支障はないものと考える」（内務省地方局編 1947b：404-405）。

50）地方自治法は，全文 325 条に及ぶ膨大な法典であったため，総司令部は制定過程において逐次修正意見を提出したものの，必ずしも十分に検討する余裕はなく，同法の公布後も引き続き検討が進められた。この検討を通じて，総司令部の改正意見が 1947 年７月までに取りまとめられ，その数は約 40 項目にわたった（自治大学校 1965：1）。政府はこれを受け「この際さらに地方公共団体の自治権を強化し，その自律性を徹底して，地方自治の本旨により一層積極的な発揚をはかる」ことを目的として，第１回国会に改正法律案が提出された（大霞会 1980b：220）。

51）長野士郎によれば，各省庁から集められた意見案を総司令部に提出したところ，総司令部からこの修正を命ぜられたという（自治大学校 1965：153）。

52）総司令部の修正意見として，「北海道においては，開拓局を設け，その下に部を置くことができることとせよ」との意見があった。これに対して政府は，道知事は，特別の必要があると認めるときは，条例で開拓に関する事項を分掌させるために開拓局を設け，その下に必要な部を置くことができるものとすることを一応決定したが，その後の検討の結果，開拓局を置くことは取りやめとなり，開拓部を設けることにした（自治大学校 1965：150-151）。

53）地発乙第 1003 号，1947 年 12 月 29 日。

54）1948 年３月には，警察法施行に伴い警察部が，同年 11 月には，教育委員会法制定に伴い教育部の規定がそれぞれ削除されている。1950 年の改正では，任意設置部である公共事業部が削除され「都道府県は公共事業の経営に関する事務を処理させるため，条例で必要な組織を設けることができる」と規定された。

55）例えば蠟山政道は，1952 年に設置された地方制度調査会が，広く様々な団体から参加者があり，「戦後の地方制度の複雑多岐なる内容と利害関係方面の対立分散の状況をよく反映」したものであったことに対して，それまでの「地方制度に関する調査会」が，「中央政府の幹事案を骨子としてこれを修正するくらいが関の山であった」と述べている（蠟山 1958：4-5）。

56）事実上地方自治法制定のために，内務大臣の諮問によって内務省に設置されたこの地方制度調査会は，1952 年設置の現在まで続く地方制度調査会が内閣総理大臣の諮問を受け内閣府（総務省自治行政局行政課の協力を得て内閣府大臣官房企画課が庶務を担当する）に設置されていることと比べても，内務省（自治省・総務省）に近い組織であった。

57）こうした「工夫」の前提として，当時の地方制度改革が「上からの改革」（cf. 大杉 2004：167, 伊藤 2008：17）であったということに留意しておく必要がある。現在の地方制度調査会のように地方団体の代表が出席していたわけではなく，「国と地方の協議の場」のように国と地方との交渉として進められたわけでもない。このため，基本的に審議過程が国と府県の対立ということにはならなかった。

58）例えば当時内務省地方局長であった林敬三は，当時の状況について以下のように語っている。「急いで先手をとったら，先手を取っただけの得はあるということは確かです。又大きな流れを見ると間々先手を取ったことはある。ところがそれが追い打ちをかけられている。その時は知らん顔をして追い打ちをかけられている。結局行くところまで行くと言う考えはあった」。座談会「地方自治法制定当時の思い出を語る」1957 年 3 月 2 日（自治大学校所蔵）。

59）地方制度調査会全体の構成員については，自治大学校（1963：13-15）を参照。

60）高木は，自治体は個別の事務を処理する側面（個別行政）と，それらの事務を包括的に処理する自治体としての側面（包括的自治体）があるとし，前者の例として個別の事務権限，個別補助金，地方債，後者の例として府県や市町村の自治体そのものの制度，地方税，現行の地方交付税などを挙げている（高木 1986：49）。

61）このように，部会への参加者を「個別行政」と「包括的自治体」とで「分割」したことは，一面からすれば，内務省が「総合行政」から，省庁ごとの「分離」を容認したものであるようにも見える。しかし，前述のように各会議には幹事として内務官僚が出席していた。また個別省庁を審議から完全に排除することは，こうした内務省「主導」が非難される可能性があるため，現実的ではなかったものと考えられる。

62）例えば，前述の小林は「やはり農林省，商工省，厚生省なんか，府県のそれぞれ専門の者達と，ある程度入れ代った方が，お互に行政の能率を挙げる上から言ってもいいのじゃないか」と述べている（内事局編 1948：443）。

63）内務省解体の過程については，平野（1990），黒澤（2013）を参照のこと。

64）戦時体制が進行するにつれ，国家総動員法によってすべての人的資源は国家の一元的な統制下で運用されたが，食糧・燃料などの生活必需物資の統制に対しては，知事に権限が委任されており，府県を単位とする物資の供出，配給制度が実施されていた。そのため，戦争が進んで全国的な物資不足に見舞われるようになると，各知事が自分の府県の治安や県民の生活安定を最優先することによって，米など必要な物資を府県に留め置くようになった。こうした府県割拠主義に起因する問題は「地方ブロック」と呼ばれ，結果として全国的な生活必需物資の配給が滞り，物資の地域的な偏在が頻発するようになった。

65）また，他の地方政治の記録や研究においても同様の指摘が見られる（中矢 1957，天川・増田編 2001）

66）1950 年代に入って新たに当選した旧官選知事も存在するが，彼らのほとんどは自己の出身地から地元の県人候補として擁立されるか，地元に戻って県庁入りし副知事か部長を経験してから県庁内候補として擁立されたものであった（功刀 2005：14-15）。

67）林敬三は，自治体化によって府県に取り残された旧内務官僚が中央官庁への復帰を求めて，内務省 OB に仲介を依頼したこともあったという。また，地方自治庁の公務員課長であった藤井貞夫は，当時地方自治庁が府県に対して，非公式に幹部職員のあっせんをしていたことについて，「ただ吾々の方としては連絡調整機関であるから，公共団体から斡旋を委託されれば乗り出すということになっているわけです」と述べている（「座談会　地方公務員法をめぐって」『公務員』1949年8月号，25頁）。しかし，こうした「あっせん」も円滑に進められたわけではなく，前述の神奈川県の内山知事が，当時議会と対立した総務部長を更迭しようとした際，内務省関係者などに掛け合って他府県に異動させるまでに半年以上かかったという（横浜市総務局市史編集室編 1993：75，81）。

68）このほかに，短期間に公選知事が交代した場合などでは，任期が終わっていないことを理由として前知事の任命した副知事が辞職しようとせず，知事が改めて副知事を選任することができない場合もあった（津軽 1959：87-100）。

69）こうした当時の府県の状況について小西徳應は，「都道府県内での官僚制が知事の活動を左右できたわけで，部課長級の支持があれば知事職を円滑につとめる条件が整うことにもなった」と指摘している（小西 1999：222）。

70）例えば長崎県では，企画室（後述）が設置された際，「部」と実質的に同じレベルの組織であるにもかかわらず条例で設置していないことから，地方自治法違反であるとして，企画室を廃止せよとする批判が，県議会での議論において見られた。

71）また，このように，地方自治法の施行以降，「部」以外の知事部局の組織としては，もともと戦前の知事官房の流れをくむ秘書課や知事室，知事公室などがあった。企画担当部局を単独で設置する府県以外にも，こうした元々部外に設置されていた知事部局の組織の内部に企画担当部局が所管する業務を所管する組織を設置する府県は徐々に増え，1949年には23府県，翌年には26府県，1952年には，30府県に上っている。

72）当時の県政の状況について，成田は以下のように語っている。
「私が本県に赴任し，……最も強く感じたことは，富山県というか，あるいは富山県庁というか，真の予算計画がぼやけていること，換言すれば県の基本的なものに欠けているということができる。これは敗戦という歴史上一度も経験しなかった転換期に遭遇し，県政というものをどの方面に向けて進捗すべきかということが全く暗中模索であったせいもあったろうけれども，また一つは，地方行政が国の行政によって強く制約され中央集権的行政に強く依存し，県独自の政策というものを樹立することに職員が全く習熟していなかったということも大きな原因であったと思う。……各部各課の要求予算は，ほんの思い付きであったり，また県議会議員の独自の要望に刺激されて十分練れない予算が要求されたりして，いわゆる県政の数字的表現である予算案にガッチリしたバックボーンというものが発見できなかった」という。そのうえで成田は，「本県としての県量を科学的に決定し，これと歳入とを見合わせた予算査定」を行う「計画的県政」が必要であると考えていた。このため成田は，富山県への赴任後すぐに，予算配分の基礎となる「富山県土総合開発計画」を立案するよう当時の高辻武邦知事に進言している（成田 2004：152-154）

73）この国総法に定められた府県計画は，最終的に全国計画を策定する際の基礎となるはずであったが，こうした問題点のほかに，府県によって計画に対する考え方が異なっていたことや，データの精度や測定方法が府県によってまちまちであったことなどから，全国計画としてボトムアップすることができなかったという。

74）澤田一精は，旧制七高（現・鹿児島大学）から京都大学法学部政治学科に入学。京大在学中に高等文官試験合格後，学徒動員を経て内務省に入り，警視庁警部兼淀橋警察署次席となっていた。しかし，母の病状が悪化したことから出身地である熊本での勤務を希望し，京大の先輩であった櫻井知事に相談したところ，地方事務官として熊本県に着任，1948 年に県民課長となっている。

75）澤田の人事によって振興局に勤務した者として，東大経済学部卒業後満鉄調査部に勤務していた本田哲郎や，同じく満鉄調査部に勤務していた田上万亀男（京大卒），満鉄経済調査会に勤務後矢部農業高校の教諭をしていた岸本清三郎らがおり，彼らは「頭脳集団」として第 2 次産業振興計画の策定・実施に当たっていたという。

76）このように，外地での経験，特に旧満州での経験をもつ職員としては，このほか満州国交通部道路司監理課長であった西芳雄（新潟県知事室企画課長），満州国長春県副県長であった滝本実春（高知県総合開発局開発計画部長），満鉄出身者として栃木県の古田土創平（財政課企画係長），鹿児島県の丸山進（企画室主事）らがいる。また，拓務省の出身者として，成田のほか，長崎県副知事（企画室長）の佐藤勝也などがいた。

77）こうした外地勤務経験者には，東大，京大といった大学を卒業した者や，これらの大学を卒業していなくても高文合格後，拓務省や大東亜省などの省庁に勤務するなどエリートが多く，能力的には当時の中央省庁の官僚とそれほど大きな差はなかったものと考えられる。

78）山越は同じ頃栃木県の総合開発計画の立案作業にも携わっていた。

79）この高辻武邦，山越道三，さらに当時吉田内閣の官房長官として，国土総合開発法を推進した増田甲子七は，戦前それぞれ満州事務局に庶務課長（高辻，増田），行政課長（山越）として勤務しており，同じく満州国新京市（現・中華人民共和国吉林省長春市）にあった関東局行政課長であった成田とは旧知の間柄であった。

80）こうした内務官僚は，1940 年代後半以降に採用された若い官僚に多く見られた。

81）ただし，「ジェネラリスト」といえども，必ずしも円滑に企画担当部局の行政運営を進めることができたわけではない。例えば松尾信資は 1939 年に内務省入省後，厚生省浦賀援護局総務課長，愛知県学務課長や地方課長などを歴任しており，内務省での幹部としての勤務経験はほとんどない。彼は，桑原幹根知事の求めで新設された知事公室企画長に着任したが，企画長とはいえ総合開発や計画行政に関する知識はほとんどなく，また旧来の人事や財政といったスタッフ機能との関係や，これらの組織と企画担当部局が分かれていたことによるスタッフ機能間でのセクショナリズムに悩まされたという（松尾 1983）。

82）佐賀県では 1951 年 6 月に総務部内に総合開発審議室が設置された。同室は国土総合開発法に規定された府県計画である「佐賀県総合開発計画」を策定すると，翌 1952 年に知事室開発課となった。

83）例えば，農地部開拓課長，農林部長への就任は，府県の生え抜き職員としては佐賀県史上最速であったという（酒井 1991：64）。

84）佐賀県は稲作を中心とした九州でも有数の農林県であったためか，農林部長人事には県農協中央会の会長の了解が必要であった。香月の出世には，こうした側面も強く影響していた（酒井 1991）。

85）例えば，熊本県振興局には「将来の大幹部」が「ひしめいていた」とされ，企画担当部局の職員を経験したのちに，副知事や部長職をはじめ熊本県庁の幹部としてキャリアを積みあげたものが多かった（南 1996：46）。

86）このように，知事の個人的なつながりで企画担当部局に集められた者として，奥田良三知事の大学時代の同級生であったことから副知事に迎えられた下位信一郎奈良県総合開発事務局長（1936年高文合格）などが挙げられる。特に，当時の企画担当部局は，組織の長を副知事が兼任することが少なくなく，このため相応の年齢や経験を持った旧内務官僚が担当する場合が見られた。例えば，広島県内務部長であった河野義信（1928年高文合格）は，終戦後大原博夫知事（公選第2代）のもとで副知事となり，企画室主幹を兼任していた。

87）こうした様々な出自から職員が集められることによって，戦後における「府県職員」の原型が作られていったものと考えられる。そうした，戦後初期における府県人事については稲垣（2015）を参照のこと。

88）当時，このように血縁関係も含めた西岡知事の関係者は，「西岡一家」と呼ばれるほどであったという（松野 1989：58）。

89）この愛知県企画室で担当した知事の特命事項のひとつとして，桑原知事の「平和国家として文化の振興を図る」との意向に基づいて，サンフランシスコ平和条約の締結による講和記念事業として行われた愛知県文化会館の建設計画があった。当時，戦後復興事業により県財政がひっ迫する中で提案されたこの計画は，県議会をはじめとした反対にあったことから庁内の他部局で引き受けることができず，「知事の特命事項」とされ企画課がその計画を引き受けることになったという（松尾 1983：143）。

90）なお，四国地方では，前述の東北7県のように，国総法制定以前に自主的な開発計画の策定は行われなかったようである。

91）企画室が廃止された要因には，議会との対立や副知事の汚職などで県政運営に嫌気がさしていた津島知事の政治的な理由もあったとされる。また青森県における企画室の設置は，全国に先駆けたものであったことから，他県からの視察も少なくなく「調査課に変わってから来県した他県庁の方は，その変わり身の早いのにもびっくりした」という（青森県企画史編集委員会編 1982：52，八幡 2007：30）。

92）例えば，後述する関東甲信越地方の府県によって自主的に設置された関東甲信越地方総合開発委員会は，委員会の設置に至った事情として「最近の経済情勢に照らして中央でも地方でも国土の総合開発並びに経済の振興に関する計画が重要な問題とされている。併し従来の計画は中央と地方で夫々バラバラに赴き勝ちであると共に，兎角実情に添わぬ欠陥があった」と指摘している（「地方綜合開発委員会説明資料」群馬県立文書館所蔵『総合行政　昭和二五年』知事82A695，知事公室企画室）。

93）このように，審議会の設置と事務局とで担当部局が分かれることになった理由は，①国土計画と地方計画とを策定中であること，②これらの計画とその効果は実施面としての地方行政，土木行政と関連するものであること，③将来国土省を設置して事務機構を整備する予定であることの3点にあるとされた。しかし，審議事項が各省にまたがることから，所管自体は内閣（総理大臣）にあるとされ，事務も内閣審議室，内務省国土局，戦災復興院が分担することになった（佐藤 1965：43-44，八木 1993：10）。

94）安本は，主に産業復興・経済計画についての総合企画官庁として1946年8月12日に設置された。安本は，総裁である内閣総理大臣の管理に属し，物資の生産・配給・消費，労務，物価，金融，輸送等に関する経済安定の緊急施策について企画立案，総合調整，監査，推進にあたるものとされた（佐藤 1965：32，39，43-44）。

95）ただし，国総法の制定過程においても，安本と建設省の角逐は続いた（御厨 1996：232）。

96）なお，府県計画の提出は義務ではなかったが，当時の府県が府県計画を策定するようになった状況について，戦後戦災復興院技術研究所に入り，当時経済審議庁に出向し経済計画の策定に参画していた下河辺淳は以下のように述べている（下河辺 1994：53）。

「都道府県計画は四十七揃わなかった時代が長く続くんです。だから，つくるということは知事の一つの考え方があって，わが県はつくろうということをやっているうちに，建設省が毎回ヒアリングするとなると，つくらない県がだんだんなくなっていった」

97）この 19 地域の指定に際して専門委員として携わっていた山越道三は，指定の経緯について以下のように語っている。

「私も〔19 特定地域を同時に指定することに〕反対したのですが，特定地域と称するものは，既に総合開発法が出来る前に建設省で既成事実が出来ていたのですよ。そして地方としては，これには非常に金を使ったのだから，今更引込めないというので，結局ああいう結果になってしまったのです。われわれとしては非常に遺憾でしたが，唯こういう点だけはわれわれが自分で慰めていたのです。それは，審議会の総理に対する答申にあるのですが，一応この 19 特定地域は指定する，指定はするが，その中には自ら重点というものがあり，着手の順位というものがあるのだから，これを実施する場合には，順位を立ててやってもらいたい。こういうことが極めて重要な問題として答申されているのです。これは裏から説明すると，先ず第一に指定された地域は一斉に着手するのだという誤解のないようにしてくれということなのです。ところが，実際に 19 特定地域が出発して見ると，皆一斉に着手して貰いたいということになって，政治力がこれを抑えることができないなという状態だと思うのですね」（山越ほか 1955：20）。

98）改正内容は以下の通りである（『第 13 回国会衆議院会議録』第 46 号，1952 年 5 月 27 日，908 頁）。

1　政府が特定地域の開発計画の閣議決定を行うとともに，資金確保の努力をすること。

2　国土総合開発審議会に衆参両院議員を加えて組織強化を図り，審議会の所掌事務を従来の計画の調査審議だけでなく，実施に関しても必要な事項について調査審議を行うこと。

3　第三にすべての総合計画において総合性を確保するために，計画の策定段階だけでなく，実施の段階でも調整できるようにしたこと。

4　全国総合開発計画が策定された場合には，これをすべての計画の基本計画とすること。

5　府県計画を作成する場合の調査費についての補助規定を設けるとともに，各省調査の重複を避けるため，調整すること。

また，1956 年には，経済企画庁に年間 5 －10 億円の国土総合開発調整費がつけられることなった（佐藤 1965：71-72，74）。

99）こうして集められた資料をもとに，安本は，1950 年 11 月に「府県別現況分析総合図表」を作成している（経済安定本部国土総合開発事務処編 1950）。

100）また，田中はやがて財政のひっ迫が問題となると，青木知事から大蔵省から財政課長を採るよう指示され，大蔵省の秘書課長や官房長官と折衝した結果，当時泉大津税務署長であった長岡実（のちに主計局長，大蔵事務次官）の推薦を受け，長岡を財政課長に就任させた。

101）なお，設置当時の各都県の主管部課は以下の通り。

群馬県：知事公室企画室，新潟県：知事室企画課，神奈川県：企画室，山梨県：土木部都市計画課，長野県：総合開発局，茨城県：総合開発審議室，栃木県：総務部庶務課，埼玉県：土木部企画課（のち企画委員会事務局），千葉県：審議室，東京都：建設局都市計画課（「東京地方経済安定局長発群馬県知事宛　関東甲信越地方綜合開発委員会準備打合会概要送付について」群馬県立文書館所蔵『総合行政　昭和二五年』知事82A695，知事公室企画室）。

102）「地方綜合開発委員会説明資料」群馬県立文書館所蔵『総合行政　昭和二五年』知事82A695，知事公室企画室。

103）当初予定されていた部会と関係機関の長は以下の通り。総合部会：東京地方経済安定局長，農林水産部会：東京農地事務局長，鉱工業部会：東京通商産業局長，建設部会：関東地方建設局長，交通部会：東京陸運局長，通信部会：東京郵政局長。

104）参加した出先機関は，東京地方経済安定局，関東地方建設局，大蔵省東京財務部，東京通商産業局，東京・前橋・長野営林局，平石炭局，東京・新潟・名古屋鉄道局，運輸省第二港湾建設部，東京・新潟・名古屋陸運局，関東・新潟海運局，東京農地事務局，横浜・新潟海上保安本部，東京・長野郵政局，関東・信越電気通信局，東京管区経済調査庁，東京労働基準局であった（「東京地方経済安定局長発群馬県知事宛　関東甲信越地方綜合開発委員会準備打合会概要送付について」群馬県立文書館所蔵『総合行政　昭和二五年』知事82A695，知事公室企画室）。

105）むしろ，「自前」の行政資源にこだわり，あるいは国から独立して開発計画を策定・実施することで，却って事業が失敗してしまうことのほうが，知事はその責任をとらされ，また再選可能性が低下してしまうために問題であったと考えられる（新川1994）。

106）補助金を始めとした開発行政に必要な資源を中央政府から獲得することは，知事および知事と対抗する勢力，双方にとって共通の利益となると考えられる。このため，企画担当部局がこうした資源の獲得に「功績」を挙げるようになると，企画担当部局は前述のようにその設置において議会の関与が及ばない「抜け穴」を突く形で設置されていたとしても，その存在を議会が認めるようになったと考えられよう（松野1989：57-58）。

第2章　戦後内政の再「統合」と局部組織制度

はじめに

戦後の府県行政は，自治体化によってその民主性を拡大した一方で，行政運営が公選知事の政治的な意向に左右されるようになった（功刀 2005）。旧内務官僚・自治官僚であった岸昌[1)]は，こうした当時の地方自治について「地方自治や民主的訓練の経験」が乏しく「戦時中の指導者に代わって最高の社会的地位についたかのような錯覚」を抱いた「議員や政党，公選首長等」による「ありのままの地方自治をそのまま是認せよというのは行き過ぎ」であると指摘した（岸 1951, 1952）。一方で，占領期の改革においては「地方公共団体のしかるべき機関がしかるべき手続きを踏んで自主的にきめたこと」に対して国の「監督権によって是正することは一切まかりならぬ」とされ「教育訓練や指導監督が当然伴うべきであったにもかかわらず，それがことごとく非民主的としてしりぞけられ」てきたとし，岸は府県の性格を見直す必要性を主張した。

これに加えて「反省すべき点」として，様々な分野の行政が「およそ地方に置いて処理されなければならない以上は，地方制度をつうじ，地方行政の一環として処理されるのが本来の姿」であるにもかかわらず，占領改革では「地方自治が総合的に地方に関係のあるすべての行政をそのうちに吸収し，またそれらの行政の目的に最も適した形において発展することに成功しなかった」とし，これを是正するため「地方自治と国家目的との」調和を図る「接合点」として「府県の性格を再構成」することを通じて「国と府県の一体化をつよく推し進」める必要性を指摘した[2)]。

こうした岸の論考や前章までの経緯を踏まえれば，当時の地方自治官庁の基本的な目標は，府県の自治体化・公選知事化による国と地方の「分離」，あるいは個別省庁やその出先機関ごと「分離」した内政を，再び「統合」することであったと考えられる[3)]。先行研究では，こうした内政の再「統合」を進めるための方法として，「内務省の復活」ともされた内政省設置法案や，戦後府県において失われた国による「教育訓練や指導監督」を行うことが可能となる「地方制」案の問題が指摘されてきた。平野孝によれば，こうした動きは「内政体系の権威主義的・中央集権的再編」を通じた「戦前の内政体系の復活」（以下，「復活」路線とする）であり，旧内務官僚たちの「念願」であったとされる（平野 1990：209, 226-229）。

しかし，戦前体制への回帰に対する世論の否定的な評価や，戦後影響力を拡大してきた個別省庁や府県の反発を考えれば，「復活」路線は，必ずしも現実的な選択ではなかった。また，内政省の設置問題をめぐっては，河野一郎など党人派議員の政治的な思惑によって主導されてきたことが指摘されており，当時の地方自治官庁の幹部にとっては必ずしも現実的ではなかったとする証言[4)]がしばしば見られる（高木 1986，牧原 1995-96，宮澤 2007）。

「復活」路線の改革と同じ時期には，占領期における諸改革の修正が進められていた。例えば，本書の課題である局部組織制度をはじめ，「都道府県知事は公選とするが罷免権を含む国の指揮監督をみとめ」（岸 1952：126-127）るなど府県に対する国の統制の強化，出先機関から府県への事務の移管，各省と府県との人事交流の復活をめぐる動きなどがこうした修正の動きとして挙げられよう。こうした制度の修正は，「復活」路線に対して，現状の内政・地方制度を前提として関係する個々の制度の改革を図る路線（以下，「現状維持・拡充」路線とする）と総括することができる。

このように，逆コース期における地方自治官庁の「改革」には，「復活」と「現状維持・拡充」という２つの路線があり，「復活」路線とその挫折の過程としてのみとらえるのでは，「制度の改革の時期」（高木 1986：49）の分析としては必ずしも十分ではない。「現状維持・拡充」路線の改革を経た地方制度は，その後半世紀近くにわたる「制度の運用の時期」（高木 1986：49）において，制度的な安定と定着を見ることになった。とりわけ局部組織制度は，序章において整理したように「不確実性」の高い制度でありながら，1956年の改正を最後に1991年までほとんど改正されることはなく，この時期の改革を経てひとまず「完成」することになったのである。

一方で，実際の地方自治官庁は，これら2つの路線を並行して進めてきたことからすれば，「復活」路線について考察しないことも，「現状維持・拡充」路線の背景についての理解が不十分になる恐れがあろう。後述するように，「復活」路線は，「ありのままの地方自治」や個別省庁による行政の縦割り化といった，内政や地方制度の「分離」状況を，地方自治官庁を中心として再び「統合」することが直接的な目的であった（小林 1951，荻田 1952：1，杉立 1953：12）。こうした地方自治官庁の「統合」志向は，「現状維持・拡充」路線においても共通して見られた特徴であった。

そこで本章では，「逆コース」期の地方自治官庁による改革に共通した内政の再「統合」という方針を踏まえつつ，「復活」路線と「現状維持・拡充」路線を併せて観察することにより，序章で述べた戦後の「不確実」な局部組織制度がどのような事情によって形成されたのか明らかにしていくことにしたい。

第1節　「復活」路線とその帰結

(1)　「復活」路線の展開

2つの総合官庁

内務省解体によって縮小・分散した地方行財政に関する事務機能を統合し，中央政府内における内政および地方行政を所管する強力な総合官庁を設置しようとする動きは，解体直後から見られた。1949年1月に設置された行政機構刷新審議会[5)]は，同年2月に地方自治に関する中央機関の統合整備を提言している。この答申をうけて政府は，同年6月総理庁官房自治課と地方財政委員会を統合した地方自治庁を総理府の外局として設置する。同庁は「地方自治の本旨の実現に資する」（地方自治庁設置法）ため，国と地方公共団体の連絡調整を行うことが主な任務とされた。その後，1950年5月のシャウプ勧告によって，地方財政関係の事務が分離され，再び地方財政委員会（第2次）が設置された。

1951年の政令諮問委員会による「行政制度の改革に関する答申」では，「行政制度の改革は，中央・地方を通じて総合的に考慮すること」とされ「地方自治庁，地方財政委員会，及び全国選挙管理委員会を統合し，総理府の外局として地方自治庁を設けること」が提案された（神戸都市問題研究所・地方行財政制度資料刊行会編 1984：693-705）。この政令諮問委員会の提案に関しては，全国知事会も1951年6月に「地方行政改革に関する意見」を発表し，その中で「政令諮問委員会に採り挙げられていない問題につき左の各項はこれの実施につき特に考慮せられたい」とし，そのうちのひとつとして，「地方行財政等地方自治に関する事項を取り扱うための地方自治省」の設置を主張している。

政府は，政令諮問委員会の提案を受けて「行政の改革に関する件」を閣議決定し，旧内務省地方局の機能を統合した自治庁を1952年8月に設置した。自治庁の長官には大臣が充てられるなど，一定の機能強化が図られたものの，総理府の外局であり「ただ簿書場裡の仕事にあくせくしていてはば郵便ポスト的役割以上に出ることはでき」ず，「地方の行財政という，どえらい責任を果たす役所の仕組みとしては」未だ不十分であると，多方面から指摘されていた（野村 1953：34-38，小林 1960：3-18）。

このように，自治体側が地方自治に関する省庁の設置，あるいは拡充強化を求めた最大の理由は，悪化する地方財政の中で，地方財政平衡交付金をめぐる大蔵省と自治庁との争いを対等以上に進め，また国会において地方自治体の「代理人」としての発言力を強化するためであった。当時の地方自治官庁の官僚たちは，こうした他省庁との協議や調整などにおいて，「省」ではないことによる不自由さが身にしみていた。特に，自治庁の設置によって大臣庁とはなったものの，「省」でなければ発言権のある人を大臣に迎えることができないと考えていた（柴田 1975：282）。

こうした地方自治官庁の拡充強化の問題とは別に，復興開発に関係する省庁を統合し総合官庁を作ろうとする動きが，復興開発行政を通じて表面化するようになった。

1950年4月，行政制度審議会は「行政制度審議会の行政機構の全面的改革に関する答申」を出し，この中で，建設省に農林省林野庁，運輸省港湾局（倉庫に関する事務を除く），通産省の水力電気開発に関する事務を通産省から移管・統合することなどを盛り込んだ「国土省」の設置が示された（行政管理庁管理部 1951：4-5）。また，前述の政令諮問委員会の答申においても，「建設省の事務，農林省林野庁の事務，公益事業委員会の電源開発事務及び運輸省の港湾局の事務を統合し，国土の総合開発と治山治水の一元化を目的」とする「国土省」の設置が提示された[6)]。

この国土省設置案は，1951年11月に定員法が国会を通過すると，吉田首相の特命によって，橋本龍伍行政管理庁長官を中心に，野田卯一建設相，木村篤太郎法務大臣を補佐として本格的に検討が進められた。1952年2月に出された設置案では，建設省を国土省とし，林野行政，港湾建設行政，水力電気開発行政を統合することとなっていた。この案をもとに，閣内および党との調整や各省事務次官からの意見聴取が行われたが，結果として林野行政は農林省に，港湾行政は運輸省に，水力発電行政は通産省にそれぞれ存置することとし，建設省の国土省への改称は見送られている（行政管理庁管理部 1952：5-6）。

また，こうした開発関係省庁の統合には，府県側も好意的であった。前章において述べたように，府県の進める復興開発では，省庁間のセクショナリズムが問題となっていた。このため府県は，開発関係官庁の統合と府県を通じた一元的な開発行政体制を作ることで，こうしたセクショナリズムの弊害をなくすことを求めていたのである（丸山 1952，井上 1952）。全国知事会は，1950年9月に特定地域開発における調査費予算の計上について政府に要望したほか，1953年には計画実施における財政措置，1954年には国庫補助の増額や予算措置の拡大など，復興開発・地域開発に関する政府の要望を毎年のように行っており，その一環として中央地方を通じた実施体制の整備[7)]などについて要望していた（全国知事会編 1957b：483-498）。

「内政省」の設置問題

このように，地方自治と開発行政の双方から打ち出されてきた総合官庁の新設問題は，1952年に自治庁が設置されると，両者を統合した官庁の新設問題として議論されるようになる。1953年の第1次地方制度調査会では，「地方自治を健全に育てるために」国と地方の連絡調整機関について検討が行われ，第1次答申において「中央各省及び地方公共団体並びに地方公共団体相互間の事務の連絡調整を行い，地方自治の健全な発達を図るため，中央行政機構を改革し，自治庁及び関係行政機関を整理統合して，地方における行政の総括調整機関として中央機構を設置するものとすること」が示された（杉立 1953：11-12）。

また，1955年の第3次地方制度調査会第2次答申においても，第1次答申と同様に「自治庁及び関係行政機関を整理統合して中央機構を設置すべき」とされた。両答申とも，「関係行政機関」について具体的に明示しなかったが，この問題を検討した行政部会の答申案では，「地方行政の実体をなす厚生労働省乃至は建設省等の所掌事務」と現在の地方自治官庁を統合することが示されている。また，同答申案では，これによって新たに設置される官庁が「名実ともに地方行政を総括する機構たるべきもの」と位置づけられた（自治庁編 1958：36）。

当時，地方自治官庁内部では，イギリスの住宅および地方行政省をモデルとした国土省的な省庁へと，自治庁を拡充・再編することが考えられていた。そのために，建設省あるいは経済企画庁の開発・計画部門といった，総合開発行政との統合が検討されていた[8)]。また，地方制度調査会副会長であった野村秀雄（元朝日新聞社社長，国家公安委員）も，「関係行政機関」として，「現実の問題としては地方の開発振興と国家の進展発達に直接影響のある建設行政」を挙げ，またそれによって「こんな総合調整機関が設けられると，これまで常に繰り返していた国と地方の対立はおのづから緩和せられてその関係は円滑となり，地方各団体の関係も合理化せられて，自治確立に資するところ大であろう」と述べている（野村 1953：34-38）。

1953年6月には，地方制度調査会の審議に対応するため，床次徳二，門司亮ら，地方制度調査会の委員を含む300名以上に及ぶ超党派の衆参両院議員からなる「地方自治確立国会議員連盟」が結成されている（平野 1990：214)。同連盟は12月15日の臨時総会において「地方制度調査会の答申に対する本連盟の意見」を可決した。この意見書では，「強力なる地方自治中央機関設置の早急実施」を掲げ，「内政省とも称すべき強力なる一省を新設し，現在の自治庁をその一部に吸収しつつ，政府の行政のうち，その目的の面，実施の面において地方行政と緊密なる関係にある行政部面を所轄せしめ総合的に地方行政の民主的自主的な発展を図ることは，早急実施を要する事項と認める」とした。また，同意見書の「説明」において，災害や米の供出割合に見られる「我国現在の如き地方行政軽視の政策」を批判し，「治山治水の如き，住民其の堵に安んずるの基盤であり，道路国策の如き，地方住民の国土開発，産業開発の熱情なしに強力なる発達を期し得べきものでない。近く創設を予測せらるる国土省の如き，之を自治庁と統合せしめて地方自治の本質を国民に理解せしむることの如きは，策を得たるものと思われる」としている[9]。

この意見書にあるように，地方自治官庁を強化して大蔵省との地方財政をめぐる交渉を有利にすることや，開発行政と地方行財政を結びつけるという考え方は，旧内務省出身議員だけでなく，与野党を通じて支持されつつあった。特に，鳩山内閣（第1次～第3次）の与党であった民主党の内部では，河野一郎らを中心とした一部の有力政治家が「内政省」の設置にむけて動いていた。河野のほかにも，第1次鳩山内閣で自治庁長官をつとめた川島正次郎，当時自治庁長官であった太田正孝らが中心的な役割を果たしていた。彼らは「自治庁は地方行財政の運営を担当し，建設省は国土の利用開発を担当しているが，国土の利用開発，広い意味の国土計画あるいは国土利用計画の仕事と地方自治の仕事とを，一緒に所管し，処理していくのが，これからの日本の全体の開発推進のために適当であり，必要であろう」と主張していた（内政史研究会編 1976：125)。

内政省案の策定経過

1955年11月15日，自由党と日本民主党のいわゆる「保守合同」によって自由民主党が発足すると，同党は同日付で発表した「党の政綱」の中で「中央，地方を通じ，責任行政体制を確立して過度の責任分散を改めるとともに，行財政の簡素能率をはかり，地方自治制度の改革を行う」ことを明らかにした。11月22日には第3次鳩山内閣が発足し，鳩山首相は新たに実現すべき政策として，税制改革，憲法改正と並んで行政機構改革を挙げた。また，同内閣では，行政管理庁長官に就任した河野一郎によって，12月26日に行政機構の根本的改革の検討を目的とした行政審議会が設置された。行政審議会は2カ月に及ぶ審議の結果1956年2月政府に答申を提出し，その中で「地方行政機構の強化」として以下のように述べている（平野1990：200）。

> 地方行政は，国家の行政において重要な地位を占めているにかかわらず，その機構がこれまで一外局として弱い形に残されてきたのは，占領政策の行き過ぎと断ぜざるを得ない。その結果はすでに放漫な地方財政に現れている。この際これを正常の姿に引き戻すことは，きわめて必要であるが，その措置については，左の二案がある。
>
> 1　建設省（首都建設委員会を含む）及び自治庁を統合して内政省を新設する。
>
> 2　自治庁の権限を強化してこれを省に昇格する。この際建設省の都市計画部局，首都建設委員会及び南方連絡事務局をこれに統合する。

行政審議会における検討事項には，この内政省設置問題のほかに大蔵省主計局の内閣への移管問題や政務次官制度の設置問題，貿易行政の強化などの問題があった。党人派である河野は，必ずしも内政省構想を最優先に考えていたわけではなく，大蔵省主計局の内閣移管をはじめとする内閣強化に主眼を置いていた。しかし，主計局の移管案は，前年度から池田勇人が撤回するよう河野に働きかけてきた結果，予算閣僚委員会を設置する案へと後退した。その他の検討事項も様々な抵抗に遭い実現には至らなかった。こうした後退を補うものとして，河野は内政省の設置を目指していた[10]とされる（牧原 1996：58-59)。

河野にとって最後の砦であった内政省問題をめぐって行政審議会の議論は紛糾し，最終的に一案に統一することができず，答申では両案併記の形をとるに至った。このほかにも，北海道開発庁と運輸省港湾局をも含めるべきであるという意見や，純粋に地方自治部局のみ省として昇格させるべきであるとする自治省案も存在したが，行政簡素化が叫ばれていた当時，単純な省の増設に対しては周囲の十分な支持を得られなかった。また，地方自治官庁とは別に，建設省を中心としてこれに北海道開発庁，経済企画庁開発部，運輸省港湾局等を付け加えた国土省の設置を主張する意見も依然として根強かった（福良 1954：46-47，佐久間 1956a：29)。

政府はこの答申をうけ，行政管理庁を中心として政府案の作成に取り掛かる。そして3月6日の閣議において「行政制度改革の要綱」の行政管理庁案が示された。

第五　内政省の新設

一　地方行政に関する中央機関として地方自治の健全な発達を図り，国土の建設，開発にあたるため，内政省を新設する。

二　内政省に，自治庁，北海道開発庁，建設省（首都建設委員会を含む）運輸省港湾局（港湾運送，倉庫及び港湾管理に関する事項を除く）及び南方連絡事務局を統合する。

三　北海道開発庁及び首都建設委員会は，内政省の外局とする。

四　建設省営繕局は大蔵省に移管する。

この行政管理庁案に対して自治庁は賛成の意向を表明したが，建設省は反対の姿勢を示した。当時，建設省内では，内務省時代に省内で冷遇されていた記憶が未だ大きく残っていた技官を中心に，自治庁以外の開発関係官庁を統合した国土省の設置が主張されていた（佐久間 1956b：81)。一方で，これまでの復興開発，特定地域開発などが悪化する地方財政のせいで遅れていたことも事実であり，省内には地方財政を同じ省内で所管することによりこうした問題を解決できるのではないかという考えもあった。特に，事務系の官僚の多くは，建設省発足後，事務次官への技官の就任や技監の設置など，省内における技官の台頭が著しかったことから，「旧内務省国土局時代を懐かし」んで地方自治官庁との統合に好意的な者も少なくなかったという（住本 1955：210）。また，開発をめぐって競合関係にあった経済企画庁や農林省の国土利用開発計画の事務も統合されることで，総合的に国土計画を所管することができるメリットもあり，これによって反対する技官集団を説得しうる可能性もあった（内政史研究会編 1976：130-131）。

また，内政省案がすでに具体案として検討に付されている状況では，改めて地方自治関係を省いた国土省の設置を提唱することは現実的ではなかった。そこで建設省は，大蔵省への営繕局移管の中止，経済企画庁の国土総合開発および国土調査関係，運輸省の港湾関係（港湾管理も含む），厚生省の国立公園と水道，農林省の山腹砂防を内政省に吸収することによって，できるだけ国土省色を強めるよう行政管理庁案を修正することによって，歩み寄る意向が非公式に伝えられた（佐久間 1956b：81）。しかし，建設省のこうした意向に対する各省の反対は強く，3月31日に閣議決定された「第1次行政制度改革要綱」では，建設省の希望はほとんど取り入れられなかった。

第五　内政省の新設

一　地方行政に関する中央機関として地方自治の健全な発達を図り，国土の建設，開発にあたるため，内政省を新設する。

二　内政省に，自治庁，北海道開発庁，建設省，首都圏整備委員会及び南方連絡事務局を統合する。

三　北海道開発庁及び首都圏整備委員会は，内政省の外局とする。

この案に対して建設省は，内政省案を受け入れる最後の条件として，国土開発行政をめぐって競合する経済企画庁開発部の事務を内政省へ移管することを強く主張し，自治庁もこれについて賛同する意向を示した（佐久間 1956b：82）。

ただ，当時の自治庁にとって省へと昇格することの第１の狙いは，各省の地方に対する施策と地方公共団体の行財政運営の調整をより強力かつ適正に行うということにあった。そこで地方団体の行政運営の指導に当たる自治庁と地方自治の重要な内容をなす「若干の事業」を主管する機関と統合すべきであるとされた。この「若干の事業」とは建設行政や開発行政であった。地方財政と建設行政・開発行政を一元的に所掌することによって両者の調整が日常的に行われ，それによって地方財政も健全化され，建設事業・開発事業も実効が上がるということが自治庁の狙いであった（佐久間 1956b：83-84，小林 1960：12）。

そのため，国土開発の個別省庁だけで国土省となることは避け，地方での開発に対して「地方自治の立場」から調整が可能な組織である必要があった。こうした狙いから自治庁は，内政省設置に関する具体的な法案の策定を中央政府内で終始リードすることで，自治庁を除いた開発官庁の設置を避けようとしたのである（内政史研究会編 1976：126）。内政省案に対しては，総合開発事務が移管されることに対して経済企画庁から反対が見られたが，自治庁長官の仲介によって馬場元治建設大臣と高碕達之助経済企画庁長官との間で話し合いが行われた。その結果，基本的な全体計画については経済企画庁に残し，都道府県計画や特定地域計画については内政省に移すということで決着した[11)]。

このように，建設省，自治庁，経済企画庁の間で妥協が図られたものの，林野庁の山腹砂防を内政省に移管することが想定されていたことから，農林省が最後まで強硬に反対した。また「第１次行政制度改革要綱」についても，内政省の開発行政の権限が強化されることによって間接的に影響が出ることを恐れ，強く反対している。河野一郎が農林大臣として賛成したことによって，内政省案は閣議[12)]に上げられたものの，最終的には農林省関連事務の移管は外され，自治庁と建設省の事務に経済企画庁から都府県総合開発・特定地域開発などの国土総合開発関係の事務の一部を移管するかたちで内政省設置法案は完成した。同法案は閣議決定のうえ，1956 年４月 26 日国会に提出された。

国会審議において,「内政省」といえども,実質的な「内務省復活」ではないかとする批判は強かった。質問に立った社会党の片島港議員は,内政省設置案が旧内務省の復活による自治体への監督強化,知事官選・道州制などを含んだ,「地方行財政支配」の陰謀[13]を内包するものであると批判した。さらに片島は,後述する地方制案に見られたような道州制・知事官選などの府県制度の改革・集権化の問題と併せて鳩山首相の見解を求めたうえで,「言うまでもなく,わが国の自立経済を促進するためには,何ものにも先んじて国土の総合開発が急務であります。そのためには,現在の建設省を中心として,農林,運輸等の各省の建設関係の計画,各種の建設部門,総理府の土地調整委員会,北海道開発庁あるいは厚生省の国立公園部等々をもあわせて,国土資源の調査,開発実施の統括機関として国土開発省を設置すべきものであります。国家権力の中央集権化を急ぐ余り,建設省を内政省の一部局に転落せしむることは,国土開発を百歩後退せしめ,わが国の経済自立の基礎を危うくするもの」として開発関係単独での官庁の統合を主張した。

これに対して鳩山首相は,「内政省設置は,道州制,知事官選による地方行政の支配とは全く無関係であります。内政省の地方公共団体に対する関係は地方自治法の規定に従うものでありまして,従来と何ら異なるところはありません。憲法の地方自治の精神に反するものでは絶対にございません」と述べ,批判の多かった道州制・知事官選との関係については強く否定する一方で,「現在建設省が担当しております国土の保全及び開発に関する事業の大半は地方公共団体によって行われておりまして,これらの事業に関する計画及び実施等を一元的に処理する機構として内政省が設置せられましたならば,国土の保全及び開発に関する事業は従来よりもさらに積極的に推進せらるることとなるものと私は考えております」[14]とした。

馬場大臣も「国土の保全及び開発を任務といたしております建設行政は,国の直轄事業にいたしましても,あるいは国が助成をいたしております事業にいたしましても,地方公共団体の行政並びに財政に影響するところがきわめて多いのであります。地方公共団体の財政の基盤が確立せられまして,その確立せられたる基盤の上にこそ初めて建設行政の完璧を期することができると思うのであります」として，地方行財政と建設行政の一体化によって強化される事業の実効性を強調している[15)]。しかし，国会での審議は代表質問以降ほとんど進まず，1958年3月，自治庁に官房長を置くことと引き換えに，第28回国会において法案は撤回された。

法案撤回後も，自治庁の昇格問題は継続して議論されたものの，その昇格形態をめぐって自民党内での意見は依然として割れていた。自治庁からは，自治庁と国家消防本部の統合案[16)]が示されたが，内政総合官庁の設置は内務省復活につながるとの意見から，逆に総合開発を一緒にしてより総合的・大規模なものにすべきといった議論まで，様々な意見があった。行政管理庁も地方自治官庁単独では人数が少なすぎることなどから昇格に対して消極的な態度を見せていた（柴田 1975：281-283）。この問題について再度審議した第4次行政審議会も「行政制度の改革に関する答申」の中で「自治庁に国家消防本部，経済企画庁の総合開発局，建設省の国土計画・地方部門・都市計画部門，北海道開発庁，特別地域連絡局，首都圏整備委員会等を統合して自治省を置く（なお，建設省と自治庁を中心とする内政省を新設することを適当とする旨の少数意見があった）」としている（現代地方自治全集編集委員会編 1979：283）。

しかし，地方自治官庁は，内政省案が挫折した理由として統合の対象が多くなるほど実現が難しく，省となること自体ができなくなると考えていたため，地方自治プロパーのみで省へ昇格するよう関係議員に再三根回しを行った。その結果1960年6月20日，60年安保をめぐる国会の混乱を何とか潜り抜け，参院本会議において可決成立，7月1日自治省は発足した（柴田 1975：286-290）。

「地方」制問題の経過

道州制を含めた戦後府県制度の改革問題は，1950年代初頭から少しずつ議論されるようになった。こうした議論が発生した要因として，以下の3点が挙げられる。第1に，町村合併の進展や地方財政悪化に伴い，地方行政機構の簡素合理化が問題となったことである。第2に，開発行政などに見られた公選知事による「放漫」な行財政運営や，出先機関の整理合理化と府県への権限移譲などに伴って，知事官選論が再び議論されるようになったことである。第3に，出先機関の濫設や機関委任事務などにおける省庁間セクショナリズムを解消するため，広域的・総合的な開発行政体制の構築が求められるようになったことである（田中 1970：153-182）。

1950年3月には，政府筋の案として全国を8つの道に分ける道制案，同じく8つの州に分ける州制案が報道され，同年4月には，吉田首相が現行の府県を廃止して新たに道州制を採用すべきであるとの意向を表明している（小森 2007：80-81）。前述の第1次地方制度調査会においても，「地方における行政の総括調整機関」の設置問題とともに現行府県制度の見直しについて検討が進められたが，具体的な動きは見られなかった。

これに対して，1954年7月に開かれた第2次地方制度調査会では，「第1次以上の情熱をもって」道州制論が検討された（大杉 1991：11-36）。第1回総会の挨拶で，知事官選・道州制論者であった塚田十一郎自治庁長官は，第1次地方制度調査会の最後の総会で確認された調査事項が「いずれも府県制度をどうするかということに密接に関連する」ため，「先ず，道府県制度を中心に審議してほしい」（横田・園田 1979：59）と述べ，審議の中心が府県制度改革であることを示した。これを受けて同調査会では，全国を7～9ブロックに分け域内の府県と国の地方出先機関を統合し，地方公共団体としての性格と国の機関としての性格を併せ持った，官選の地方長官を長とする「地方」を設置する「地方」案と，現状の府県を3～4府県に統合する「県」案が提示された。

これら2つの案のうち，前者の「地方」案を主導したのは，三好重夫・挟間茂ら内務省OBと事務局を担当した自治官僚であった（市川 2005：116）。また，府県を国の出先機関としての性格を持ちながら市町村自治の発展を妨げる「目の上のこぶ」（田中 1957：5）と考えていた全国市長会や全国市議会議長会，全国町村会などが同じく「地方」案に賛成した（自治庁編 1958）。第7回特別委員会で鈴木自治庁次長は，自治庁としては調査会の答申を拝聴するという立場であるとしながらも，現行府県制度の問題点として，①広域行政の要求に即応していない，②現行府県の力が不均衡である，③町村合併などの進展により，市町村の実質的な力が非常に高まり，二重行政という面が強くなってきたこと，④行政経費の節減ないし行政の近代化の要求を挙げ，府県制度の抜本的な改革を示唆している（大杉 1991：26）。

一方，「県」案には，「被告の立場」であった全国知事会・全国都道府県議会議長会の府県関係者のほか，全国町村議会議長会の２名の委員と，学識経験者のうち，戦後地方自治制度を擁護する立場から，自ら「県」案を起草して「地方」案に反対した田中二郎東京大学教授（行政法）などが賛成した。また，最終答申案の採決時には，安芸皎一東京大学教授（河川工学：元内務省技官，経済安定本部初代事務局長），時子山常三郎早稲田大学教授（財政学）らも賛成している。

また３人の社会党議員はいずれの案にも反対し，府県制度改革をめぐる憲法問題を持ち込むなど頑強に抵抗した（田中・俵・鵜飼 1957：49-56，大杉 1991：26-31）。

審議の結果，「地方」案が半数をわずかに超える 17 名の賛成多数で可決されたものの，10 月 18 日に出された「地方制度の改革に関する答申」では，府県統合案が少数意見として添付された。また，その審議過程がマスコミに大々的に報道され，世論の反発を浴びた「地方」案の実現に対して，当時の岸政権は積極的に実現に向けて動きだすことなく「未完」に終わったのである（大杉 1991：159-165，市川 1993：200，市川 2005：118-119）。

(2)　「復活」路線の限界とその要因

復興開発においては，国における強力な開発行政主体の不在や，補助金などを通じた開発関係官庁の縦割り行政が問題となっていた。このため，政令諮問委員会は，開発行政の総合化・一元化による効率的な開発行政を目的として，前述のように建設省を軸とした強力な国土総合開発官庁の創設を答申し，実際に建設省を中心に国土省の設置が検討された。

また，復興開発を通じて縦割り行政の弊害が露呈したことは，「これまで一外局として弱い形に残されてきた」地方自治官庁が，内政の総合官庁としての復活する大きなチャンスであった。なぜならば，こうした弊害の認識を通じて，周囲に内政の総合化，あるいは総合行政官庁の必要性が社会的・政治的に認知される可能性が高くなるからである。しかし，政令諮問委員会が答申したような開発行政に絞った総合官庁（国土省）では，解体後，開発関係の政策分野を所管してこなかった地方自治官庁が政策に入り込む余地はなかった[17]。

そこで地方自治官庁は，開発行政における地方自治・地方行政の重要性を強調することによって，地方自治の要素を盛り込んだ「内政省」を提案した。これによって，それまで蚊帳の外に置かれていた内政総合官庁の設置問題に参入しようとしたのである。地方自治官庁の拡充強化は，平衡交付金をめぐる大蔵省との交渉などに代表されるように，地方自治体の利益を擁護する範囲で府県は賛成しており，地方自治官庁もこうした文脈から府県も「内政省」構想に賛成するものと考えていたものと思われる。

しかし，地方自治官庁の狙いには，総合行政官庁の「復活」とともに，知事の公選化・府県の自治体化によって発生した府県行政のブロック化・多元化の解消もあった。例えば，地方自治官庁の官僚であった佐久間彊は，知事公選制の「弊害」について「たとえば，知事公選制には，行政に住民の意思が反映され地方の実情に即した行政が行われる等」の利点がある反面，「選挙に対する顧慮から補助金が総花的に使用される等財政の効率的運用が妨げられたり，国家的性格の強い行政において国の要請が徹底を欠く等の弊害も指摘される」と述べている。地方自治官庁は，こうした公選知事の対応が，府県に対して事務の実施機能を委任している各省庁の不信感を増大させることによって，各省庁が出先機関を濫設し，各省ごとの中央集権体制が形成されてしまうことを危惧していたのである（佐久間 1957：4-5）。

また，開発行政をめぐっては，公選知事による「旺盛」な「事業欲」が，開発行政を通じて所管行政の伸張を図ろうとする産業官庁と直接結びつくようになった（鈴木 1955：4）。そのため地方自治官庁は，府県を廃止し，新たに国の機関である「地方」と，内政省を設置することによって，縦割り行政や地方出先機関の濫設問題，府県間における行財政の不均衡問題や行政経費の節減など，既存府県が抱える問題を解決しようとしたのである。

こうした制度改革の目論見を持っていた地方自治官庁は，開発行政の進展を通じて現行の府県が狭隘であることに対する社会的な認識を広めることで，府県制度改革の議論を提起することに成功した。同時に，公選知事による乱脈開発や地域エゴの問題を非難すること[18)]で，タブー視されていた知事官選論や府県制度の廃止（杉立 1953：11-12）といった「府県の根本的改革」（鈴木 1955：2-11）を議論の俎上に載せることにも成功した。

こうした地方自治官庁の戦略によって内政省法案は国会に提出され，「地方」案は第4次地方制度調査会[19)]の答申に記載されたものの，国会では一度も審議されなかった。「地方」制はマスコミや世論の反発を受け，その実施が棚上げされることになった。このように地方自治官庁の戦略が挫折した要因には，これまで様々な要因が指摘されてきたが，開発行政と国・府県関係に着目する本書の視点からは，以下の3点を要因として指摘することができる。

第1に，内政省案・「地方」案ともに，「民主性」の観点から社会的に受け入れられなかったことである。戦後地方制度改革による民主化・分権化の「シンボル」であった府県の自治体化・知事の公選化を変えてしまうことは，逆コース期とはいえ，終戦から10年程度しかたっていない当時の社会にとって議論の大きく分かれる問題であった。例えば，府県制度の改革にはそこまで批判的でなかった各新聞も，民選の知事に代わって官選の長官を置くということがわかると，一斉に批判的な論陣を展開した（高木 1958）。

また，第1次地方制度調査会も，新たな内政総合官庁の設置案を答申したものの，その反響の大きさを恐れ，行政部会において当初「総括機関」とされていたものを「総括調整機関」に直し，「強力な中央官庁」から「強力な」を削ってこれを「骨抜き」にしてしまったほどであった（杉立 1953：11-12）。実際にこうした強力な内政総合官庁の設置や，国の機関としての性格を強めた道州制改革を進めることは，あくまでも「理想」であり，実現するにはかなり非現実的であるということは地方自治官庁内部において少なからず認識されていた（小林 1955：218-219，宮澤 2007：62-63，116-119）。

第2に，省庁間の十分な協力を最後まで得ることができなかったことである。地方自治官庁が，内政省の設置や府県制度改革を実現するうえで，最も重要であったのは，建設省をはじめとする開発関係個別省庁に統合や改革のメリットを認識させることであった。しかし，こうしたメリットは，地方自治官庁以外の個別省庁にとって必ずしも大きな魅力をもっていたわけではない。例えば，地方財政と開発行政が内政省に統合することによって，府県の開発政策に対する指揮監督が強化されることや，補助金など開発政策に応じた地方財政政策がとられることは，建設省もメリットであると認識していた。しかし，出先機関を持つ建設省にとって，府県に対する指揮監督を強化できなくても，事務を直轄化すればよい話でもあった。第4次地方制度調査会において府県制度改革問題についての意見陳述を行った際，建設省は国が府県に対する監督権をある程度強化すべきであることを指摘したものの「2府県以上にまたがる河川や国道は，国が直轄で管理した方が良いので，そうするなら府県は今のままで良い」と述べ，府県統合問題に消極的な姿勢を示している（松谷 2006：96）。内務省の土木技官であった安芸教授が，「地方」案ではなく，「県」案に賛成したことは，こうした建設省の姿勢から理解できよう。すなわち，地域とのインターフェースとして，地方公共団体しか持たない地方自治官庁に比べて，地方公共団体（土木部等）と出先機関という2つのインターフェースを持つ建設省にとって，地方自治官庁との統合や府県制度改革に対するインセンティブは，地方自治官庁ほどには強くなかったのである。また，同じく意見陳述を行った経済企画庁も，総合開発がすぐに府県の統合問題につながらないことを指摘している（松谷 2006：94-95）。

同様に，内政省設置問題において，統合のデメリットを重視する農林省の反対運動を許した背景には，反対運動を押さえ込むほどの積極的な理由を提示することができなかったことが大きな要因であったと考えられる。また「地方」制の問題についても，開発行政によって府県の狭隘性を社会的に認識させることができたものの，開発行政のいわば「当事者」である経済企画庁や建設省からは府県制度を廃止するほどの問題ではないとされた。

第3に，地方6団体の支持，特に「当事者」である府県の支持を得られなかったことである。中央政府内における内政中央機構の設置に関しては，地方自治官庁・地方自治体双方から賛成する意向が示されていたが，地方自治体側としては，あくまでも平衡交付金や起債，補助金など地方自治体の利益について，中央政府内において擁護するだけの実力を持つという点から賛成していた。このため，当然のことながら，内政総合官庁の設置が結果として自治体に不利益を招くこと，例えば，地方自治体に対する統制を強化するようなことが予想される場合は，改革を受け入れることはできなかった。

内政省案に対しては，全国市長会が賛成意見を出していたが，その理由は，大都市における開発行政に対する国からの開発資金の重点的な投入が期待されたことや，内政省問題が道州制の導入とセットとなっていたことから，かねてより打ち出していた[20]府県の廃止を期待していたためであった。

一方で，府県からは内政省案に対して賛成する意見は見られず，地方自治官庁の拡充に対して正式に知事会として要請する意向が示されたのは，内政省案が撤回された後の1959年の「自治省の設置に関する要望」であった。同「要望」では，自治庁が「地方自治に関する国の責任行政機関でありながら，総理府の一外局として，閣議請議権，政令制定権がないのみならず，予算の要求・執行上の独立の権限も認められていない」として，自治庁の権限や機能が十分でないことを主張している。また，「要望」では，こうした不十分さが具体的に問題になっていることとして，市長会が挙げたような総合開発の問題にはふれず，「各省が企画・立案する諸計画中，地方公共団体の負担を伴うものに対しても地方公共団体の行財政の実情を無視した施策が樹立され，国政と地方行政との調整を欠くこと」としている（全国知事会編1967a)。

むしろ府県側は，地方自治官庁の進めようとする内政省案に否定的な立場であったといってよい。第1次地方制度調査会において，内政中央機構の設置構想として「地方行政の主要な実体をなすところの土木行政」を含めた内政省の設置案が答申された際，同時に府県の性格についても「市町村と国との中間に位置する広域自治団体として，国家的性格を有する事務を処理することをもその任務」として国の機関としての性格を強調したことや，当時吉田首相の発言をはじめとして議論の俎上に上っていた知事官選論[21)]の問題と併せて，これを中央集権の強化と解釈し，知事公選制の外堀を埋めようとするものではないかと警戒する声[22)]が上がっていた（杉立 1953：11)。

とりわけ，内政省を設置する理由とされていた開発行政に関しては，中央政府レベルにおける制度や行政体制を整備する必要性が府県側からも指摘されていたが，それは必ずしも地方自治官庁を中心とした省庁の統合と直結していたわけではない。個別省庁と府県が開発行政をめぐって直接結びついていたように，府県にとって開発予算を容易に獲得することができる省庁でなければならなかった。

例えば，茨城県総合開発審議室長であった井上清太郎は，前述の 1952 年前後に政令諮問委員会などで議論された国土省設置案について，当時，建設，運輸，農林，厚生各省と公益事業委員会において分割施行されている国の「建設行政部門を一省に統合して各省バラバラの行政による矛盾重複を是正し，これにより少なくとも公共事業その他の建設事業費の 20％乃至 30％に達する投資効果の上昇を期待しようとする構想が，一部にあったように漏れ聞いている。これが即ち国土省を新設せんとするゆえんであって，その意図するところは誠に筋が通っていると想われるのである」と述べている（井上 1952：12)。

すなわち，府県側にとってみれば，府県制度が維持され，府県を通じた開発行政が行われさえすれば，地方自治官庁が開発行政の中心に入ってくる必要はなかった。地方自治官庁が主導する総合開発官庁の設置は，「資源の開発・国土の保全等の広域行政事務の合理的処理」の必要から同時に府県の廃止・統合まで見通していた点，あるいは府県の廃止・統合に至らずとも，府県の開発行政に対する統制強化の姿勢があったことから考えて，受け入れることはできなかったものと考えられる[23)]。

地方 6 団体からの「支援」は，自治省の昇格時に地方 6 団体の支援を受けつつ根回しをしたことに見られるように，「政府内野党」である地方自治官庁にとって重要であった。例えば，自治省の設置をめぐっては，野党である社会党は，「内務省の復活」には反対であったが，地方自治官庁の充実強化には必ずしも反対ではなかった。このため，自治省設置案に対して社会党の賛成や理解を得るうえで，地方6団体の統一した意思表示が重要であったが，府県からの十分な支持は得られなかったのである（片山 1965ab，柴田 1975：282）。

このように，地方自治官庁は，開発行政に見られた縦割り行政などを問題視し，その解決手段として「内政省」と「地方」の新設による内政の「統合」を図ろうとした。しかし，「戦前の内政体系の復活」に対する世論の反発をはじめ，地方自治官庁による「統合」に向けた動きに対して個別省庁や府県の支持を得られず，いずれも挫折することになった。

第2節　「現状維持・拡充」路線の展開

(1)　「現状維持・拡充」路線

こうした「復活」路線と並行して進められていた「現状維持・拡充」路線の改革は，直接的には，公選知事の「放漫経営」による財政の悪化や人事の停滞といった，実際に運用される中で「機能不全」を起こした戦後地方制度の修正作業として進められてきた。一方で，地方自治官庁における改革の基本方針は，「復活」路線と同様に，個別省庁や府県ごとに多元化する様々な権限や事務を再び「統合」することであった。

本節では，こうした「統合」に向けた改革の中で，なぜ「不確実」である制度が生み出され，「定着」することになったのか，その要因について検討する。ここでは，局部組織制度と同じように地方自治官庁によって制度の改革が進められ，戦後長きにわたって継続してきた一方で，「制度化された慣行であるが，驚くほどインフォーマル」（Samuels 1983：50-55）であると指摘されてきた人事交流制度の形成過程と併せて，制度改革の過程について検討していくことにしたい。

⑵ 人事交流制度の形成

終戦後における人事交流

内務省－府県体制の根幹であった，内務大臣が持つ地方官の人事権は，地方自治法の施行に伴う府県の自治体化とともに消滅した（市川 1991：113-115)。同法成立後は，府県に所属する職員の人事権は，知事に属するものとされ，地方官人事のような内務省による全国的な人事異動は制度上なくなった（稲継 2000)。

しかし，前章で触れたように，府県に残存した旧内務官吏の処遇や府県幹部人事の停滞が問題となる中で，府県外からの人材の確保は，府県行政において重要な問題としてとらえられており，それは国との間においても同様であった。例えば，小作官や農業技師，土木技師などの農林省や内務省の土木関係の技官人事は，引き続き本省による全国的な人事が行われており，府県庁の農業や土木関係の課長には各省や他府県での勤務を経験していた者が少なくなかった。

また，こうした技術系の職員は，産業政策や開発政策などにおいて重要な知識や能力を持っていることから，公選知事は特に重視していた。島根県の水産商工部次長であった重田芳二は，まき網問題など戦後初期の島根県で重要な問題であった水産行政に当たらせるために，当時の恒松安夫知事が水産庁に派遣を懇望し迎え入れられたという[24)]。また，農林省や京都，福岡，香川の各県の小作官を務めたのちに宮城県に赴任し，農地部長と経済部長を経て総務部長に就任した山尾三千雄などのように，彼らの中には自身の関係分野以外の重職に就く場合もあった[25)]。

一方，こうした国との人事交流は，「人治型集権制」を基盤としていた内務省やその後継官庁である地方自治官庁も，極めて重要な問題と考えていた。旧内務省による地方官人事はなくなったものの，地方自治官庁は府県からの要請に応じて旧内務官僚や地方自治官庁の関係職員を府県に派遣していた。このほかにも，旧内務省地方局から分離した地方自治庁，地方財政委員会，全国選挙管理委員会の3機関[26)]は，1948年ごろから共同で職員の採用試験を行い，これらのほとんどを「見習」として府県に派遣していた。

「統合」型の制度作りをめぐる対立

このように，国と府県との間の人事交流は，戦後においても規模を縮小しつつ続けられていた。しかし，国と地方で公務員制度が別々になったことなどに伴って，交流対象者の確保や，恩給（退職年金）や退職手当の算定基準となる在職年限が通算されないなど，交流をめぐっては様々な問題が発生していた。国・府県双方から，これらの問題を解決すべく制度の整備が進められ，1950年代中頃までに恩給と退職手当の通算措置は実現した（稲垣 2004）。これに対して，交流対象者の斡旋や配置など，交流人事を具体的に決定する仕組みをめぐっては，国と府県の間で意見が分かれていた。府県側は，国と対等な立場で，各府県の事情に応じた交流が自由にできる仕組みを作ろうとする一方で，地方自治官庁は，自身を中心とした国・府県間人事の再「統合」を目指していた。

前述のように，公選知事も国との間で人事交流を進めていたものの，知事の個人的な人脈などによる部分も多く，すべての府県が自身の望む適切な人材を確保することができていたわけではない。このため全国知事会は，1951年5月の全国知事会議において新たに「人事交流連絡協議会」を設立し，同協議会を通じた人事交流の斡旋制度を提案している。この「人事交流連絡協議会」では，個別省庁，地方自治庁，全国知事会事務局が参加し，交流人事について対等な立場で協議することが予定されていた。

一方，地方自治官庁は，翌1952年2月に「昭和二十七年度定期人事交流斡旋要領」を府県側に提示している。これは，各府県が転出希望者調書および後任者採用希望調書を地方自治庁次長宛に提出し，地方自治庁次長がこの調書に基づいて各省庁からの候補者を決定し，府県に斡旋するというものであった[27]。当時自治庁官房調査課長であった松村清之は「地方団体との間に人事を交流する各省庁の協力体制をつくりあげなければならない。各省庁は，地方団体からの受け入れ，地方団体え《ママ》の送り出しについて自治庁に申し出て自治庁はこれに基づいてその実現を図るという方式を確立しなければならない」と述べている（松村 1954：311-321）。このように，地方自治官庁の考える「人事交流」とは，自身が個別省庁と府県の間に立って交流人事を統制することによって，地方自治官庁の下に人事を「統合」しようとするものであった。

しかし，地方自治官庁が人事交流を統制することに対しては，府県からの反発にあう。例えば山形県は「人事の刷新，一般行政職員の練磨の機会賦与」という点では，人事交流の必要性を認めながらも，「唯，昔の内務省人事に見る様な人事の一元的中央統制によって中央官庁が一方的に地方に君臨する形は困る」として，地方自治官庁の想定する人事交流制度に反対している[28]。全国知事会も，交流制度の緊要性を認識しながらも「地方公共団体の代表者である首長の意に反してまでも，これを強制することは人事面から中央統制を強化することとなるから，これはあくまでも地方の自主性においてなされねばならない」として斡旋制度の実現は見合わせることを明らかにし議論は沈静化した[29]。

斡旋制度は実現しなかったものの，地方自治官庁は人事の「統合」に向けた制度の構築を断念したわけではなかった。地方自治官庁は，試験制度の改革を通じて，府県への国からの派遣人事を「統合」することを考えていた。具体的には，公務員の任用試験を国と地方で統一し，このうち府県上級職の合格者の人事を，地方自治官庁（自治庁）で一元的に行うというものであった。この仕組みは，1954 年に設置された公務員制度調査会に小委員会案として提出されたが，府県側が強く反発した。

同調査会の公聴会に全国知事会代表として出席した大沢雄一埼玉県知事は「国の公務員の場合，管理職群に属する官職への任用は中央人事行政機関の試験その他の選考を経て研修機関に入所せしめ，一定期間の研修を経て試験に合格したものを主流とする構想のようであり，地方公務員についても共通のものとしてこの制度が導入されることが予想されますが，この方法は，公務員に差別意識が生じ，人事行政上好ましくない結果となるので，賛成し難いのでありまして各都道府県で公正なる選考委員会を設けて，その選考に合格した者の中から任命権者が採用することに定められたいのであります」と発言し，小委員会案に強く反対した[30]。また，東京都も知事名で「試験制度は，中央，地方を通じて統一的な制度が予想されているが，これは，地方の自主性に適しないので，賛成しがたい。中央，地方を通じて人事交流を考える場合は，中央及び地方の選考委員会に合格したものから任用するよう措置すること。任命権の帰属は現行通りとする」として，試験制度や職員の任用の統一に強い反対の意向を表明している[31]。

さらに全国知事会は，各府県の意見を加えて知事会意見案を取りまとめ，公務員制度調査会に提出した[32]。意見案では「改革の目途として留意すべき」点として「地方自治体の自主性とその多様性を考慮した諸制度の確立を目途とすべきである」と指摘した。結局公務員制度調査会の答申では，「府県の自主性を尊重すべきであるが」と前置きしつつ試験制度の共通化が盛り込まれたが実現しなかった。

こうして国と府県との人事交流は，恩給や退職手当の支給に必要な年限の通算など，交流自体を行ううえで必要な制度の改正は実現したものの，戦前のように地方自治官庁が各省庁と府県との間に立って，人事を「統合」する仕組みを再構築する試みは失敗したのである。

(3)　局部組織制度の改革

改革の「課題」

逆コース期における局部組織制度の改革過程において，地方自治官庁が直接的に改革すべきと認識していた問題として，以下の２つを挙げることができる。

第１に，地方自治法に規定された局部組織制度が，実際の府県行政の実態と適合しなくなっていたことである。1950 年代初頭から中頃にかけて，終戦以来の復興開発や相次いで襲った天災への対応などから，地方自治体の財政は全国的にひっ迫していた。1954 年には京都府と佐賀県で給料の遅配を招くなど 34 府県で赤字を生じており，1955 年度は「地方財政どん底の時期」といわれるほど深刻な状況であった。こうした地方財政の悪化を受けて，19 府県が同年 12 月に成立した地方財政再建法の適用を受けている。

このように財政の悪化が進む一方で，全府県が地方自治法の規定通り７部を設置し，さらに法律に定められた任意設置部を設置していた。こうした状況に対して地方自治官庁は，人口面で格差のある府県がすべて同じ数の組織を持つべきではなく，本来規定よりも少数でよいはずの中小府県における局部数が，法律が7部となっていることに合わせて高止まりしていると考えるようになった。

こうした組織数の「高止まり」問題に加えて，局部組織制度が本来想定していなかった組織が設置されるようになったことが指摘できよう。前章において述べてきたように，当時の地方自治法では，必置部と任意設置部以外の組織を知事の直近下位に設置してはならないと明確に規制していたわけではなかった。これまで述べてきた企画担当部局は，多くの府県で知事の直近下位に位置し，実質的に「部」相当の組織でありながら「部」としないことで，こうした地方自治法の規定をかいくぐる形で設置されてきた。

いわば脱法的に設置はしたものの，府県も庁内における企画担当部局の位置づけに関して問題を抱えていた。前章において触れたように，企画担当部局は条例によって設置されていなかったことから，組織の存在自体に対して議会から批判された。また企画担当部局の所管した開発行政をめぐっては，土木や農政などの関係部局との所管争いや，調整をめぐる紛争や対立が絶えなかった。このため，一部の府県は，府県庁内における位置づけを明確にするために，企画担当部局を地方自治法に定めるよう求めていた[33)]。

一方で，地方自治官庁にとってみれば，府県が企画担当部局を設置するようになったことは，単に脱法的に設置されることで組織数の増加をもたらしたという点以上に問題であった。述べてきたように，地方自治官庁が「簡単に首を切れない」公選知事が府県行政における「司令塔」として設置したものであり，府県選出の国会議員などとの交渉を担うなど政治的な性格も併せ持っていた。また，開発行政を通じて，開発関係の個別省庁と企画担当部局が直接つながりを持つことも少なくなかった。逆に言えば，「復活」路線の形成過程において地方自治官庁が描いていたような，地方自治官庁を中心とした「統合」型の内政体系を構築するうえでは都合の悪い組織であった。このため，府県からの要望であったとしても，現状の企画担当部局をそのまま法律に規定すれば，開発関係の個別省庁との結びつきを地方自治法で認めてしまうことになる。すなわち，地方自治官庁を迂回した開発行政体制を，地方自治官庁が地方自治法を改正することで制度化してしまうという可能性があった。

第２に，局部組織に対する個別省庁からの「容喙」の問題である。当時，個別省庁は府県とのつながりが大きくなるにつれ，局部組織制度に介入するようになった。こうした「容喙」には，大きく分けて２つのパターンがあった。

１つは，地方自治官庁に対して局部組織制度の改正を求める動きである。地方自治法の制定過程と同様に，個別省庁は地方自治法の規定に対して，関係する組織を増設することができるよう制度改正を求めていた。例えば，1948年７月に，道府県が任意に設置できる部として建築部が規定された（都は建築局）直接の要因は，1948年３月に，日本建築学会会長岸田日出刀名で出された陳情[34]であった。戦災によって焼失した住宅の整備をはじめとした建築行政を推進するために建築部を設置することは，地方自治法の施行当初の段階では愛知県などをはじめ，いくつかの府県で見られた。しかし，地方自治法第１次改正によって，道府県が設置できる局部が，必置部・任意設置部ともに法定化されたことによって，建築部は設けられないことになった[35]。この陳情に当時の建設院がどのようにかかわっていたかは管見の限り明らかではないが，当時日本建築学会が，建設省の設置を求める建議書を提出していた[36]ことなどから見て，この陳情は建設院の意向に沿うものであったと考えられよう。

この陳情の結果，府県建築部の設置に関する規定を地方自治法上に設けることについて，国会での審議が始められたものの，当時，地方における建築行政を所管していた地方建設出張所の統廃合問題の帰趨が確定していなかったため，審議はいったん中断した[37]。その後，地方建設出張所の廃止が決定され，その事務が都道府県に移管されることが決定されると，日本建築協会竹腰健造会長名による同様の陳情書が再び提出され，同年７月４日の衆議院治安および地方制度委員会において，建築部の規定を盛り込んだ法律案が示されている。同案の規定では，東京都に建築局を，そのほかの府県では必要がある場合に建築部が設置できるものとされた。
しかし，こうした府県における専門部局の増設に対しては，結果として府県庁内において，個別部局ごとの「分離」と個別省庁による縦割りの集権化が進んでしまう可能性が危惧されていた。同委員会の審議において門司亮委員は，府県に移管しても出張所の職員が府県に入ることによって，結果として「官僚温存」につながり，国（建設省）による統制が強くなる恐れがあると指摘している[38)]。このため，1952年の改正では建築部の規定の削除と，土木部への統合が予定されていた。しかし，日本建築学会や建築士学会ほか4つの団体から建築部について人口250万以上の府県（8部制）における必置部として存続するよう請願があり，審議の結果衆議院地方行政委員会において，建築部[39)]を道および人口250万以上府県における必置部とする修正案が可決されている[40)]。
また，1949年の参議院農林委員会では，元農林官僚の石川準吉議員から，府県に林務部を設置するよう要請があった。石川によれば，「東北のように非常に林地の多いところにおきましては，どうしても林務部，いわゆる森林関係を専門に扱いますところの林務部の設置が必要」であり，当時「東北各方面からの猛烈な陳情が」きていたという。地方自治法制定当初において林野行政は，経済部において所管されることになっていたが，同法第1次改正によって，特別の必要のある場合に限り農林部または林務部を設けることができることになった。しかし，前述の同改正時に出された通知によって，「農林部を設けたときは，林務部及び商工部は，これを設けることができないこと。又林務部又は商工部を設けるときは，農林部を設けることができない」と，その設置には制約があった（岩切1974a：38)。
このため石川は「地方の特殊性によりましては，更に必要な部を若干置けるような機動性をこの際持たして貰わなければならんと思う」と主張した。これに対して池田宇右衛門農林政務次官は，当時進められていた地方自治法の改正において，林務部の規定は閣議としては決定していないとしつつも，「北海道初め岩手，秋田等十四五縣は，全く林政によつて相当縣の財政並びに地方関係民が安定と申しますか，経営上非常な緩和を得るところがある」とし，「関係の林野局ともよく協議し，大臣にこの趣旨を申上げまして，閣議等の催された節におきましては，以上の林政関係の主要縣には林政部をそのまま存置するように進言いたしたい」と述べている。なお，この林務部の設置をめぐる規定については，後述する1952年の改正によって，農林部の設置が規定されたことから削除された。

もうひとつは，個別省庁が府県による組織編成に直接介入する動きである（自治庁編 1957）。例えば，当時組織の簡素合理化のため衛生部と民生部の統合を模索していた島根県[41]では，厚生省による「介入」があったという。

島根県では，1947年の地方自治法施行時に5部，1950年末には当時の地方自治法の必置部である総務，民生，衛生，土木，経済，農地の6部のほかに，任意部として山林，水産の2部を置き，全部で8部を設置していた。1953年2月には，後述する1952年の地方自治法改正や財政状況の悪化から，衛生部・民生部の統合による衛生民生部の設置などをはじめとした大規模な機構改革を行い，総務，農林，土木，衛生民生，水産商工の5部体制（この他に部に属さない組織として企画室を設置）へと縮小している。

しかし，島根県はこの衛生民生部を1954年に「衛生民生行政の特殊性と他の都道府県との均衡を考慮して」衛生部と民生部に再び分離している（島根県編 1956：1）。この再分離に厚生省が介入したとされ，1956年に再び両部を統合し厚生部を設置した際にも，厚生省主催の衛生部長会議に厚生部長が出席すると，島根県は「衛生部長欠員中」として扱われたという[42]。

こうした個別省庁による府県機構改革への「容喙」の影響について自治庁の小林與三次行政部長は，「県として〔機構改革を〕やろうといたしましても，いろいろ中央各省の関係があったりなどいたしまして，実情はなかなかできがたい事情もあるのであります」[43]と述べている。また，太田正孝自治庁長官も，「各省側からむしろふやせとかいうような言葉も承わっておりまして，非常に苦々しいことだと思っております」[44]と述べ，府県の「自主的」な改革が個別省庁の「容喙」によって制約されている現状を訴えた。

このように，府県の局部組織制度をめぐっては，府県・個別省庁の両方向から問題が発生するようになった。これに対して地方自治官庁は，府県による「自主的」な組織編成への「統制」が可能な制度を，個別省庁に対しては地方自治官庁が所管する局部組織制度と府県によるその運用への「容喙」を抑制する制度の検討を進めた。しかし，府県，個別省庁，地方自治官庁，それぞれの思惑が絡み合う中で，地方自治官庁による局部組織制度の見直しは様々な問題に直面することになった。

見直しの着手と1952年の改正

1951年5月のリッジウェイ声明を受けて，第3次吉田内閣において非公式に設置された政令諮問委員会は，約2カ月に及ぶ審議の末，国・地方を通じた行政機構・行政事務の簡素合理化を基本方針とする「行政制度の改革に関する答申」を同年8月に政府に提出した。同答申では，府県の内部部局について，総務，経済，土木，労働，厚生の5部制を原則として，外局として教育委員会を置くことが示された（行政管理庁行政管理二十五年史編集委員会編 1973：12）。

また，同年9月26日に地方行政調査委員会議（神戸委員会）が出した「行政事務再配分に関する第二次勧告」では，府県においては，総務部，社会部，経済部，土木部を標準として法定し，6部以内において「自主的」に組織を定めることができるようにすることとされた。これに加えて，知事の事務部局以外の事務部局の部制は，原則として廃止し，その機構を縮小することとした（地方行政調査委員会議編 1952：36-37）。

さらに，1952年2月には，これらの意見をもとに「地方行政の簡素化に関する件」についての閣議了解があり，「地方議会の議員の定数及び都道府県の局部は，簡素化の趣旨に従い，その標準を法定し，条例でその特例を定めることができるものとすること」とされた。また，府県における局部組織の簡素化は，後述する1956年の地方自治法改正の基礎となった第1次地方制度調査会の答申[45]でも指摘されていた。このように，それまで国から独立した地方公共団体でありながら国の事務も執行する機関であるということに加えて，地方財政の悪化を背景に府県組織の「簡素合理化」が，府県の局部組織編成を法律で規定する理由として，新たに加わることになった。

行政組織の簡素合理化が，地方自治官庁以外の機関から指摘されたことは，地方自治官庁にとって好都合であった。本章冒頭の岸の論考にみられるように，それまで「まかりならぬ」とされていた制度改革に着手することが正当化されたからである。また，府県も組織の「簡素合理化」の手段として局部組織制度が改革されることを期待していた。当時，府県は財政悪化に伴って局部組織の統廃合を進めていたが，前述のように個別省庁が直接・間接に反対することによってなかなか進まなかった。府県は，このように国レベルにおいて府県行政の「簡素合理化」の必要性が認められることによって，こうした個別省庁による反対が抑制され，「簡素合理化」が進むことを期待していたのである。こうした状況の中，1952年の地方自治法改正の作業は進められた。

この1952年の地方自治法改正の大きな特徴のひとつは，府県の「状況に応じた」組織編成を法律によって定めた点である。この改正では，人数段階別に府県を3つに分け，それぞれの局部の名称や分掌事務，局部数を示し，これらを「標準」（標準局部例）とした。この「標準」が規定された理由は，神戸委員会が示したように，国から独立した地方公共団体である府県の組織編成における自主性を尊重しなければならなかったためである。ただし，府県の「自主性」は必ずしも強まったわけではない。改正案では，府県の持つ組織編成権の統制につながる規定が盛り込まれていた。そうした規定として，以下の3点が挙げられよう。

第1に，総務部の分掌事務の規定を修正したことである。今回の改正では，総務部の分掌する事務として「統計，広報，条例の立案その他他部の主管に属しない事項」が規定された。これらの事務は，いずれもこの改正で付け加えられたものであったが，それまで多くの府県において，企画担当部局で所管されていた事務でもあった。例えば，統計事務は企画担当部局において，開発行政や計画行政とともに所管されることが多かった。

また，広報事務は，開発行政のPR機関としても機能していたことから，多くの府県で企画担当部局あるいは知事直近下位の課（あるいは室）として設置されてきた。例えば，1940年代の終わりから1950年代の初めにかけては，公選知事がそれまで行ってきた開発行政をはじめとする様々な政策や事

資料 2−1　地方自治法第158条（1952年改正時）

第百五十八条　都道府県の知事の権限に属する事務を分掌させるため，都道府県に条例で左の局部を置くものとする。
第一　都　<略>
第二　道　<略>
第三　人口二百五十万以上の府県
一　総務部
（一）職員の進退及び身分に関する事項
（二）議会及び府県の行政一般に関する事項
（三）府県の歳入歳出予算，税その他の財務に関する事項
（四）市町村その他公共団体の行政一般に関する事項
（五）統計，広報，条例の立案その他他部の主管に属しない事項
二　民生部
（一）社会福祉に関する事項
（二）社会保障に関する事項
三　衛生部
（一）保健衛生に関する事項
（二）保健所に関する事項
四　商工部
（一）商業及び工業に関する事項
（二）物資（農業水産物資を除く）の配給及び物価の統制に関する事項
（三）計量及び高圧ガス等の取締に関する事項
五　農林部
（一）農業，林業及び水産業に関する事項
（二）農地関係の調整に関する事項
（三）開拓及び入植に関する事項
（四）農林水産物資の配給に関する事項
六　労働部
（一）労働に関する事項
七　土木部
（一）道路及び河川に関する事項
（二）都市計画に関する事項
（三）港湾その他土木に関する事項
八　建築部
（一）住宅及び建築に関する事項
第四　人口百万以上二百五十万以下の府県
一　総務部
（第三の府県に同じ）
二　民生労働部
（一）社会福祉に関する事項
（二）社会保障に関する事項
（三）労働に関する事項
三　衛生部
（第三の府県に同じ）
四　商工部
（第三の府県に同じ）
五　農林部
（第三の府県に同じ）
六　土木部
（一）道路及び河川に関する事項
（二）都市計画に関する事項
（三）住宅及び建築に関する事項
（四）港湾その他土木に関する事項

第五　人口百万未満の府県
一　総務部
（第三，第四の府県に同じ）
二　厚生労働部
（一）社会福祉に関する事項
（二）社会保障に関する事項
（三）保健衛生に関する事項
（四）保健所に関する事項
（五）労働に関する事項
三　経済部
（一）農業，工業，商業，林業及び水産業に関する事項
（二）農地関係の調整に関する事項）
（三）開拓及び入植に関する事項
（四）物資の配給及び物価の統制に関する事項
（五）計量及び高圧ガス等の取締に関する事項
四　土木部
（第四の府県に同じ）

第二項　都道府県知事は，必要であると認めるときは，前項の規定にかかわらず，条例で，局部の名称若しくはその分掌する事務を変更し，又は局部の数を増減することができる。この場合においては，第二条第十項の規定の趣旨に適合し，且つ，国の行政組織及び他の都道府県の局部の組織との間に権衡を失しないように定めなければならない。
第三項　前項の規定により局部の名称若しくはその分掌する事務を変更し，又は局部の数を増減したときは，都道府県知事は，遅滞なく内閣総理大臣に届出なければならない。

出典）尾兼（1981a）110-133頁。

業をまとめた冊子やパンフレットが，企画担当部局によって作成されている（広島県企画室編 1950，大分県総務部企画調査課編 1951）。

このように，当時の府県における広報事務は，いわば「知事の広報」として機能しており政治的な側面が強く，地方自治官庁は，こうした側面を問題として認識していた。1952年の改正についての逐条解説では，158条の事務分掌の規定について「法定されている局部のそれぞれについて説明することは避けるが」としつつも，地方公共団体による広報活動が重要な理由として「政治に対する住民の正しい認識を養成し，正しい輿論にもとづいて政治を行ってゆくことをその要諦とする民主主義政治にとっては，住民に政府や地方公共団体の施策や法令等の内容を周知徹底せしめることは不可欠の要件」であるとしている（長野 1952b：102-103）。

さらに，条例の立案を総務部の所管とすることで，府県における政策決定を「最終的に確定させる」部局としての総務部の立場を明確化した。同解説では，「地方自治の強化とともに，地方公共団体の自主法たる条例の占める

重要性のますます増大するに伴って当然のこと」であるとしつつ，「ここにいう条例の立案は，単に総務局又は総務部の所掌に属する条例の立案のみならず，それ以外の局部の所掌に属する条例の立案もいうのである」とわざわざ断ったうえで，「従って，都道府県のすべての条例案を立法技術的或は行政目的的な見地から審査して，これを最終的に確定させるのは，総務局又は総務部の分掌事務であるということになる」とした。

このように，総務部の事務分掌の規定を修正することで，企画担当部局において所管してきた事務を総務部の事務とし，政策決定における総務部の役割を明確化したのである。

第２に，国や他府県との「権衡」が明文化されたことである。このことは，これまでも想定問答集などで条項の設置趣旨として述べられてはいたが，これを明文化することによって，府県の国の機関としての性格を組織編成により反映させようとした。自治庁の小林行政部長は「府県の局部というものは，単に府県の局部という性格の一面に，更に国の国政事務についてのいろいろな執行をやるという一面がございますので，国の行政組織との関連，或いは他の都道府県との組織との間の権衡というものを失しないように定めなければならない」と説明している（尾兼 1981a：66）。また，逐条解説では，こうした「国や他の都道府県との権衡」とは，「例えば，農林省の所掌事務となっている事務は，おおむね都道府県においても農林部又は経済部の所管とし，その局部の名称もその所掌事務を総括したものであると同時に国の各省の名称とも関連のあるものを択ぶべきであり，また，都道府県相互間においても，その局部の名称，所掌事務をなるべく統一あるようにすべきことをいう」とした（長野 1952b：103-104）。

第３に協議制の導入が予定されていたことである。1952 年改正の当初案では，局部を増やす場合，府県が事前に内閣総理大臣と協議することを規定していた。その理由として，上述の「権衡」規定と同様に，府県が国政事務を所管していることから「関係の所管の各省におきましては自己の所管をするその責任に終局的には属しまするところの各種の専門の行政が，都道府県知事によつて如何ように処理されるか，如何なる部局において処理されるかということについては，非常に深い関心を持つておる」[46]ことに加え，「行政の簡素化」から「何ら積極的な理由のない局部の変更，増減を防止しようとするものである」ことが挙げられている（長野 1952b：103）。また，「これによりまして成るべく局部の数の増加というものについては慎重な手続きをとるということになっておるわけであります」[47]とした（尾兼 1981a：66）。

これらの改革のうち，総務部の事務分掌の修正と「権衡」規定について特に反対意見は見られなかったものの，協議制について，府県による自主的な組織編成権を制約するものであるとの批判があった。参議院地方行政委員会において質問に立った高橋進太郎委員（自由党）は，「総理大臣がその部局の設置に対してまで認可をするというようなことは，或る意味から言えば自治体のそういう自主性を侵害するものじやないか」[48]と批判した。また，衆議院地方行政委員会では，元内務官僚（徳島県知事）の床次徳二委員（改進党）から「同じ協議を必要とする場合でありましても，協議の内容が非常に積極的な制限になつている場合と，単なる事務の便宜のための協議というのと，かなり強さにおいて差があると思います。廃置分合の場合におきましては，もつぱら事務的な便宜のために協議をするというふうな御説明であつたのでありますが，部局の場合になりますると，これが相当大きな制限になるんじやないかという気もするのであります。その点は，むしろ運用の仕方いかんによりましては，協議ということが非常に大きな制限になることをおそれておるのでありますが，むしろかかるものは削除してもいいんじやないか」[49]と指摘した。

このように，同委員会の審議では地方自治官庁との協議が，実質的に府県の組織編成権に対する規制となる可能性が指摘されたことから届出制に修正され，本会議において可決された[50]。

1956 年の改正

第 1 次地方制度調査会は，1953 年 10 月に「地方制度の改革に関する答申」を出し，これを受けて地方自治官庁は，1955 年 6 月に地方自治法改正案を第 22 回国会に提出している。しかし，同改正案では地方議会の簡素化・権限の縮小を盛り込んでいたことから，議長会の強い反対に遭い審議未了廃案となった。地方自治官庁は同案の内容を再度修正したうえで1956年の第24回国会に改めて提出し，6月12日に可決成立した（現代地方自治編集委員会編 1979：243）。

この1956年の改正における大きな変更点は，1952年の改正で実現しなかった，法定の局部数を超えて局部を置く場合の内閣総理大臣との協議が制度化されたことである。また，法律の改正とともに出された通達では，今次の改正地方自治法の施行時点で法定局部の数を超えているものは，施行の日から起算して3カ月以内（同年11月末日）までにその存置について内閣総理大臣と協議を行うものとし，協議が整わない場合は，施行の日から6カ月以内（1957年2月末日）までに局部の数を減少しなければならないとされた。また，法定数を超えた設置は「原則として認めない方針」であるとし，やむをえない「特別の事情」がある場合に限り「一局部に限って協議に応ずる」とした。さらに，改正と同時に出された通達（自甲第66号）においても「局部の数の増加については，行政機構の簡素化及び合理化の趣旨並びに標準局部制の本質にかんがみ，特に慎重な配慮を加えられたいこと」として，たとえ設置が認められた「任意」局部であっても，事実上増部を行

図表 2-1　局部外組織の

	1955年10月15日
岩手	秘書課，人事課，企画課
宮城	秘書課，企画審議室（分課なし）
秋田	知事室（分課なし）
山形	知事室（2課）
茨城	知事室（4課）
栃木	知事秘書室，県民室
群馬	知事公室（4課2室）
埼玉	なし
神奈川	知事公室（4課1室）
新潟	知事室（3課1所）
富山	企画広報課
石川	なし
福井	なし
山梨	知事室（3課1室）
静岡	知事公室（3課）
愛知	知事公室（1課　2長）
三重	企画本部
滋賀	なし
京都	知事公室（3課）
大阪	知事室（4課）
兵庫	秘書課，企画調査課，広報課
和歌山	知事公室（5課）
鳥取	知事公室（3課）
島根	企画室，秘書室
岡山	企画広報室（2課）
広島	秘書課，会計課，用度課
徳島	県民室（3課）
香川	知事公室（3室）
愛媛	なし
福岡	知事室（3局9課）
佐賀	知事室（3課）
長崎	企画室，報道課
熊本	知事室（2課）
大分	知事室（3課）
宮崎	企画調査室（分課なし）
鹿児島	なし

出典）大蔵省印刷局編『職員録』（下巻）各年
注）表にない府県では局部外組織の設置がな

設置状況（1955-1958）

1956年10月15日	1957年10月1日	1958年10月1日
秘書課，人事課，総合開発局	なし	なし
秘書課	秘書課，総合開発室（分課なし）	秘書課，総合開発室（分課なし）
知事室（分課なし）	秘書室	秘書室
企画審議室（分課なし）主幹制	企画審議室（分課なし）	企画審議室（分課有）
秘書広報課，調査企画課	秘書広報課，調査企画課	秘書広報課，工業開発本部事務局，開発課
知事秘書室，県民室	秘書課	秘書課
知事公室（4課2室1事務所）	秘書課	秘書課
なし	秘書課，企画課，監査課	秘書課，企画課，監査課
知事公室（4課1室）	秘書課，人事課	秘書課，人事課
知事室（3課）	なし	なし
企画広報課	なし	なし
なし	企画調査室（課長級）	なし
なし	総合企画室（分課なし），秘書広報課	なし
知事室（3課1室）	知事公室（分課なし）	知事公室（分課なし）
知事公室（3課）	なし	なし
知事公室（1課2長）	行政監察室（分課なし）	なし
知事公室（3課）	秘書課，企画調査課	秘書課，企画調査課，県民室（分課なし）
秘書課	秘書課	秘書課
知事公室（3課）	なし	なし
知事室（4課）	知事室（4課）	知事室（4課2事務所）
秘書課，企画調査課，広報課	秘書課，企画調査課，広報課	秘書課，企画調査課，広報課
なし	秘書課，企画長	秘書課，企画長
知事公室（3課）	秘書課	秘書課
秘書課	秘書課	秘書課
企画広報室（2課）	なし	なし
秘書課，会計課，用度課，国連軍引揚等対策推進本部事務局	秘書課，国連軍引揚等対策推進本部事務局	秘書課，国連軍引揚等対策推進本部事務局，広島港特別整備事業推進本部事務局
県民室（3課）	なし	なし
知事公室（3室）	企画室（分課なし）	企画室（分課なし），職員研修所，秘書課
知事公室（2課）	知事室（分課なし）	知事室（分課なし）
知事室（1局6課）	秘書課	秘書課
なし	なし	なし
秘書課，文書広報課，企画室	秘書課，文書広報課，企画室（分課なし）	秘書課，文書広報課，企画室（1課）
知事室（4課）	企画調整室（5課）	なし
なし	振興課	振興課
企画調査室（分課なし）	企画調査室（分課なし）	企画調査室（分課なし）
企画調査室（分課なし）	企画調査室（分課なし）	企画調査室（分課なし）

版のデータをもとに筆者作成。
かった。

わないよう指導している（自治庁編 1953：183-184）。

地方自治官庁は，1956年の改正において協議制を導入した理由として，地方財政が悪化しつつあるにもかかわらず，局部組織の膨張が続いていることを指摘している。1956年1月の時点で法定局部数を超えて局部を設置している府県は35府県にのぼっており，法定局部との差が最も大きかったのは，4部超過（10部設置）していた宮城県（6部制）であり[51]，山梨県のように人口100万人以下（4部制）にもかかわらず7部設置（1952年までは9部）していた例もあった。

地方自治官庁は，こうした組織の膨張が，府県による自主的な簡素合理化が進められてこなかったことによるものであると指摘している[52]。当時自治庁行政部長であった小林與三次は，1952年の改革で府県の自主性を重視する形で局部組織制度の規定を「標準」としたものの，届出制としたために局部組織の「増減が自由にできる建前になっておりますので，相当数の部がたくさん増えて」いるとし，協議制を導入することで府県局部組織の簡素合理化に地方自治官庁が関与することの必要性を強調した（自治庁編 1957：389）。

また，協議制の導入によって，個別省庁からの「容喙」は遮断されることになった。前述のように，局部組織制度の「根拠」は，府県が国の事務を所管しているためであり，個別省庁が「容喙」することには一定の合理性があった。しかし，地方自治官庁は「組織全般の合理化の見地から組織編成が判断されるべきである」としつつ，国においても行政管理庁が統一的に組織管理を行っていることを引き合いに出し「政府各省の協議を要することとするにおいては，少なくとも現状においては，実際問題としてはいかんながら設置を抑え廃止を促すが如き事態は予想されるどころか，全く収拾のつかない混乱を生ずるのみである」とし，「内閣総理大臣において所掌することが適当」であると主張した（自治庁編 1957：660）。

次に，「脱法」的に設置された組織に対する規制が強化された点も，大きな特徴である。述べてきたように，多くの府県において，企画担当部局をはじめとした，既存の局部組織に属さない知事の直近下位に位置づけられる組織が設置されていた。これらの中には，内部に分課を持つものや，所属長に部長級の職員が配置されるなど，実質的に他の局部組織と同等の組織である場合が少なくなかった。こうした組織について地方自治官庁は，1952年の通達[53)]において各部の分掌に変更をきたすものである場合は，事実上の局部に相当するものとして条例で設置するよう求めていたが，地方自治法上明確には位置づけられていなかった。

これに対して1956年の改正では，前述のように，同条第3項において「局部（室その他これに準ずる組織を含む）」と明記された。また，この改正における想定問答集では，「知事室の如きもので課を下に設けないものでも設けないものでも部に準ずる組織に含まれるか。又局部に属しない課又は室を設けることはできるか」との質問に対し，「室等の下に課を設けるか否かはその室等が局部に準ずるものであるか否かの最も大きな目安で内部に分課組織のあるものは局部に準ずるものと考えてよい」（岩切 1974b：47）とし，内部に分課組織を持つか否かによって判断することを示している。さらに想定問答集では「しかし，逆に分課がなければ部に準じないかといえば必ずしもそうではなく，多数の職員を擁し，その処遇，格，事務処理の実際，内部の組織等が局部に準ずる場合には局部に準ずる組織とみてよいであろう」と述べ，知事部局における法律が規定する局部以外の組織について，実際の組織の状況に応じて規制する意向を示している。

こうして，局部組織制度は2度の改正を通じて，組織の名称や設置数を「標準」としつつも，総務部の事務分掌の修正や「局部に準ずる組織」の追加，「権衡」や協議制などの規定が導入されることになった。

(4)　「現状維持・拡充」路線と「地方自治官庁」の変化

「自己否定官庁」による制度形成

逆コース期の改革では「復活」路線は挫折し，「現状維持・拡充」路線も完全に地方自治官庁の意向が実現したわけではない。改革過程がこのような帰結をたどった要因として，戦後における「地方自治官庁」の構造的な特徴が影響していることが指摘できる。

本節において取りあげた局部組織の編成と人事交流の制度は，いずれも戦前においては，旧内務省に権限がほぼ集中し統合的に制度が運用されてきた。これに対して，戦後の制度は，基本的に自治体である府県が，組織・人事ともにその権限を行使して運用するものとなった。ただし，府県における国政事務の執行という融合的な制度が戦後においても引き続いたことから，個別省庁と地方自治官庁が制度の運用に関係することになった。基本的に，個別省庁は，府県が執行する国政事務を所管する機関として，地方自治官庁は地方制度の所管官庁として，それぞれ関係することになった。

このうち個別省庁による関与は，関係部局の新設や増設に対する圧力となって問題化した。伊藤大一が指摘するように，戦後の地方自治官庁は，こうした個別官庁と府県の関係部局との間で発生する「隠れた階統制」を防止することを目的として設置され，地方自治官庁による局部組織制度の改革や人事交流の斡旋制度も，一面においては同様の目的があった（伊藤 1983：8-13）。

一方で，同じく伊藤によれば，戦後における地方自治官庁の「自治体に対する統制力の源泉」は「中央省庁のうちにあって，地方自治に無頓着な各省庁に対し牽制力を発揮しうるというところにあるが，この牽制力自体は自治省が自治体の主張や立場を有効に代弁しているという了解に基礎づけられている『自己否定官庁』である」（伊藤 1983：8-13）とされる。そうであるとすれば，地方自治官庁の選択する政策，特に個別省庁との間で調整が必要な政策の実現可能性は，自治体からの支持が存在するかどうかによって，大きく左右されることになる。「現状維持・拡充」路線の改革においても，「自治体」である府県が行使する人事権・組織編成権を制約する制度は実現が困難であった。例えば，人事交流の制度形成過程であれば，交流自体には府県も賛成であることから恩給の通算などの制度は実現したものの，地方自治官庁が交流対象者などを具体的に決めてしまうことになる交流斡旋制度や任用制度は実現しなかった。

局部組織制度の改革においても，同様の構図が確認された。改革は，神戸委員会が組織編成における府県の自主性を拡大するよう提起したことによって，地方自治官庁は改革を開始することが可能になった。こうした点において，地方自治官庁と府県の間で改革に対する問題意識は一致していた。また，勧告や府県の要望を盾にすることで，個別省庁による局部組織制度の改革や府県への「容喙」に対して「牽制力」を発揮することができたのである。

しかし，述べてきたように地方自治官庁と府県は全く一致していたわけではない。「復活」路線と同様，地方自治官庁は個別省庁や府県に「分離」した内政の再「統合」という目標を持っており，企画担当部局のように，そうした目標からは都合の悪い組織が設置されている状態は好ましいものではなかった。一方で，府県側は必ずしも地方自治官庁による「統合」に賛成であったわけではない。基本的には，人事と同様，各府県での事情や知事の意向に応じた編成が可能な制度を望んでおり，開発行政において見られたように，地方自治官庁を「迂回」して個別省庁と結びつくことも重要であった。このため，許認可制度のように府県による自由な組織編成権の行使を一方的に規制する制度を，府県側が認めることは困難であった。

また，何らかの形で制約を加えるとしても，それが「国」にとって重要な問題であること，さらに言えば，個別省庁の「主張や立場を有効に代弁しているという了解に基礎づけられている」必要もあった[54)]。局部組織制度の根拠は，個別省庁が所管する国政事務の府県庁内における執行体制の確保ということであり，その点から見て個別省庁の意向に全く反する制度づくりは困難であった。しかし，個別省庁が制度の形成過程に介入し，組織編成過程に「容喙」してくれば，内政の再「統合」という地方自治官庁の目標が達成されなくなる可能性もあった。

こうした状況を踏まえて，地方自治官庁が生み出した制度が「権衡」規定であり，協議制であった。権衡規定によって，個別省庁に配慮しつつ府県に対して国政事務の執行機関としての性格を踏まえた組織を編成するよう促し，協議制によって地方自治官庁が直接組織編成に関与することで，府県が一方的に組織を編成することができない仕組みとした。また，自治庁は総理府の外局であったことから，制度上府県との協議の相手方は「自治庁長官」ではなく「内閣総理大臣」となっていた。すなわち，「已むを得ず」「内閣総理大臣が府県の窓口になりまして，関係の各省との間の調節も図」る「協議という方法」[55)]をとったことで，法制度上は，地方自治官庁が一方的に個別省庁の関係部局の編成に対する関与という構図ではなくなったことも，個別省庁の介入や反発を回避するうえで有効であったと考えられよう。加えて，「標準」にせよ，「権衡」にせよ，「協議」にせよ，その基準や例外などを条文上に明確にしないことで，地方自治官庁が府県の組織編成権を法律上は侵害しない仕組みとしたのである。

地方自治官庁による「統制」とその限界

協議制が導入されたことによって，地方自治官庁は，個別省庁の介入を排除しつつ，府県の組織編成に直接関与することが可能になった。また，協議は局部組織の増設時に行われるが，協議においては「新たに設けようとする局部の所掌事務は，協議の際に明示されなければならない。増置する局部の数のみの協議だからといって単に『一部』を増置したい旨の協議ではない」とされていた（長野 1970：467）。より具体的には，新設しようとする部において所管される予定の事務が，既存の局部でも執行可能であるかどうかといった点を中心として，府県と地方自治官庁との間で交渉が行われる。また，地方自治官庁に協議を申請する際には，府県から増部する部局の事務分掌とともに既存部局との役割分担を記した文書，さらに増部が機能的に見ても正当なものであることを示すため，各種関係データを含めた当該府県の事情や局部設置に関する各府県の動向などを記した理由書が添付される[56)]。すなわち，特定の部を置くことが，府県行政全体から見て適当であるかどうか，という点まで含めて「協議」が行われており，「協議がととのわなかったら，それ以上の部の増置はできない」とされた。

こうした制度改革の結果，府県の局部組織の編成には一定の変化が見られた。「1局部に限って協議に応ずる」と通達した結果，1960年以降府県の局部組織の設置数はほとんどの府県で法定局部数＋1部以下となっている。

また，前述のように，分課の有無など「局部に準ずる組織」の基準を示すと，局部外に設置された直近下位組織の整理も一時的に進んだ。これにより多くの府県の企画担当部局が，「局部に準ずる組織」となったためか，1956年に15府県で設置されていた内部に分課を持つ知事室（知事公室等を含む）

は，翌年には大阪府[57]のみになるなど，著しく減少した。また，知事室以外でも，こうした「局部に準ずる組織」を縮小する動きが見られた。例えば奈良県では，2部3課を擁した総合開発事務局が廃止され，総務部企画室が新に設置された。また，高知県では，企画課，統計調査課，開発課の3課体制であった総務部企画開発室が，課長補佐級の班長を持つ3班によって組織された総務部経済調査室へと縮小されている（高知県開発総室編 1965）。

しかし，その後の局部組織制度の運用状況からすれば，こうした「協議」や「通達」，あるいは法律の注釈書などを通じた地方自治官庁の関与が，一方的な府県の組織編成に対する「統制」であったとは必ずしも言えないように思われる。

例えば，こうした「局部に準ずる組織」の整理縮小には別の要因も考えられる。企画担当部局に関して言えば，1954年から1956年にかけて行われた選挙の結果，知事が交代した20県すべてで1年以内に何らかの企画担当部局の組織再編が行われている。これに対して，知事が再選された23府県では，1年以内に組織再編が行われた府県は10府県にとどまり，変更のなかった府県は13府県に上っている。また，再編が行われた府県においても，多くは室（課長級）から課への横滑りなど組織自体は存続しており，中には新設される場合もあった。多くの府県では，企画担当部局は法律によって規制された「局部に相当する組織」とならないように再編され，姿を変えながらも府県庁内に事実上継続して設置された[58]。また，後述するように，高度成長の訪れとともに地方財政が回復に向かうと，再び企画担当部局は全国的に設置されていった。こうした「局部に準ずる組織」の設置動向からは，地方自治官庁の「統制」の影響が見られるものの，知事の交代や景気の回復など，府県の内生的な要因も影響していることが考えられよう。

このように，局部組織制度は，改革に着手すれば個別省庁や府県からの反発や要求が噴出するため，地方自治官庁は制度を所管するものの改革することは困難であった。その結果，地方自治官庁による府県の組織編成に対する「統制」は，法律による明確な「規制」ではなく「協議」での行政指導に限られるようになった。こうした形での「統制」は，個別省庁の介入を防ぐなど，地方自治官庁が「主導」する部分があったとしても，「局部に準ずる組織」が再び増加したように，それには限界があったのである。

図表 2－2　法定部局数と実際の設置部数の差ごとの府県数（1952-1960）

差	52	53	54	55	56	57	58	59	60
−2	0	0	0	1	1	1	1	0	0
−1	0	1	3	1	5	5	3	3	3
0	1	0	2	7	15	22	23	23	20
1	9	13	12	10	13	16	17	18	21
2	12	18	15	16	6	0	0	0	0
3	15	9	9	7	3	0	0	0	0
4	5	3	3	2	1	0	0	0	0

出典）大蔵省印刷局編『職員録』（下巻）各年版のデータをもとに筆者作成。

図表 2－3　企画担当部局の配置状況（1956-1960）

部局	属性	分課	56	57	58	59	60
知事直属	課		4	6	6	6	5
	局	有	2	0	0	0	0
		無	2	2	2	2	3
	室	有	2	1	1	1	1
		無	4	8	6	8	9
	その他	無	0	0	0	0	1
	知事直属計		14	17	15	17	19
知事室	課		9	1	1	1	1
	局	有	1	0	0	0	0
		無	0	0	0	0	0
	室	無	2	0	0	0	0
	知事室計		12	1	1	1	1
総務部	課		7	13	13	12	14
	室	有	1	1	1	0	0
		無	2	3	4	5	3
	総務部計		10	17	18	17	17
部			0	3	4	5	5
その他の部局			0	0	1	1	1
設置府県数			36	38	39	41	43

出典）図表 2－2 と同じ。
注 1）知事直属・課には和歌山県企画長を含む。
注 2）網掛けした年は地方自治法第 158 条の改正があった年。

図表 2－4　各府県における企画担当部局の設置状況（課レベル以上）（1956-1960）

	1956	1957	1958	1959	1960
青森	総務部調査課	→	総務部開発課	→	→
岩手	総合開発局	→	→	→	→
宮城	総務部企画調整課	総合開発室	→	→	→
秋田				企画室	→
山形	企画審議室	→	→	→	→
福島			商工労働部開発課	→	→
茨城	調査企画課	→	開発課	→	総合開発事務局
栃木					企画調整課
群馬	知事公室審議室	総務部企画文教課	→	→	→
埼玉	総務部企画課	企画課	→	→	→
千葉	総務部企画調査課	→	→	開発部	→
神奈川	知事公室企画審議課	企画渉外部	→	→	→
新潟		総務部開発課	→	→	→
富山	企画広報課	総務部総合開発課	→	総務部総合開発室	→
石川		企画調査室	総務部企画調査室	総務部企画県民課	→
福井		総合企画室	→	→	→
山梨	知事室企画課				
長野	総合開発局	→	→	→	→
岐阜	総務部審議室	→	→	知事公室企画長/総務部審議室	総務部企画課
静岡	知事公室総合開発課	企画調整部	→	→	→
愛知	知事公室企画課	総務部企画課	→	企画課	→
三重	知事公室企画課	企画調査課	→	→	総合開発本部
滋賀					総務部企画課
京都	知事公室企画文書課	企画管理部	→	→	→
大阪	知事室企画課	→	→	→	→
兵庫	企画調査課	→	→	企画部	→
奈良	綜合開発事務局	総務部企画室	→	→	→
和歌山	企画長	→	→	→	→
鳥取	知事公室企画広報課	総務部企画広報課	→	→	→
島根	総務部開発調査課	→	総務部企画調査課	→	総務部企画課
岡山	企画広報室	総務部企画監査課	総務部企画調査課	→	→
広島	総務部企画広報課	→	→	→	→
山口	総務部県政室	総務部企画課	→	→	→
徳島	県民室	総務部県民課	→	→	総務部県民統計課
香川	知事公室企画室	企画室	→	→	→
愛媛	知事公室企画広報課	総務部企画広報課	→	→	→
高知	総務部企画開発室	総務部経済調査室	→	→	開発総室
福岡	知事室企画局	総務部企画室	→	企画室	→
佐賀				総務部企画課	→
長崎	企画室	→	→	→	→
熊本	企画局	企画調整室	企画部	総務部企画室	→
大分	総務部企画調査課	振興課	→	→	→
宮崎	企画調査室	→	→	→	→
鹿児島	企画調査室	→	→	→	→
設置府県数	36	38	39	41	43

出典）大蔵省印刷局編『職員録』（下巻）各年版のデータをもとに筆者作成。
注）室や課名のみが書かれているものは「知事直属」の組織。それ以外は課・室名の上に記された名称の組織内に配置。

図表 2－5　知事の交代と企画担当部局の変動（1954-1956）

知事が交代した県	青森	1956/7/22	57 年に課長の交代。新任の課長はのち 62 ～ 66 年まで企画部長。
	岩手	1955/4/30	56 年に知事直属の企画課を廃止して，知事直属の総合開発局を新設。
	宮城	1956/10/5	57 年に総務部企画調査課を廃止して，知事直属の総合開発室を新設。
	秋田	1955/4/30	55 年に知事室の縮小に伴い開発課を廃止，企画係へ縮小。
	山形	1955/2/20	56 年に知事室企画課を廃止して，知事直属の企画審議室を新設。
	群馬	1956/8/2	57 年に知事公室審議室を廃止して，総務部企画文教課を新設。
	埼玉	1956/7/16	57 年に総務部企画課を，知事直属の企画課に移行。
	新潟	1955/4/30	55 年に知事室企画課を廃止。
	富山	1956/10/1	57 年に知事直属の企画広報課を廃止して，総務部総合開発課を設置。課長も交代。
	石川	1955/2/24	56 年に知事直属の総合開発事務局を廃止。
	福井	1955/4/26	56 年に企画文書課を廃止。
	三重	1955/4/23	56 年に企画本部を廃止。
	滋賀	1954/12/7	55 年に知事直属の総合開発局を廃止。
	兵庫	1954/12/12	55 年に知事公房企画統計課を廃止して，知事直属の企画調査課設置（統計部門は総務部統計課へ）。課長も交代。
	鳥取	1954/12/9	55 年に総務部統計企画課を廃止して，知事公室企画広報課を新設。
	徳島	1955/4/25	55 年に総合開発局を廃止して，県民室開発課を新設。
	高知	1955/12/12	56 年に総務部企画開発室を改組して，総務部経済調査室を新設。室長も交代。
	福岡	1955/4/26	55 年に知事室企画局設置時から務めていた局長を交代。
	大分	1955/4/28	55 年に知事室長・知事室企画調査課長ともに交代。56 年に知事室企画調査課から総務部企画調査課へ移行。
	鹿児島	1955/4/30	56 年に企画室から企画調査室に名称変更し，室長を交代。
知事が再選された府県	福島	1954/1/28	55 年に総合開発調査局を総合開発局に名称変更。
	茨城	1955/4/23	56 年に知事室生活科学課と同総合開発課を統合して，調査企画課（知事直属）を設置。
	栃木	1955/2/7	変更なし。
	千葉	1954/11/25	55 年に総務部企画調査室を総務部企画調査課に変更。
	神奈川	1955/4/23	変更なし。
	山梨	1955/2/17	変更なし。
	長野	1955/4/26	変更なし。
	岐阜	1954/10/20	変更なし。
	静岡	1955/2/5	変更なし。
	愛知	1955/2/15	変更なし。
	京都	1954/4/16	55 年に知事公室企画課を知事公室企画文書課に変更。
	大阪	1955/4/25	変更なし。
	奈良	1955/2/1	変更なし。
	和歌山	1955/4/23	56 年に知事公室廃止に伴い，知事公室企画広報課を企画長（知事直属）に変更。
	島根	1955/4/30	56 年に企画室（知事直属）を廃止して，総務部開発調査課を設置。
	岡山	1955/4/26	変更なし。
	広島	1954/12/7	55 年に企画室（知事直属）を総務部企画広報課に変更。
	香川	1954/9/5	変更なし。
	愛媛	1955/1/30	56 年に総務部企画室を知事公室企画広報課に変更。翌年総務部企画広報課に変更。
	佐賀	1955/4/30	56 年に知事室総務課企画係を総務部庶務課企画係に変更。
	長崎	1955/4/30	変更なし。
	熊本	1955/2/11	56 年に振興局を企画局に再編。
	宮崎	1955/4/23	変更なし。

出典）大蔵省印刷局編『職員録』（下巻）各年版のデータなどをもとに筆者作成。

「地方自治官庁」の変化

「復活」路線改革の挫折や，「現状維持・拡充」路線改革の帰結からは，この時期における地方自治官庁が変化の途上にあったことが示唆されよう。

本章の冒頭に示したように，地方自治官庁の内部において，「復活」路線に必ずしも積極的でない官僚は少なからず存在していた。彼らは，「内政の総轄官庁」としての内務省ではなく，他の省庁の存在を前提とした「地方制度官庁」「地方財政官庁」として自身を認識していたように思われる。当時の地方自治官庁は，地方制度を所管し，自治体の行財政を管理・監督する官庁として，地方自治制度の見直しや修正・交付税制度の導入など地方財政制度の安定的な運営に向けた対応に追われていた。こうした経験は，徐々に当時の地方自治官庁をして，国・地方間の連絡調整官庁，あるいは地方制度の所管官庁[59]として自らを認識させるものであったものと考えられる（柴田1975）。

さらに，地方自治官庁における人事の面からも，こうした変化を見てとることができる。前述した地方自治庁や地方財政委員会などが共同で行っていた職員採用制度は，やがて「地方公務員幹部候補生試験」として制度化された。同試験の合格者は，多くの場合数年間の「下積み」を経た後，各府県の財政課長や地方課長などの「幹部」に就任した（石原 1995：108-114）。また，同試験は，「地方公務員幹部候補生」とされながらも，実際には国家公務員試験の合格者を対象として行われる試験であり，事実上地方自治官庁の採用試験であった。彼らは，地方自治官庁の職員ではなく，地方公務員として各府県庁に採用されるものの，地方自治官庁の「幹部候補生」として認識されていた（小林 1969：64-71，加藤 1981：56-57，石原 1995：106-148）。

こうした「幹部候補生」たちは，ほとんどの場合，地方自治官庁の「所管」する部局である財政課や地方課，総務課といった部署に配属され，あるいは数年の勤務を経たのちに総轄部局の課長に就任している。戦後当初においては，こうしたポストには地元採用の職員をはじめ地方自治官庁関係者以外の職員も少なくなかったが，地方財政の悪化とともにこうした「幹部候補生」たちにとって代わられるようになっていった。

こうした「幹部候補生」たちの配属先の偏りは，地方自治官庁の「地方自治官庁」化を示しているように思われる。図表 2-6 からわかるように，「幹部候補生」たちは，財政課長や地方課長といった総務部内の主要ポスト，いわば地方自治官庁の「所管」ポストに多く配属されていた。このことは，市町村の行財政や府県財政の統制といった「地方自治官庁」としての出向が開始されたことを表しているものと考えられる。また，これらのポストを地方自治官庁の「指定席」とすることによって，人的派遣による府県財政規律の確保という狙いもあったものと考えられる（喜多見 2010）。

一方で，同じ総務部内の重要ポストであっても，人事課長に出向者を受け入れていた府県は，財政課長や地方課長と比べて少ない。前述のように，地方自治官庁による人事交流の斡旋制度に対して府県側の強い反発が見られたことから考えても，人事は公選知事にとって「自前」で人材を賄うべき事務であることが示唆されよう。このことからも，戦後における地方自治官庁の

図表 2－6　府県財政・人事・地方課長に地方自治官庁の出向者を配置した府県の推移

出典）大蔵省印刷局編『職員録』（下巻）各年版のデータに，地方財務協会編『内政関係者名簿』のデータを照合させて筆者が作成した。

「限界」や，府県の自治体への「変化」を見てとることができる。

このように，地方自治官庁の目指した内政の再「統合」は，「復活」路線・「現状維持・拡充」路線の両面から改革を進めながらも，その多くは挫折あるいは部分的な成功に終わることになった。また，改革のみならず「幹部候補生」や出向者などの動向からは，旧内務省時代のように知事や部長が包括的に府県行政に関与しているわけではなく，総務部や地方課や財政課など自治庁の所管分野において限定的に関与していることが明らかになった。こうした改革の帰結や動向は，当時の地方自治官庁が，いわゆる「内務省」とし

図表 2-7　府県地方課長派遣者の内務省・地方自治官庁入省（庁）年次（の変化）

		調査年										
		1949 年	1950 年	1952 年	1953 年	1954 年	1955 年	1956 年	1957 年	1958 年	1959 年	1960 年
年次	16	0	0	0	0	0	0	0	0	0	0	0
	17	2	3	3	3	1	1	0	0	0	0	0
	18	2	0	1	2	2	0	0	0	0	0	0
	19	1	1	0	0	1	0	0	0	0	0	0
	20	3	3	2	1	1	2	3	1	1	0	0
	21	1	0	1	2	2	1	1	2	1	0	1
	22	1	3	2	2	1	1	1	3	3	2	0
	23	0	1	4	4	7	7	5	5	6	7	5
	24	0	0	1	3	5	4	4	3	2	3	3
	25	0	0	0	0	3	6	4	3	3	3	3
	26	0	0	0	0	0	0	1	7	5	2	2
	27	0	0	0	0	0	0	0	1	2	4	7
	28	0	0	0	0	0	0	0	0	0	1	4
	総数	10	11	14	17	23	22	19	25	23	22	25

図表 2-8　府県財政課長派遣者の内務省・地方自治官庁入省（庁）年次（の変化）

		調査年										
		1949 年	1950 年	1952 年	1953 年	1954 年	1955 年	1956 年	1957 年	1958 年	1959 年	1960 年
年次	10	1	1	0	0	0	0	0	0	0	0	0
	16	3	2	1	1	1	0	0	0	0	0	0
	17	1	1	0	0	0	0	0	0	0	0	0
	18	0	2	1	2	1	2	0	0	0	0	0
	19	0	0	2	2	1	1	0	0	0	0	0
	20	0	0	0	0	1	4	5	4	1	0	0
	21	0	1	0	0	1	1	3	3	3	1	1
	22	2	3	3	3	2	2	0	0	2	4	2
	23	0	0	1	1	2	5	6	6	4	6	6
	24	0	1	1	1	1	1	1	3	6	7	6
	25	0	0	0	0	1	2	4	6	3	3	2
	26	0	0	0	0	0	0	1	1	3	0	0
	27	0	0	0	0	0	0	0	0	1	2	6
	28	0	0	0	0	0	0	0	0	0	1	1
	総数	7	11	9	10	11	18	20	23	23	24	24

出典）図表 2-7，2-8 ともに，図表 2-6 と同じ。
注）図表 2-7，2-8 ともに，「年次」は昭和で表記している。

ての性格から，徐々に「地方自治官庁」としてのそれへと変容しつつあることを示しているようにも考えられる。当時における地方自治官庁は「内政総合官庁」として，内政の再「統合」を目指し政策面まで含めて主導しようとする立場と，地方制度・地方財政にのみ関与する限定的な立場との間で揺れ動きながら，徐々に後者の立場へと変わりつつあったのである。

小 括――「統合」の挫折と「不確実」な局部組織制度の形成

以上，本章では，1950年代前半から中頃にかけての，いわゆる「逆コース」期における地方自治官庁による地方制度改革の過程を，内政省の設置・「地方」制といった「戦前の内政体系の復活」路線と，地方自治法による府県への規制や「人事交流」に関する諸制度の形成を通じた「現状維持・拡充」路線とに分けて見てきた。

1950年代における地方自治官庁は，こうした一連の改革を経て新しく「自治省」へと昇格したものの，あくまでも自治制度と地方財政を所管する官庁として位置づけられ，既存の省庁体系の中における役割は，内務省時代に比べ限定的なものとなった。同時に，戦前・戦中・戦後にかけて進展した，個別省庁と府県とが多元的に関係を持つ仕組みは維持されることになった。本章冒頭に岸が示した地方自治官庁による一元的・統合的な仕組みづくりの多くは挫折し，多元的な中央省庁による集権化は進んだのである（市川 1991）。

また，「局部に準じる組織」の設置状況の変化などからすれば，地方自治官庁による「統制」は，府県における内生的な要因とどのように結びつくかによって大きく変化することが考えられる。さらに言えば，府県も「不確実」な法制度のもとで，通達など地方自治官庁による「統制」を踏まえつつ，内生要因に応じて組織の改革・再編を行っていることが示唆されよう。次章以下では，「制度の運用の時期」に入り，法制度としての局部組織制度が「定着」する中で，前述のように「変化」しつつある地方自治官庁がどのように府県による組織編成に関与し，逆に府県はこうした地方自治官庁の動きと内生要因との間でどのように組織を編成してきたのか，検討を進めていくことにしたい。

注

1）当時地方自治庁行政課長補佐，のち大阪府知事。

2）この岸の論考は，「地方自治の再建――その必要」と題されているものの，「指導監督」といった自治体に対する統制を制度化することや，個別行政における集権性の弊害を指摘していること，また何より，自治庁の発足直前に公刊されている点から見て，戦後「地方自治」の「再建」すべき点を「反省すべき点」として洗い出すことによって「地方自治官庁」の「課題」を間接的に示そうとしたものであったと考えられる。

3）この岸の主張は，当時における様々な論考等からみて，旧内務省（地方局）の「嫡流」とされる地方自治官庁内の一般的な認識であったと考えられる 例えば，同じく旧内務官僚・自治官僚であった長野士郎は，当時の地方自治官庁内における戦後府県への対応について以下のように述べている。「内務省解体ということが言われだしてきたとき，僕らの仕事の目的は，主権の確立でした。占領政策だけでは世の中，動かない。内務省を復活させるわけにもいかんけれど，内政というものはきちんと充実させておかないと危ない。それだけは一所懸命やろうと皆で言っていました。だから府県知事に対する国の指導権は確保しておかなければいかん，そういうことはやろうと努力をしましたね」（長野 2004：68）。

4）「自治省の発足と課題」『自治研究』第 36 巻 8 号，1960 年，68-67 頁。

5）同審議会は，日本経済の自立と安定のために，総司令部経済顧問として来日したドッジらが提示した経済安定 9 原則と超均衡予算を実施に移すべく，内閣の諮問機関として 1949 年 1 月に設置された。

6）このほかに，中央政府の行政機構改革として新に国家地方警察や自治体警察，海上保安庁，警察予備隊などを統合した「保安省」案が盛り込まれた。

7）前述の丸山は中央省庁内において「地方側の総合計画を十分に尊重し」たうえで「各省間の連絡調整をなし得るために法律的基礎をもつた機関を設置して中央と地方の計画を総合的に一貫せしめる」ための「行政措置」が必要であるとしている（丸山 1952：13-14）。

8）自治庁内での検討について，鈴木俊一は以下のように語っている（郡ほか 1960）。

「まぁ私共，いろいろ自治庁の事務当局で検討したところでは，やはり国土省的な内政省と言いますか。もっと端的にいえば，英国の住宅及び地方行政省といいますか，あれと同じようなものが何か考えられないだろうか。要するに国土省的なものは考えられないだろうかということで，それが全体のアイディアの基礎になっておったわけでありまして，そういう角度から自治庁と建設省というものを一緒にして，さらに経済企画庁の中にあるところの特定地域総合開発というような，国土総合開発の長期計画に属しない面，具体的な特定の地域開発計画等に属する部分も含めて，そういう意味では国土省的な内政省を作ろうじゃないか，こういうことで，当時建設省は馬場大臣，石場次官でありましたが，この方達といろいろの折衝をいたしまして，石場君も，なかなか技術陣営のほうはかならずしも賛成でないという空気もありましたが，しかし経済企画庁のそういう特定地域開発の仕事を持ってくるならば，これと一緒になってもよろしい。名分もたつ，ということで話をつけたわけであります」。

9）地方自治確立国会議員連盟「地方制度調査会の答申に対する意見」1953年12月，東京市政調査会所蔵。

10）ただし鈴木俊一によれば，当時河野一郎は相当な内務省復活論者であったという（郡ほか 1960：68）。

11）内政省に移管するとされたものは，以下の通りである（佐久間 1956b：82-83）。

1　国土総合開発に関する事務のうち

（一）都府県総合開発計画に関すること

（二）地方総合開発計画に関すること

（三）特定地方総合開発計画に関すること（調査及び実施の調整に関することを除く）

2　国土調査に関すること

3　特殊土壌地帯の災害防除及び振興に関すること

4　離島振興に関すること

なお，この経済企画庁への説得について鈴木俊一は以下のように語っている。

「企画庁は総合的な経済計画との関連があるから，全体計画としての国土総合計画の面はこれを企画庁に残すのは当然だけれども，特定地域開発とか，都道府県の総合開発計画とかいうのは，ちょうど都市計画や地方計画とおなじように内政省に持たせるべきだということで，これもなかなか企画庁は反対したのですが，高碕さんがおさえてくれた。高碕さんは河野さんの筋ですから，企画庁もついに黙っちゃった」（内政史研究会編 1976：15）。

12）鈴木俊一によれば「農林省としては事務的には反対だけれども，閣議に出すことについては反対しない，反対したいけれども，大臣との関係では反対はできないから反対しないということで，閣議に出すことに対しては反対しなかった」という（内政史研究会編 1976：128）。

13）「内政省内部において，現自治庁を中心とする地方自治体監督命令の立場に立つ部局がその中核的地位を占め，現建設省は省内の土木大局的な立場に転落することは明白である」と述べている。『第13回国会衆議院会議録』第38号，1956年4月26日，612頁。

14）『第13回国会衆議院会議録』第38号，1956年4月26日，613頁。

15）『第13回国会衆議院会議録』第38号，1956年4月26日，614頁。

16）後藤田正晴官房長と長野士郎総務課長の間で作成されたという（柴田 1975：281）。

17）市川喜崇は，道州制が設置されても，道州が国の官庁になってしまえば，地方自治の一般的な所管官庁である地方自治官庁が関与できなくなるため，地方自治官庁は「地方」に自治団体としての性格を併せもたせなければならなかったと指摘している。また，市川は同時に，道州制ができても総理府の外局に過ぎない自治庁のみでは総合調整が行いうるだけの力がなかったことは明白であり，この点から内政省の設置問題は当時の道州制問題と密接な関係を有していたと述べている（市川 1993：197-198）。

18）例えば，第4次地方制度調査会の答申では，府県の事務は，「いわゆる国家的性格を有するものがその大半を占め」ており，戦後の公選制・自治体化は「国との協同関係を確保し，全面的に一定の水準の行政を保障するうえに欠ける」とした。そこで「現行府県はこれを廃止し，国と市町村の間には，いわゆるブロック単位に，新たに中間団体及び国の総合地方出先機関を設置し……その一体的総合的運営を確保し，もって，国及び地方を通じる総合的な行政運営の体制を確立することが，行政の効率化の要請とわが国情に即した地方自治の調整の見地により，最も妥当な方法である」としている。

19）当時，地方自治官庁は，荻田保や郡祐一など，たとえ内務省OBであっても，道州制反対論者は委員に任命しないことによって，「地方制」答申決定が可能な委員構成を保持しようとしたという（大杉1991：34-35）。

20）全国市長会は1954年8月に現行の府県制を廃止し，総合開発事業を中心とする広域行政を処理するため，全国を数ブロックにわけて特別地方公共団体を設けることを打ち出している。なお，この特別地方公共団体には，原則として一般課税権も，また市町村行政に対する監督権も認めないとしていた。こうした方針について，1955年6月に全国市長会議において「普通地方公共団体は，基礎的団体である市町村のみとし，現行府県制度はこれを廃止すること」を決議している（現代地方自治全集編集委員会編1977：206, 219）。

21）1954年2月19日には全国知事会が，翌日には全国都道府県議会議長会が知事官選論に対する反対決議を行っている（全国知事会編1957b：95，現代地方自治全集編集委員会編1977：194）。

22）第1次地方制度調査会で参考人として意見を述べた内山岩太郎神奈川県知事は「全体の空気といたしまして，行政部に関する限りにおいては，何かしらそこに国家くさい匂いがしやせんか……元の国家組織的な国家的意識を強く打ち出しまして，即ち中央集権的の匂いが強く出てきやせんか」と述べ，地方自治官庁の提示した内政中央機構の設置案を警戒する姿勢を見せ，最終的に答申では国と地方の「連絡調整」機関とすることで決着を見ている。『地方制度調査会第6回総会速記録』1953年9月18，19日。

23）こうした，開発をめぐる利益の配分に関しては，御厨貴が指摘しているように，国土総合開発法における建設省と，その「応援団」となった地方利益の誘導を進める田中角栄らの衆議院建設委員会の影響が大きかった（御厨1995）。府県側としては，建設省が国土省へと拡大するのであれば，こうした政治ルートによる利益誘導を見込んでいたものと思われる。一方で，府県に対して統制的な姿勢が強く，地方財政の実質的な監督官庁である地方自治官庁を中心とした内政省が設置されれば，こうした政治ルートによる利益誘導が見込めなくなることを想定していたことが可能性として考えられる。

24）「島根県庁の人材一覧」『公務員』1954年2月号，71-77頁。

25）「宮城縣廳の中堅列伝」『公務員』1953年6月号，72-77頁。

26）鈴木俊一によれば，「それで例えば昭和二十三年の〔地方自治官庁の〕人事の採用なんていう場合も，三機関〔総理庁大臣官房自治課，地方財政委員会，全国選挙管理委員会〕が一緒で採用するという，で，まあ大体内務省時代と同じような仕組みで二，三〇人ぐらいの人はその頃も採っていたのですね。それで府県庁へ斡旋をし，一部手元に残しておくというやり方をとっておったのです」という（内政史研究会編1976：173）。

27）「全国知事会事務局長発全国知事宛　世話人知事会議開催状況報告の件」1952年2月14日，大分県公文書館所蔵『全国知事会一件』。

28）山形県「意見書　現行地方制度に関する問題点」1953年4月4日，東京都公文書館所蔵『全国知事会関係資料綴』36-082。

29）「地方公務員制度の改革と事務処理の能率化について」『公務員』1953年6月号，96-98頁。

30)「公務員制度改革要綱案（小委員会案）中の「地方公務員制度」に関する意見」1955年9月12日，東京都公文書館所蔵『全国知事会関係書類綴』36-094-6・7。
31)「公務員制度改革要綱案に対する都知事意見」1955年9月26日，東京都公文書館所蔵『全国知事会関係資料綴』36-095-145・146。
32)「全国知事会事務局長発全国知事・総務部長宛　公務員制度改革要綱案に対する府県意見提出方御依頼の件」1955年8月20日，東京都公文書館所蔵『全国知事会関係資料綴』36-095-140・142。
33) 例えば，西澤（1952），丸山（1952）など。
34) 陳情では，復興に伴う都市の復興や住宅の整備が重要な課題であった当時において，実効ある行政を進めるためには，内務省解体後将来の建設省設置を前提として設置された建設院だけでなく，地方における建設行政機構も整備することによって「陣容を拡大した建築及び住宅行政については速急にこれを整備し，その一元化した強力円滑なる運営をはかる必要がある」との訴えが述べられていた。
35) 同陳情によれば，愛知県以外にも「すでに同様の機運にあつた全國主要都道府縣内の建築及び住宅関係機構整備の当然の要望を阻止する結果となった」という『第2回国会衆議院治安及び地方制度委員会会議録』第15号，1948年3月20日，134頁。
36) 日本建築学会ホームページ参照。http://www.aij.or.jp/jpn/introduction.htm
37)『第2回国会衆議院治安及び地方制度委員会会議録』第33号，1948年6月1日，7頁。
38) これに対して政府側（伊東五郎総理庁事務官，元内務省国土局技師）からは，建築行政についての権限移譲であり，出張所の官吏を知事が採用するかどうかは決まっているわけでなく，府県の自由であるとの答弁があった。これに対して門司は，事務自体を府県に一任するという確約を求めた，これに対して伊東政府委員は，「ただこれは各知事がおやりになるのでございますので，私どもでどういうふうにということを指示する権限もありませんし，そういうことはしないつもりであります」と述べるとともに，あくまでも戦後復興や逼迫する住宅事情から，既存の土木部が膨大なものとなることへの対応であることを強調している。『第2回国会衆議院治安及び地方制度委員会会議録』第52号，1948年7月4日，3-4頁。
39) 例えば，長野士郎は，8部制の道府県において建築部の設置が規定されたことについて「建築部を基準部として認める程であるならば，水産部，林務部との比較検討があって然るべきであったろう」と述べ，こうした制度改正によって「基準局部の修正が大府県以上について行われた結果，250万未満の府県とのひらきが一層大となってきた」と指摘している。
40)『第13回国会衆議院地方行政委員会会議録』第63号，1952年6月6日，11頁。
41) 1956年の地方自治法改正時に，全国知事会代表の参考人として国会で意見を陳述した友末洋治茨城県知事は，「衛生部と民生部とを一緒にいたしまして厚生部というふうな一つの部にしたいということで条例案を作り，県会に提案をいたそうといたしました県があるのでありますが，その際に，特に厚生省方面におきましては猛烈な反対が起って参りまして，知事に直接本省から電話でとりやめるように，また係官を現地に派遣いたしまして，そうしてぜひそういうことはとりやめていただくようにという強硬な交渉があった」と述べている。また友末は，当時このように個別省庁が府県の局部組織に対して「不当，執拗」に干渉することによって組織が「複雑化され，簡素化を阻害されたうらみがある」とし，島根県の知事が「今後本省にいろいろ補助その他の依頼をしなければばならないということにかんがみて，これらに影響があってはというふうなことで，その実現ができ」なかったことや，またこうした事例が「一県にとどまらず他の県にもちょいちょいあった」ことを指摘している。『第24回国会衆議院地方行政委員会会議録』第43号，1956年4月27日，5頁。

42）『朝日新聞』1955年12月14日。

43）『第24回国会衆議院地方行政委員会会議録』第41号，1956年4月25日，16頁。

44）『第24回国会衆議院地方行政委員会会議録』第41号，1956年4月25日，17頁。

45）同答申では，「府県及び市区村の部課は，極力整理縮減するものとし，府県の部は，その規模に応じて6部以内とするものとすること」と述べられている。

46）『第13回国会参議院地方行政委員会会議録』第51号，1952年6月13日，4頁。

47）衆議院地方行政委員会における鈴木俊一政府委員（地方自治庁次長）の発言。『第13回国会参議院地方行政委員会会議録』第36号，1952年5月26日，6頁。

48）『第13回国会参議院地方行政委員会会議録』第51号，1952年6月13日，4-5頁。

49）『第13回国会衆議院地方行政委員会会議録』第54号，1952年5月27日，1頁。

50）この時，協議制に反対した者には，旧内務省や地方自治関係者が少なくなかった。例えば，1952年7月7日の参議院地方行政委員会において，協議制を届出制とする修正案を提案した議員は，自由党堀末治，同じく石村幸作，岩沢忠恭（もと内務省国土局長，初代建設事務次官），高橋進太郎（もと拓務省企画課長，宮城県副知事，のち宮城県知事），宮田重文（のち常陸太田市長），緑風会館哲二（もと内務次官，東京府長官），民主クラブ林屋亀次郎および改進党岩木哲夫（もと文部政務次官）であった。

なお，岩木委員は，提案にあたり，この修正案の要旨として「都道府県の局部の数，名称などは地方の実情に即応し，且つ国の行政組織及び他の都道府県の局部との間に権衡を失しないように定むべきであつて，第百五十八条第二項にこの旨を規定した以上，その数を増加する場合にあらかじめ内閣総理大臣に協議させる必要はないので，局部の増減を届出制に改むることといたしたいわけであります」と述べている。『第13回国会参議院地方行政委員会会議録』第59号，1952年7月7日，22頁。

51）なお，最低は，8部制府県（人口250万人以上）で，6部しか設置していなかった兵庫県である。

52）実際には，府県において組織改革が必ずしも進んでいなかったわけではない。1952年の改正によって人口段階別の局部編成が例示されたことや，年々財政が悪化しつつあったことから，地方自治官庁の関与がなくても，自主的に組織の整理統合を進めていた。特に，1955年の統一地方選では行政改革が争点のひとつとなっていたこともあり，1954年4月から1955年11月までの間に，22の府県で局部組織を含めた組織改革が行われ，3県で課レベル組織の統廃合，7県で組織改革が検討されていた（岡山県議会事務局1955：19-23）。

例えば，戦後における事務の増大やそれに伴う職員の増加などによって1955年には県財政の赤字が約5億円に上り，財政再建が緊急課題であった大分県では，同年行われた知事選挙において，現職・新人の各候補とも「行政改革」を公約に掲げていた。選挙の結果，現職の細田徳寿を破って当選した木下郁知事は，翌1956年2月に大規模な機構改革を進め，従来の2室7部（総務，民生，経済，土木，衛生，農地，労働）44課から，2室6部（総務，厚生，商工労働，農水産，農地林業，土木）36課へと縮小する「県政史上最大の改革」を実施している（大分県総務部総務課編 1991：115）。

53）1952年11月29日自丙行発第50号各都道府県総務部長あて「都道府県局部設置条例の立案について」。1952年12月10日自行行発第158号兵庫県総務部長宛行政課長回答「知事室の設置」。

54）ただし，「国政事務の執行体制の確保」という理由があったとしても，地方自治官庁が局部組織に対する規制を強化することに対して府県側も完全に賛成していたわけではない。例えば，1955年6月7日の「地方自治法の一部を改正する法律案に関する要望」の中で明確に反対している（全国知事会編 1977：9-10）。

55）鈴木俊一政府委員（地方自治庁次長）発言。『第13回国会参議院地方行政委員会会議録』第51号，1952年6月13日，4頁。

56）「企画部設置の理由」（1963），熊本県提供資料。

57）ただし大阪府は，同時に農地部を廃止したため，知事室を局部のひとつと計算すれば全部で9部編成となっており，通達に示された法定局部数（8部）に1部加えた「合法」状況となっている。

58）1956年改正以降，新たに知事直近下位に位置する組織として設置されたものとして最も多かったのは秘書課であったが，これに続いて企画課，企画調整室といった企画担当部局が設置された。この他，図表2-3にあるように，企画担当部局は，知事直近下位組織としてだけでなく，総務部内の一課として設置されたものも多かった。すなわち，府県庁内における一組織としての企画担当部局は，一時的に姿を変えつつも存続したのである。

59）例えば，府県の性格についていえば内務省－府県体制下における国の機関としての府県ではなく，「自治体」としての立場を前提としたうえで国からの統制をどうするか，ということが「現実的」な改革課題として上がってくると考えられよう。なぜならば，府県を国の行政機関として改革すれば，戦前の道州制問題が企画院や内閣強化など，内政における組織再編構想とつながっていたように，地方自治官庁自身の存続問題にも飛び火してしまう可能性があったからである。

第3章　高度成長と組織編成

はじめに

高度成長期に入ると，内政の多元化は一層進展した。中央各省は，一斉に地域開発の構想を発表したほか，府県に委任していた事務を引き上げ，出先機関の強化を進めた。一方で，こうした多元化の動きは，開発の乱発やセクショナリズムによる弊害をもたらす恐れがあることから，これを統合しようとする動きも見られるようになった。例えば，建設省が開発行政に関係する省庁の間で関連する事務を統合した「国土省」を新設する構想を打ち出したほか，第1次臨調では総合開発庁構想が示された。同じく第1次臨調では，地方レベルにおける開発行政を統合するために，「地方開発局」や「地方庁」の設置も構想された。

一方で，こうした動きはいずれも，地方自治官庁を排除した形で進められていたことから，地方自治官庁は再び自身を中心とした「統合」体制の構築を進めるようになった。ただし，内政省構想が挫折したばかりの当時において，前章で述べたような「復活」路線は現実的な選択肢ではなかった（片山1965ab）。このため地方自治官庁は，現行の制度を前提とした「現状維持・拡充」路線を継続しつつ，「統合」を進めようとした。こうした高度成長期における「現状維持・拡充」路線の一環として，局部組織制度を通じた「統合」が地方自治官庁によって進められた。

本章では，このように，局部組織制度を通じて地方自治官庁が「統合」を図ろうとした過程とその帰結について，主に1960年代に進められた府県企画担当部局の部への移行と，公害・環境担当部局の設置の過程を具体的な素材として見ていくことにする。

第1節　高度成長前期における府県「企画」と組織

(1)　府県における企画担当部局の定着

府県における計画行政の定着

国総法による開発行政は十分に進展せず，また同法に定められた府県計画は正式な計画とならなかったものの，府県における計画行政そのものは発達し定着した。こうした計画は，やがて開発だけに止まらない府県行政を包括的に網羅する総合的な計画となり，「長期計画」や「総合開発計画」などの名称で，ほとんどの府県で策定されるようになった。企画担当部局は，こうした計画を策定する部局として，府県庁内で定着していったのである。

このように，府県における計画行政が定着した要因として，以下の3点を挙げることができよう。

第1に，計画を策定するための専門技術を持った人材の育成が進められてきたことである。前述のように，復興開発を通じて企画担当部局が設置され，それに必要な人的資源が府県内外から企画担当部局に移入された。これらの人材が1940年代から1950年代かけて継続的に開発行政や計画行政に携わる中で，さらに新たな専門能力をもった人材の育成が進められていった（金子1957：6-7，山越ほか1957：10-12）。

こうした府県における計画策定能力の充実は，市町村レベルにおける計画行政の進展・定着に貢献することにもなった。当時，府県の中には，総合計画の策定に合わせて，県内の市町村に対して総合計画の策定を指導する動きが見られた。例えば富山県では，1952年に富山県総合開発計画を策定したのを契機として，当時県内の多くの市町村で進められていた新市町村建設計画の策定に併せ，依頼に応じて「総合開発計画試案」を策定するなど，各市町村の計画行政への支援を進めた（竹島1955：22-24）。また，山形県では，山形県総合開発計画の策定後，全市町村に対して，知事室（企画課）が作成した市町村総合開発計画作成様式を参考に市町村総合開発計画を策定するよう勧奨している[1)]。

第2に，総合的な計画を策定すること自体が重要になってきたためである。一般的に（総合）計画とは，政府が持つ行政上の諸目的や諸施策について，それぞれの間の調整を通して，社会の諸価値の間に均衡を確保し，かつ，それによって諸利益の調整を図るものである（中村 1976：61）。しかし，戦後府県においては，必ずしもこうした合理的な資源や価値の配分や調整の手段として計画が用いられてきたわけではない（北山 1955：30-32，金子 1957：6-7，山越 1957：8-9）。

例えば，戦後初期の千葉県における開発行政は農業政策の一環としての色合いが強く，その中心的な関心は，土地改良は漁港の修築など農水産業の生産増強のための諸施設や道路などの整備にあった。特に，県議会の農業関係議員からの圧力が強く，知事は工業開発を重点的に進めようとするものの，こうした事業にも配慮しなければならなかったという。

その後，千葉県では企画調整室が設置され，工業開発を中心とする総合計画を策定するようになったが，国総法に基づく天然資源の開発利用，災害の防除，電力・運輸・通信・観光その他公共施設の拡張など，多種多様な政策に配慮しなければならなかった。このため，総合計画は工業開発に重点化することができず，総花的なものにならざるをえなかった。

また，総合計画の総花化は，開発資金をめぐる中央省庁との関係構造の影響も大きく受けていた。前述の下河辺淳は，当時における府県の計画行政について以下のように語っている。

> 「それではできた計画（府県計画）が直接的に行政に影響したかというと，本当はあんまりそんな影響はなかったのではないか，むしろ，各県の縦割り部をつなぐために必要と考えている知事が多かったのではないでしょうか。それでたまたま陳情の時にそれをもっていけば，全体との関係もわかるというふうな利用の仕方を知事はしていたのではないでしょうか」（下河辺 1994：53）。

例えば，香川県では，1955年に香川県総合開発計画を策定した際[2)]，当初，財政規模にある程度見合った計画の策定を進めたものの，計画通りに政策を進めれば結果的に年4億円もの赤字を出すことになってしまったという。この赤字額の問題について，同県の計画策定を指導した山越道三は，「本県などは特に中央の財政に非常に頼っておるわけで，中央の予算がきまらないと県の予算もきまらないこと」や，「中央では長期に亘る財政計画は立てませんから，従って地方で本当の意味の財政計画が出来る筈はない」ことから「〔総合開発計画における〕財政計画というのは，先ず各計画を財政資金に反映させて，その結果，歳入の確保について，県はどういう措置をすべきか，特に中央政府に対してどういう要望を持つのが合理的であるかということ，それから歳出面でなお調整なり合理化する面があるのならば，どの程度までその努力を為すべきかということ，即ち将来の努力目標の基準になる財政の目安の計画たる性質を持つ計画と見るべき」であるとして，この赤字額をあえてそのままにしておいた[3)]という（山越ほか 1957：10）。

さらに山越は「この総合開発計画に伴う県の財政規模がかりにきちんと出せても，そういうきっちりしたものを出すと，今までの中央政府の財政の査定などの習慣から見て，往々にして損する事がある」と述べている。これらの指摘は，総合開発計画の策定段階においては，すでに財政との均衡は考慮されておらず，中央政府から資金を調達する戦略の中に総合計画が位置づけられていたことを裏づけるものであるといえよう。

こうした，総合計画と中央政府との関係について西尾勝は，1950年代後半から1960年代にかけて多くの府県で策定された，いわゆる「県勢振興計画」と呼ばれた府県長期計画について，「県政の行政目標を総合的に整序し，全事業間の重要度を評定し『順位付け』を行っているわけでは」なく，「ただ県政の全部門についてその『行政の必要量』の総店卸しをしているからであり，府県財政の現実的な可能性との照合は十分になされていない」ものであったと指摘している（西尾 1990：238-239）。さらに，こうした「総合的な計画」に基づいて中央省庁別の事業の組み合わせ方を考え，それを実現するために県庁内各部と中央省庁に掛け合うことが，企画担当部局の任務であったとする。

このように，開発行政から発展した府県総合計画は，政策を推進するため

図表 3－1　1950年代後半から1960年代前半にかけての府県長期計画の動向

青森			青森県長期経済計画基本計画（62）
岩手			岩手県総合開発計画（63）
宮城		宮城県経済長期計画（60）	
秋田	秋田県総合振興5ヵ年計画（56）	秋田県総合振興4ヵ年計画（60）	秋田県総合開発計画（63）
山形	経済振興計画（56）	第3次山形県総合開発基本計画（58）	山形県長期経済計画（61） 第4次山形県総合開発計画（62）
福島	福島県総合開発計画（59）		
茨城	茨城県総合開発の構想（59）	茨城県総合振興計画（大綱）（61）	
栃木			県勢振興長期計画（62）
群馬	群馬県振興5ヵ年計画（55）	群馬県振興計画（60）	群馬県経済総合計画（63）
埼玉			埼玉県総合振興計画（63）
千葉	千葉県産業振興3ヵ年計画（56）	千葉県長期計画（62）	千葉県総合開発基本構想（62） 千葉県総合5ヵ年計画（64）
神奈川	神奈川県総合開発計画（55）	土地及び水資源に関する総合計画（59）	
新潟			新潟県総合開発計画（63）
富山			
石川			
福井	福井県経済振興5ヵ年計画（56）	福井県総合開発計画（61）	福井県総合開発計画（改定）（64）
山梨		山梨県産業振興基本計画（61）	県勢振興基本計画（64）
長野			長期経済計画（62）
岐阜		岐阜県産業開発10年計画（61）	
静岡	第5次静岡県総合開発主要事業計画（57）	第6次静岡県総合開発計画（61）	
愛知	愛知県地方計画（58）		愛知県新地方計画（62）
三重		三重県長期経済計画（61）	
滋賀		県勢振興の構想（60）	滋賀県総合開発計画（64）
京都	京都府総合開発計画のための基本構想（59）		京都府総合開発計画（64）
大阪			
兵庫	県政の構想（56）		
奈良			奈良県新総合開発計画（63）
和歌山			
鳥取			
島根		島根県総合振興計画（61）	
岡山	岡山県県勢振興計画（58）		
広島	生産県へのみちⅡ（57）	生産県構想第2次計画（改定）（59）	県勢振興の基本方策（63）
山口	山口県建設10年計画（59）		県勢振興の長期展望（62）
徳島			
香川	香川県総合開発計画（55）		香川県長期経済計画（63）
愛媛			愛媛県長期経済計画（62）
高知			
福岡			
佐賀	佐賀県総合開発計画（56）	佐賀県産業振興計画（61）	佐賀県産業振興後期5ヵ年計画（63）
長崎		県勢振興計画（61）	
熊本	熊本県計画建設（56）	熊本県計画（61）	
大分			大分県基本計画（62）
宮崎			
鹿児島	鹿児島県総合開発計画（58）	鹿児島県経済振興計画（60）	鹿児島県経済振興計画（改定）（64）

出典）全国知事会編（1967b）などをもとに筆者作成。

に必要な資源を中央政府から移転させるうえで重要であった（岡ほか 1955：25，山越 1957：6，平山 1955：30-31）。このため，計画に示された政策の実現可能性が低い場合であっても，計画を策定することあるいは計画の中に政策を載せておくこと，それ自体が極めて重要であったのである。

企画担当部局の拡充

このように，復興開発期から高度成長期へと移行する中で，府県における開発行政や計画行政は発達していった。それとともに，企画担当部局の事務量は膨張し，府県庁内の一組織として定着し拡充されるようになった。

前述の千葉県では，開発行政を所管する知事の直属の組織として企画調査室が設置されていたが，発足当初の人員は 7，8 名にすぎなかった。しかし，京葉地域での開発関連の業務のほかに「産業振興三ヵ年計画」[4)]を策定するなど，企画調査室の仕事量は年を追って増大していた。いったんは，企業誘致業務を商工労働部の工業課へ移管するなど，工業政策を中心とした計画策定事務に重心を移したが，その後も港湾整備や工業用水の問題，これに加えて東京電力の火力発電所設置に伴う埋め立てと漁民への漁業補償問題などが発生し，事務の整理・合理化は進まなかった（友納 1981：46-51）。その後，1955 年に，企画調査室は総務部企画調査課へと拡充され，1958 年には，庶務，企画調査，総合開発，首都圏整備の 4 つの係を擁する総務部内で最大の課となった。また，同時に京葉工業地帯の造成を主たる所管とする「開発事務局」が総務部内に設置された。ただし，規模は拡充されたものの，水産商工部工業課との間の調整をめぐって問題が発生するなど，縦割りの問題[5)]を常に抱えていた。

また，このように開発行政や計画行政だけでなく，中央省庁への対応という目的から，企画担当部局を拡充する場合もあった。

例えば青森県では，初めての長期経済計画である，第 1 次青森県長期経済計画基本計画の策定機関として，1961 年に総務部に設置されていた開発課を拡充した知事直属の企画審議室を設置している。この企画審議室の設置には，もうひとつの理由があった。当時の山崎岩男知事は，県議会において開発課を拡充して企画審議室を設置する理由について以下のように説明している。

「企画審議室を設ける動機は，これは政府のいわゆる所得倍増計画に基づきまして，農業構造の改善と主として地方の基幹都市あるいは広域都市というものの育成が大きく取り上げられて来ているのであります。今までの開発課でございますと，どうしてもやはり人の点においても，研究の部面からいたしましても欠くるところがあると私が考えまするので，それらの諸政策に対応するための準備を備えておかなければならない，その準備を整えるためにはただいまのこの企画審議室というものを設けることに踏み切ったような次第でございます。政府のただいまの新政策に並行しておくれをとらないような諸準備が必要であろうということが動機でございます」

さらに，企画審議室における調査機能について，以下のように述べている。

「この企画審議室の運営はどのようなものになるのか……今度は調査の予算というものが全部企画審議室のほうに持っていかれるような状況になったのだが行政効率からいったならば従来の通りのほうがいいじゃないかというご質問であったのでありますが……その高度な立案とか，あるいは政府の方針を分析総合しておくれをとらないような措置をとっていかなければならぬという点についてこの企画審議室と私どもとの間に緊密な連絡をとってやろうという観点に立って設けることにいたした次第でございます。」（以上下線部引用者）

このように，知事は，総合計画の策定といった問題だけではなく，開発行政における国への対応能力を強化することが企画担当部局の設置理由であったことを明らかにしている（青森県企画史編集委員会編 1982：121）。

また，前述の千葉県における企画担当部局も，開発行政をめぐる国との関係から，そのさらなる拡充が求められるようになった。当時，京葉地域の開発用地への誘致企業のあっせんを東京通産局が直接行っていたことや，千葉県が国からの要請で開発用地の造成に年間数十億円も払わされるなど，国主導の開発に対する不満が県内で高まっていた。このため，開発行政に地元の意向を反映させることができるように，総合的な開発担当部局へと企画担当部局を拡充することが，県議会などからも求められるようになった。

(2)「企画」を通じた開発行政体制の構築

地方自治官庁の認識の変化

このように，企画担当部局が府県行政においてその存在感を増していく中，同部局の地方自治法に定められた「部」への移行が議論されるようになった。これによって，府県庁内における企画担当部局の役割や位置づけを明確にし，省庁や企業，県民など関係先との交渉や調整に十分な体制を構築しようとしたのである。

ただし，企画担当部局を「部」へと移行させるためには，地方自治官庁との協議を経なければならない。また，前章で述べたように，地方自治官庁は様々な理由から府県企画担当部局を好ましくない組織と見ていた。しかし，1950年代後半頃から，地方自治官庁の企画担当部局に対する姿勢は徐々に変化を見せるようになる（吉浦 1957：10）。その理由として，以下の3点を挙げることができる。

第1に，地方自治官庁が府県における計画行政を重視するようになったことである。企画担当部局が所管していた計画の策定や調査分析に基づく政策の企画立案は，徐々に「総合行政」である府県行政において必要な要素であると地方自治官庁においても認識されるようになった（吉浦 1957：6，藤井 1957：3-16，荻田 1962：3-6）。また，財政や人事など総務部による調整だけでは対処できない政策や行政活動も徐々に増えつつあった。企画担当部局は，こうした従来からの総務部による総合的な調整機能を開発行政や総合計画の策定を通じて政策面から府県行政の「統合」を進めた。こうしたことから，地方自治官庁も企画担当部局の存在に，一定のメリットを感じるようになった（小林 1961：55-76，久世 1966b）。

第2に，市町村における総合行政体制の確立への対応の問題である。当時，縦割り行政の問題を抱えていたのは府県だけではなかった。機関委任事務制度によって府県行政内部の縦割り化が進んだ結果，各省からの施策が府県の担当部局を通じて直接下ろされるようになり，市町村レベルでも縦割り化が問題になりつつあった。また，市町村が個別省庁に直接陳情するなどの事例も見られるようになった。このため，地方自治官庁は，こうした市町村における行政の縦割り化を抑制するために，個別省庁と接触する場合は府県（企画担当部局）を通じて行うよう市町村に求めるようになった。

これに関連して第3に，市町村の計画行政に対する支援である。1950年代のいわゆる「昭和の大合併」では，合併した市町村に対して新市町村建設計画を策定することが義務づけられていた。しかし，市町村には計画行政のノウハウが根づいておらず，実際に策定された計画も，多くの場合学校の建設や改築，道路の舗装などの建設計画ばかりであり，人口推計や所得水準の向上といった，専門技術的な能力を必要とする部分についてはほとんど考慮されていなかった。そのため，地方自治官庁は府県の企画担当部局に対して，こうした市町村に対する指導を「お願い」[6]していたという（結城 1955：24-25，吉浦 1957：6-7）。

地域開発と地方自治官庁

このように地方自治官庁は，徐々に企画担当部局の必要性を認めるようになったが，全くその存在を認めていたわけではない。

1950年代後半頃から，通産省や運輸省など様々な個別省庁が地域開発政策に参入するようになった。特に，1960年12月に，池田内閣によって「国民所得倍増計画」が発表されると，開発行政の主導権をめぐって省庁間の競争が激しくなった。企画担当部局は，こうした各省の開発政策と地域指定をめぐる各省との調整や交渉の窓口として機能するようになった。

開発行政が個別省庁ごとに進められたことは，内政の多元化を一層拡大させると同時に，過度な地域間競争[7]をもたらす可能性があったことから，地方自治官庁はこれを問題視していた（長野 1961）。そこで地方自治官庁は，自身を中心とした開発行政体制を構築し，ここに府県の企画担当部局を組み込むことで，開発行政の多元化を抑制し「統合」を図ろうとしたのである。

自治省は，省昇格後間もない1960年8月に「地方開発基幹都市構想」を発表した。この構想は，都道府県のイニシアティブを尊重しつつ，地域における産業・政治・文化の中心となる「基幹都市」を中心とした開発を行うというものであった。これによって，他省庁の開発が国主導であるのに対して，地方自治の基盤の確立と国土の均衡ある発展との両立を実現する，としたのである。

この構想の大きな特徴は，建設の提案や実施を都道府県が中心となって行うところにあった。具体的には，地方開発基幹都市の区域指定は，原則として関係都道府県知事の申請に基づいて，内閣総理大臣が地方開発基幹都市建設審議会の意見を聞いて行うものとされた。また，地方開発基幹都市の建設計画も，指定のあった区域に関係する都道府県ごとに置かれる地方開発基幹都市協議会[8)]が策定し，主務大臣（自治大臣）を通じて内閣に提出するものとされた。さらに，事業の実施についても，国，関係都道府県，関係市町村等がそれぞれ建設計画での決定に応じて行うことになっていた（田中・俵・原編 1966：14-15)。この「基幹都市構想」に対して様々な地域から指定希望が出された（図表 3−2 参照)。

また，自治省は，同構想の立案と同時に，既存の府県企画担当部局の実態についての把握を進め，兵庫・富山・愛知の3県における企画担当部局の現況についての調査を行っている[9)]。この調査結果を踏まえて，地方自治官庁は地方基幹都市構想の発表と同時に，同構想を実行する新たな開発行政体制についても発表した。

まず，自治省大臣官房に局長クラスの室長をあてた企画連絡室を新設し，省内の企画調整や地域開発政策に関する体制の整備を行うとした。同時に，企画担当部局を「部」とすることを各府県に呼びかけるとともに，企画連絡室が設置された「部」に対する窓口となり，地域開発をはじめとした府県庁内の総合調整等の事務について，指導援助を行うことを明らかにした[10)]。同時に，自治省は，企画担当部局を地方自治法上の法定部とするための検討に入っている。

このように，自治省は，府県に企画担当部局を法定部として設置させ，これを「基幹都市構想」の府県での担当機関とすることを考えていた。さらに，こうした新たな府県企画担当部局を自治省企画連絡室が統制することで，自治省と府県による新たな開発行政体制を構築しようとしたのである。このように，「部」への移行容認を通じて，局部組織制度は再び地方自治官庁による「統合」のために用いられることになった。

図表 3－2　地方開発基幹都市構想の指定希望地域

人口規模	地域名	府県名
100万	札幌・小樽	北海道
	駿河湾沿岸	静岡
	岡山県南	岡山
	広島・呉	広島
	北九州	福岡
50万	仙台・塩釜	宮城
	水戸・日立	茨城
	新潟周辺	新潟
	富山・高岡	富山
	岐阜・大垣	岐阜
	四日市・桑名	三重
	相生・赤穂	兵庫
	米子・松江	鳥取・島根
	徳島周辺	徳島
	鹿児島・谷山	鹿児島
30万	青森	青森
	秋田	秋田
	常磐・郡山	福島
	舞鶴	京都
	和歌山	和歌山
	高松	香川
	新居浜・西条	愛媛
	大分	大分
	日向・延岡	宮崎

出典）佐藤（1965）179頁をもとに筆者作成。

開発構想の乱立

同じ頃自治省以外の省庁も，相次いで地域開発構想を発表した。

1960年10月には，建設省（計画局）が「広域都市建設構想」を発表した。同構想は，全国または地方の政治，経済，文化などの面において重要な機能を有する都市地域を「重要都市地域」に指定し，建設大臣が同地域の配置および規模に関する計画を決定・公表するとともに，その整備目標や重要施設計画などを決定するものであった。具体的には，①新広域都市圏（100万都市）の建設，②特別広域都市圏（既成大都市）建設，③4大工業都市圏間における中間都市建設の3つから構成されていた。このうち，①については開発の遅れている北海道（苫小牧・室蘭地区），北陸（富山・高岡地区），東北（仙台・塩釜地区）の各地区に人口100万規模の都市を中心とした広域経済圏を生み出そうとするものであった。②については，過大化した4大都市圏の再開発や衛星都市の建設を行うものであった。③については，駿河湾沿岸，岡山県南，広島・呉などを指定して広域に道路・港湾などのインフラ整備を行って工業立地の促進を図り，30万から50万人を擁する中間都市を作ろうとするものであった。この広域都市建設構想は，建設大臣が指定地域を決定し，建設計画を策定するなど，多くの権限が建設省に集中しているところに特色があった。

同年11月には，通産省から「工業地帯開発構想」が発表されている。この構想の大きな狙いは，4大工業地帯への過度の集中を抑制し，工業地域の地方への分散することであった。具体的な内容は以下の通りである。まず，①地方開発中核地帯②地方開発地帯③衛星開発地帯の3つの開発地帯を設定する。①は4大工業地帯に準じた石油コンビナートを中心とした大規模重化学工業地帯を建設するものであった。その適地として，札幌・苫小牧・室蘭，仙台・塩釜・石巻，富山・高岡，岡山・玉野・水島・玉島，鳴門・徳島・小松島，大分・鶴崎などが考えられていた。②は，低開発地域のうち比較的条件が良い地域に適地産業を育成しようとするものであり，八戸，秋田，諏訪湖周辺，東予，日向・延岡などが考えられていた。③は，4大工業地帯の周辺地域の都市が検討されていた。また，工業開発計画や毎年の実施計画の策定は関係都道府県で行うものの，地域の指定は通産大臣の申請に基づいて内閣総理大臣が行うことになっていた。

このほかにも，港湾整備の点から立案した運輸省（工業港開発促進構想）や，所得倍増計画に伴う工場立地計画を立案した経済企画庁の構想（低開発地域工業開発促進法案要綱），農林省による農業基本法に基づく「新農業政策」など，個別省庁から続々と開発政策が打ち出され，開発をめぐる省庁間競争の様相を呈するようになった（佐藤 1965：179-181）。こうした，各省の開発構想は，それぞれ地域を指定して計画の策定や実施を行うという点で類似していたが，自治体間・各省間の調整や許認可，地域指定等において，それぞれの構想を主管する大臣が大きな権限を持つという点で異なっていた[11)]。

一方，1961年の夏頃から自治省は，前述の基幹都市構想に加え府県を超える広域行政の調整機関として，地方行政連絡会議を設置することについて検討を始めている。同会議は，全国を9ブロックにわけ，各地域の都道府県の知事および指定都市の市長のほか，管区行政監察局長以下，地方における広域行政に関係の深い国の出先機関の長または公共企業体等の機関の長等をもって構成し，会議の議長には，会議において定める都道府県知事をもって充てることとされた[12)]。

また，地方行政連絡会議において，国の機関と地方公共団体との間の協議が不調に終わった場合の中央での調整措置について，議長が緊急を要すると認めた場合に自治大臣を経て内閣総理大臣にその調整を要請することができるものとし，地方公共団体間の調整については，自治大臣に要請するものとされていた。さらに，将来的には，すでに地方ごとに存在していた開発促進協議会などの府県間レベルの協議体を同会議に吸収していくことが想定されていた[13)]。

自治省は，自らが主導する地方行政連絡会議に，各省の出先機関とともに各府県の企画担当部局を参加させることによって，自治省が事実上地域開発の総合調整を行うことを考えていた。また，自治省企画連絡室—地方行政連絡会議—府県企画担当部局というルートを構築することで，個別省庁と府県関係部局との間で多元化した国と府県の連絡調整機能を「統合」しようとしたのである。

新産法の成立と開発構想競争の休止

このように激化する省庁間の開発競争に対して政府は，橋本登美三郎を委員長とする地方工業開発特別委員会を設置し，大蔵省を交えて各省間の調整に乗り出した[14)]。その結果，経済企画庁を窓口とする，建設・自治・通産・運輸の各省による共同所管として新産業都市建設促進法（新産法）を制定することになった。これをもとに与党（自民党）は新たな法案作りに着手したが，さらに農林・労働・厚生・郵政の各大臣からも所管事項との関連について主張があり，最終的に経済企画・建設・自治・通産・運輸・農林・労働の7省庁の共同所管として1962年5月に新産法は成立した。

この新産法の地域指定をめぐっていわゆる「史上最大の陳情合戦」が繰り広げられ，最終的に13地域が指定された。またこれと同時に工業整備特

図表 3-3　新産都指定地域および工業整備特別指定地域一覧

法律	指定地域	府県名
新産法	道央	北海道
	八戸	青森
	仙台湾	宮城
	常磐・郡山	福島
	新潟	新潟
	富山・高岡	富山
	松本・諏訪	長野
	岡山県南	岡山
	徳島	徳島
	東予	愛媛
	大分	大分
	日向・延岡	宮崎
	不知火・有明・大牟田	熊本・福岡
工特法	鹿島	茨城
	東駿河湾	静岡
	東三河	愛知
	播磨	兵庫
	備後	岡山
	周南	山口

別地域として6地域が指定され，同年「工業整備特別地域整備促進法」が制定された（西尾 1977：199-200）。さらに，新産法の指定が限られた地域に絞られることが明らかになると，大工業地帯の建設が望めない地域から，工場誘致を促進してほしいとの要望が出るようになった。その結果，1961年11月に「低開発地域工業開発促進法」が制定され，1963年10月の第2次指定までに，96地区が指定されている。

これによって，自治省の「基幹都市」構想は実現しないことになった。このためか，企画連絡室はその規模を縮小し，1962年7月に大臣官房企画連絡参事官として設置されることになった。また，その所掌事務についても，都道府県の企画担当部局に対する自治省側の窓口とされたほかに，①地方団体の行政財政の長期的，計画的な総合運営について，国と地方団体，地方団体相互間のあっせん連絡や調整を行うこと，②地方における行政で国と地方間に協力調整を要するものについて地方団体との間の連絡を行うことが規定されたが，当初企画連絡室で想定されたものより範囲が限定されることになった[15)]。

また，地方行政連絡会議については，第40回国会（1961年12月9日～1962年5月7日）に法案の提出が予定されていた。しかし，同会議での協議が不調に終わった場合の中央政府レベルでの調整について，議長である知事が緊急を要すると認めたとき，自治大臣を経て内閣総理大臣にその調整を要請できるとする規定に対して各省が強く反対した。これを受けて地方自治官庁は，この規定そのものを法案から削除して第43回国会（1962年12月24日～1963年7月6日）に提出したものの，審議未了廃案となった。

(3) 開発行政機関の統合問題と地方自治官庁

開発行政機関の統合問題

新産法は制定されたものの，地域開発をめぐる各省間のセクショナリズムは依然として問題であった。特に，社会経済の発達に伴って府県（自治体）の領域を越えた広域的な行政の対応が求められるようになり，こうした分野へ個別省庁が積極的に介入を進めるようになった。こうした現象は「新中央集権」（久世 1966a：115-118）と呼ばれ，各省は競って府県からの事務の引き上げ（直轄化）や，出先機関の統合あるいは機能強化を図るようになった。例えば，厚生省は地方厚生局または地方医務局構想を，通産省は広域経済行政の要請に即応するため通商産業局を拡充強化する構想を，運輸省は地方事務官として各府県に設置されていた陸運事務所を出先機関として直轄化する構想を持っていた。このように，高度成長や地域開発の進展とともに，再び府県外部への「分離」化が進むようになった。

特に，当時開発行政において中心的な存在であった建設省は，河野一郎が建設大臣に就任した1962年の末頃から，地方建設局の拡充・強化について検討を進めていた。翌1963年2月には，地方建設局の所掌事務を道路河川等の国の直轄土木工事から，河川，道路，都市計画，住宅等建設行政一般についての指導監督，助成まで拡張することを定めた「建設省設置法の一部を改正する法律案」を第43回国会に提出している（現代地方自治全集編集委員会編 1979：349）。

こうした出先機関の機能強化に加えて，建設省は中央政府レベルにおける開発行政の一元化をも企図していた。1962年6月，建設省は各省ごとに分散していた地域開発行政を一元化することを目的として「国土省」を設置する構想を明らかにしている。同構想では，建設，経企，北海道開発，首都圏整備委員会，運輸，農林，厚生，通産の各省庁に分散していた地域開発の関係事務を統合した「国土省」を設置し，これによって責任の分散や二重行政などの弊害をなくすとされていた。このことについて建設省は「地域開発および大都市再開発を効果的に推進し，国土の均衡ある発展を図りうる唯一最善の方法」であるとした[16)]。

こうした，各省による開発行政の多元化や出先機関の拡充は，中央政府の規模拡大や総合調整機能の低下につながることから，1961年に設置された臨時行政調査会（第1次臨調）においても大きな問題として取りあげられている。第1次臨調では，国土開発に必要な総合的な行政機構[17)]のあり方や，それに伴う広域的な行政運営について検討を行った。まず，前者について検討した第1専門部会第1班は，1963年9月1日に報告書を提出し，その中で建設省が検討していた国土省については「機構として膨大にすぎて，一省の規模としては適当でない」とし，現在の企画調整機関を統合した「総合開発庁」を設けることを提言している（片山 1965a）。

第1専門部会では，この他に地方出先機関についても検討しており，「総合開発庁」の地方出先機関として地域総合開発の観点から国の公共事業に関する「地方開発局」を広域ブロックごとに設けることを提言した[18)]。また，これらの総合開発庁・地方開発局を，総務庁の外局として新設される総合開発委員会の管理下に置くことが適切であるとした（佐藤 2006：186）。

また，第2専門部会では，行政事務の合理的配分を主題として，地方における行政体制の問題について検討を進めていた。1963年3月に出された同部会の第2次仮設（第2次仮設に関する報告＝中間報告）では，地方レベルにおける新たな開発行政の実施機構として「地方庁」を設置する案[19)]が打ち出されている。これは，全国を9ブロックに分け，それぞれに国の総合出先機関である「地方庁」を設け，ここに中央各省の実施権限を大幅に移譲しようとするものであった（地方自治百年史編集委員会編 1993：132-134）。この「地方庁」構想には，事務を移譲することに対する各省庁からの反対が強く，最終的に「現段階では一般的意義を持ち得ない」として答申には盛り込まれなかった。

翌年9月に出された第1次臨調の答申「広域行政の改革に関する意見」では，「内閣府に経済企画庁の総合開発局および水資源局，北海道開発庁，首都圏整備委員会ならびに近畿圏整備本部の開発計画および調整部門を統合」し，全国総合開発計画の企画立案および各地方計画との調整を行う総合開発庁を総理府の外局として設置することが示された。また，同答申では建設省の提示した国土省案について,「現行制度の下でどの範囲の事業部門を統合すべきかについてさしあたり困難な問題」があるばかりでなく,「統合する範囲によっては,現行の各省庁の権限の再配分ならびに各省庁分立の基本問題にも関連して甚だしい対立と混乱を惹起することになるなどの難点」があると指摘した。

一方,同答申では,広域行政を制度化する方式として,「国家的要請と地方的要請」あるいは地方相互間の関係を踏まえたうえで,以下の方式が勧告された。まず,新設の内閣府の下に総合開発庁（経済企画庁総合開発局・水資源局,北海道開発庁,首都圏整備委員会および近畿圏整備本部の開発計画および調整部門を統合）を設置し,これに全国総合開発計画の策定・変更および地方総合開発計画の決定に参画し,その他地域開発に関する重要事項の諮問を受けて審議を行う国土総合開発審議会を附置する,とした。

また,全国総合開発計画に定められた地方区分ごとに,総合開発庁の下部機関として国から任命された調整官を置き,調整官を議長とし地方公共団体・地方出先機関および学識経験者によって構成される地方開発審議会を置くとした。また,議長である調整官が地方総合開発計画を企画・立案し,これに際して地方支分部局相互間および関係地方公共団体との連絡・協議を行うものとされた。このように第1次臨調では,調整官に計画の策定機能とともに関係地方公共団体との調整の機能を与えることによって,国と地方公共団体との協力体制を確保し,広域行政の要請に応えることが考えられていたのである[20)]。

地方自治官庁の反発と開発行政体制の整備

こうした,各省庁による個別の開発構想や臨調の答申がそのまま実現すれば,地方自治官庁は開発行政の中心から遠ざけられることになるため,地方自治官庁は積極的に反論を試みるようになる。

まず,建設省の動きに対しては,出先機関の強化や府県からの事務の引き上げに反対している。例えば,地方建設局の拡充強化に対して,立法過程において再三建設省と協議を行い,二重行政・二重監督の防止のために「地方建設局に所掌させる事務については地方建設局限りで処理させることとし,地方建設局に決定権を与えない事務については本省限りで処理する方針」を確約させた。その後第43回国会では，府県との二重行政や，定員などの問題について議論が進められたものの，会期末の混乱にあって審議未了となり，翌第44回臨時国会で廃案となっている（久世 1963）。同様に，河川法の改正問題についても，当事者である全国知事会が，河川法案の国会提出反対を決議するなど反対の姿勢を明確にしたほか，自治省も小林事務次官が先頭に立って建設省に対して強く反対した[21)]。

第1次臨調の勧告についても，中央の開発行政は，地方自治官庁が参加しない「総合開発庁」に統合され，地方においては総合開発庁の下部機関である調整官が中心となって計画の策定や調整が進められることから，同案に対して徹底したネガティブキャンペーンを繰り広げた（佐藤 2006：188）。自治省から臨調に出向していた久世公堯は，総合開発庁を「地方自治の舞台に突如としてあらわれようとしている怪物リヴァイアサン」（久世 1963）に喩えるなど強く反対した。また，当時自治事務次官であった金丸三郎も「広域行政は総合性と同時に地方行政の本質的にもっている『地域性』を考慮に入れて，実際に即応するものでなければならない」と主張している（金丸 1964）。

こうした臨調における開発行政の広域化と国による直轄化の流れに対して，地方自治官庁は，地方行政連絡会議法案を再度第48回国会に提出している。1964年6月17日に行われた第1回の府県企画開発担当部長会議において金丸次官は，調整官を通じた国と地方公共団体間の調整体制について批判したうえで，「地方行政連絡会議を強化してその事務局に調整の仕事を行うようにするほうが適当である」[22)]と述べている。その後，地方行政連絡会議法案は，1965年3月19日に可決成立した後，4月1日公布即日施行された。

地方行政連絡会議の大きな特徴は，臨調答申の地方開発審議会では調整官が議長を務めるなど国側主導で進められることが予定されていたのに対して，関係する府県が中心となって運営される仕組みとなっていたことである[23)]。具体的な特徴として以下の3点を挙げることができよう[24)]。

第1に，府県企画担当部局が連絡会議の事務局を担当すること[25)]である。同規則では，事務局の構成について「連絡協議の対象は地域開発が中心となると考えられるため，連絡会議の事務は各府県・指定都市の企画担当部局が取り扱うことが適当であり，議長県の副知事が連絡会議の事務局長，企画担当部局の職員が事務職員」となることが予定されていた（宮崎 1965）。

第２に，部会の設置と調整についてである。問題によって地域別・事項別など必要に応じて部会を設置し，関係地方公共団体や地方行政機関，公共事業体等の長のみによる具体的専門的な研究を行い，そこでの結論を連絡会議にかけ，当該地域全体や他の行政との調整を図ることによって総合性や計画性を確保することとされた。部会の構成員については，地方行政連絡会議の議長が，部会の構成員および議長を会議に諮って指名することとした。また，すでに地域ごとに設置されている開発推進協議会などの協議体や会議はできるだけこの部会へと発展的に解消することが望ましいとされた。

第３に，幹事と幹事会についてである。議長が関係都道府県，指定都市および国の地方行政機関の職員のうちから委嘱した幹事を置くこととされ，事務局長である副知事が幹事長として幹事会を主宰することとされた。また会議の開催にあたっては，前もって構成員から議題を提出させた後，事務局でその議題を整理・関係資料の収集のうえ，幹事会を開いて「内容の調査，予備的な討議論点の整理等を行うとともに連絡会議の運営につき，会議の順序，時間の割当，提出する資料，各議題の論点，処理の方法等を予め決定しておくことが望ましい」としている（宮崎 1965）。

地方自治官庁は，この地方行政連絡会議法案の再提出と同時に，前述の企画連絡参事官の拡充と府県企画担当部局との関係強化に着手している。1964年７月には，企画連絡参事官が官房企画室へと拡充された。この官房企画室は，新産法などの地域開発関係諸法や都市再開発・公害などの問題，さらに地方行政連絡会議などの広域行政の問題や企画開発担当部長会議の運営など，地域開発行政についての地方公共団体や個別省庁との間の窓口等を所管することになった。自治省内部では，今後この企画室を「企画部」へと拡充し，開発行政のほか，地方公共団体の行財政に対する総合的な統制を行うことが予定されていた。

また，府県企画開発主管部長会議が，自治省の主催によって定期的に開催されることになった。1964年に開催された第1回都道府県企画開発担当部長会議では，「①地域開発行政は総合された行政でなければならないので，

図表 3-4 自治省による開発行政体制整備の動き

年	月	自治省の動き	他省庁・臨調などの動き
1960	2		読売新聞「百万都市」構想
1960	7	自治省発足（初代自治大臣石原幹市郎，事務次官小林與三次）	
	7	自治大臣に山崎巖	
	8	地方開発基幹都市構想発表	建設省「広域都市建設構想」発表
	10	自治大臣に周東秀雄	
	11		通産省「工業地帯開発構想」発表
	12		所得倍増計画閣議決定
	12	自治大臣に安井謙	
1961	夏頃	地方行政連絡会議について検討開始	
	9	官房企画連絡室の設置・府県企画部の設置に積極的に応ずることを表明	
	11		臨時行政調査会設置
1962	5		新産業都市建設促進法成立
	7	自治大臣に篠田弘作	
	7	大臣官房企画連絡参事官設置	
	8		新産業都市建設促進法施行
	10	第8次地方制度調査会答申	
	12	第43回国会開幕：地方行政連絡会議法案提出	
1963	2		建設省設置法の一部改正案国会提出：地方建設局の強化・所掌事務の拡大（43国会審議未了，44臨時国会で廃案）
	3		臨調「地方庁」構想打ち出す
			農林省，全国7ブロックに地方農政局設置
	7	第43回国会閉幕	
	7	事務次官に奥野誠亮	
	7	自治大臣に早川崇	
	9	早川大臣「府県連合」構想発表	
	10	事務次官に金丸三郎	
	12	第9次地制調「地方公共団体の連合制度」答申	
1964	3	自治大臣に赤沢正道	
	4	自民党で府県合併促進の議員立法要綱作成	
	6	第1回府県企画開発担当部長会議	
	7	自治省大臣官房企画連絡参事官を大臣官房企画室へ拡充	
	7	自治大臣に吉武恵市	
	7		新河川法成立：一級河川の管理権を建設大臣に引き上げ
	8	自治省，企画部設置等をはじめ，大蔵省に予算要求提出	
	9		臨調答申「総合開発庁」「調整官」の設置を盛り込む
	12	第48回国会開幕：地方行政連絡会議法案提出	
1965	3	地方行政連絡会議法案可決成立	
	4	地方行政連絡会議法施行	
	4	自治省企画室，地方行政連絡会議運営規則作成，各府県に送付	
	6	自治大臣に永山忠則	

出典）筆者作成。

地方団体，とりわけ府県が主体となって行うべきである，②このため各府県は，地域開発行政の総合調整を行う企画部門の充実強化を図る必要がある」など，具体的に府県における企画担当部局の強化を指示している[26]。

(4)　地方自治官庁による開発体制の挫折

地方自治官庁内の「不一致」と状況の変化

このように地方自治官庁は，国土省構想や臨調答申に対抗して，地域開発や府県レベルの広域行政におけるイニシアティブを取るべく，自治省企画室・企画開発主管部長会議—府県企画部・地方行政連絡会議を軸とした体制を構築しようとした[27]。しかし，こうした地方自治官庁を中心とした開発行政の体制作りは，以下の理由から挫折することになった。

第１に，地方自治官庁内部の合意を形成することができなかったことである。当時，自治省では，従来から法案の策定や各省からの意見聴取などで行政局と財政局が相互に自律的に対応するなど，内部におけるセクショナリズムが課題のひとつとして指摘されていた。官房に企画室を設置しようとしたことは，こうした省内のセクショナリズムを調整し，自治省内部の「統合」を図るという目的もあったが，必ずしもうまくいかなかった。

こうした対立の一例として，開発行政と広域行政制度の所管部局の統合問題が挙げられよう。前章で触れた「地方」制や，後述する府県統合論に見られるように，開発行政は既存の自治体の区域を越えて行われることが多いことから，広域的に対応できる行政体制の整備が常に問題となっていた。地方基幹都市構想も，市町村合併による都市の大規模化を想定していたことから，府県制度の改革をはじめとした広域行政体制の整備も重要な課題となっていた（木内 1961：11-12，奥野 1964）。

当初，こうした広域行政問題に対応するために「府県制度調査室」を，官房企画室を拡充した「企画部」内に置くことで，地域開発行政と広域行政制度を「統合」することが予定されていた。室長には局長クラスの大物自治官僚を起用し，省内から選抜したスタッフを充てることになっていた[28]。しかし，「企画部」で広域行政制度の問題を検討することに対して地方制度を所管する行政局が反対した。官房企画室と行政局はこの問題について調整を重ねたもの折り合いがつかず，企画部内に「府県制度調査室」を設置する案は最終的に中止された。

その結果，企画室は地域開発行政を中心とした府県と個別省庁との間の連絡調整などに機能を限定され，広域行政制度はこれまで通り行政局が所管することになった。その後，企画室の機能のままで組織を拡充した「企画部」への移行が再度試みられ，大蔵省に予算要求まで行ったが，開発行政[29]のみ所管するのであれば，部へ移行する必要はないとされた。また，大蔵省も自治省の定員増につながることから部の増設に難色を示し，結果的に部への拡充は行われなかった[30]。

ただし，行政局が府県制度調査室の「企画部」への統合に反対したことには府県の統合をめぐる議論が政治問題化していたことに留意しておく必要がある。1963 年 7 月に奥野誠亮が財政局長から事務次官に就任すると，地方自治官庁は府県合併を積極的に推し進めるようになる。奥野は，当時の池田首相と自民党 3 役にこの問題について打診したところ，「いずれもこの考え方を支持してくれた」という。また，自治大臣であった早川崇も，府県統合の促進を認めていた。しかし，早川[31]は突如として，EEC をモデルとし，府県の政治的独立性を保ちながら経済的に数府県を統合しようとする「府県連合」方式を唱え始める。これがマスコミに取りあげられるようになったため，事務方は仕方なく府県連合案を取りまとめることになった（奥野 1971：18-20，坂田 1977：417-418）。また第 9 次地方制度調査会でも「地方公共団体の連合制度」が答申され，自治省は市町村の連合を含む地方公共団体連合法案を作成・国会に提出したが，第 46 回国会で審議未了・廃案となっている。

一方，この府県連合案については，当時道州制・府県統合論を後押ししていた財界から「なまぬるい」と批判されていた。特に，東海 3 県合併の主唱者であった名古屋財界は，三木武夫（当時自民党政調会長）に道州制の実現を要望していた。こうした動きを受けて奥野は，事務次官を半年で退官し衆議院議員となり，自ら中心となって「都道府県合併特別措置法案」（奥野 1964）を国会に提出しようとした。しかし，同案は現職の早川大臣に反対され提出できなかった（奥野 2002：155-156）。

地方自治官庁は，これ以降も奥野ら自民党内の動きをうけ，1964 年 8 月に企画室とは別に「広域行政調査室」を設置して広域行政の進め方について検討している[32)]。1966 年には，自治省の委託研究として，鵜飼信成成蹊大教授を委員長とし，成田頼明・塩野宏・西尾勝らによって構成される研究者グループによって『府県合併調査報告書（阪奈和地区）』が作成されている（久世・鵜飼 1966：20，大杉 1991：66）。また，第 10 次地方制度調査会では自主合併を基本にした「府県合併の促進に関する答申」が出されている。これを受けて政府は 1966 年 4 月の第 51 回国会を皮切りに，三度「都道府県の合併特例に関する法律案」を提出しているが，いずれも廃案となる。

こうした流れの中で，地方自治官庁は徐々に府県統合に対して消極的な立場をとるようになっていった。奥野の後任として事務次官に就任した金丸三郎は，府県の統合は時代の要望としながらも「しかしながら，府県が地域団体である限り，合併される県民が，ひとつの府県民としての一体感をもつのでなければ，合併は無理である。府県の合併と市町村の合併は，府県の持つ機能からいって質的に異なる。単に財政上や地域の広狭だけでは，合併を決定する理由とならないであろう。……府県については，数府県を全国一せいに統合し，標準人口を造ろうとしても，むりであろう。四十六の都道府県の多くには，合併の機運は動いていない[33)]。その機運のないところに合併を強いてもよくないし，また客観的な合理性も見当らない」とし，府県統合問題について否定的な考え[34)]を見せている（金丸 1964）。

このように，自治省企画室は広域行政問題と開発行政が「統合」することで拡充が図られる予定であったが，直接的には行政局の反対，間接的には広域行政問題が政治問題化したこともあって，見送られることになった。

第 2 に，また，再度提出された地方行政連絡会議法案についても，あくまでも「現在直ちに取り得る」「最善の策」[35)]に過ぎなかった。実施された地方行政連絡会議には，固有の議決権や調整権だけでなく，財政権限も与えられていなかった。また，原則的にすべての関係者が参加したうえで，全会一致での決定でなければ何も決められなかった。このため参加する地方出先機関の数が増えたものの，会議での議論は「単なる話し合いにしか過ぎないもの」（佐藤 2006：197-198）となった（柴田 1975：344）。

このように，地方自治官庁による開発行政体制が挫折していく中で，開発行政や府県企画担当部局に対する地方自治官庁の考え方も，1960 年代の半ば頃から，徐々に変化していった。この頃になると，徐々に開発行政をめぐる様々な問題が浮上するようになった。例えば，開発に成功した地域とそうでない地域の格差が明確になり，後者の地域では開発にかけた多額の費用が財政赤字をもたらす要因となった。例えば，新産法に基づく新産業都市に指定された都市のうち，開発がうまくいったのは，当初から有望と見られていた岡山県南と大分の 2 地区のみであったという。特に宮崎県日向延岡地区などでは，巨額の投資によって工業地帯を整備したものの，予定通りコンビナートの建設や企業誘致ができなかったことなどから，その後の地元自治体の財政赤字につながった。また，成功した地域であっても後述する公害問題など，様々な問題が各地で指摘されるようになった。

これに対して地方自治官庁は，各府県に対してそれまで進めてきた経済開発や工業開発を中心とした開発行政からの転換を促すようになった。1965 年 6 月に開催された都道府県企画開発主管部長会議では，自治省財政局長から財政問題を軽視し工業誘致や補助金などに頼った府県の開発行政に対する批判が表明されたほか，今後自治省において新たな計画の立案は行わず，各府県は既存の開発計画に集中することや，地域開発の重点実施を行うことなどが指示された。このように，開発行政に対する地方自治官庁の方針が大きく転換した結果，企画担当部局の法定部化も取りやめとなった[36)]。

府県との方向性の違い

前述のように，府県においては，開発行政の進展とともに，企画担当部局の整備や拡充が問題となり，各府県では可能な範囲で組織の整備を進めてきた。そうした中，地方自治官庁からの打診に応ずるように，府県は 1961 年頃から続々と企画担当部局を部へ移行するようになった（図表 3－5）。

このように，府県は企画担当部局の部への移行を進めたものの，それは必ずしも地方自治官庁の構想していた開発行政体制の構築を期待してのことであったわけではないと考えられる。むしろ，地方自治官庁の考えていた開発行政体制は，当時の府県にとって必ずしも都合の良いものではなかった。

前章までに述べてきたように，府県の企画担当部局は基本的に開発行政を主な所管事務として設置されてきたという歴史的経緯もあって，開発行政を所管してこなかった地方自治官庁と直接的なつながりを持ってきたわけではない。府県の土木部と建設省，農政部と農林水産省といった府県の個別部局と個別省庁との縦割り関係は，少なくとも総務部と地方自治官庁との関係ほどは，企画担当部局にはなかったのである。例えば，1955年11月に岡山県議会事務局が作成した「中央官庁機構と府県機構の関係図表」によれば，企画広報室に関係するものとして，経済企画庁計画部，建設省計画局，農林省大臣官房総合開発課が挙げられているが，自治庁は挙げられていない（岡山県議会事務局編 1955：119）。

また，基本的に，企画担当部局が関係を持とうとする官庁は，府県の進める開発行政に対して，補助金など何らかの形で支援してくれる可能性のある省庁であった。企画担当部局が策定した「県勢振興計画」が，様々な省庁から補助金等を引き出す根拠となっていたように，状況に応じて様々な省庁と関係を持つことこそが，縦割り行政の中にあって総合的な行政運営を推進する企画担当部局の役割であると考えられていた。逆に，府県の企画行政や企画担当部局の活動を，官房企画室や地方行政連絡会議を中心とした開発行政体制に組み込もうとした地方自治官庁の態度は，府県にとって「自由」な開発行政を統制しようとする存在と映った可能性が考えられる。

地方自治官庁が，府県企画担当部局の行動を統制しようとしていたことが窺える事例として，すでに地方ごとに存在していた，開発推進協議会等の様々な出先機関と府県との連絡調整機関を地方行政連絡会議に統合しようとしたことが挙げられよう。

復興開発以来，地方ごと，あるいは似通った環境や経済条件等を持つ府県間において，様々な政策分野での協議や調整を目的とする組織が設置されていた。これらの組織には，それぞれ設置目的に応じて関係する省庁が，出先機関などを通じて参加することが多く見られた。これに対して，制度官庁であり出先機関も持たない地方自治官庁は，こうした機関に直接関係していたわけではなく，関係していても，オブザーバー的なものに過ぎない場合が多かった[37]。例えば，前章で触れた関東甲信越地方総合開発委員会には，前述のように，東京地方経済安定局，関東地方建設局など26の出先機関が参加していたが，地方自治官庁からの参加者はいなかった。また，九州各県によって自主的に設置された九州地方開発推進協議会には経済企画庁が参加していた。

こうした，府県と個別省庁の連絡調整機関は，徐々に特定の公共事業の誘致や財源確保などを国に要求する機関，言い換えれば圧力団体としての性格

図表 3－5　各府県企画担当部局の「部」への移行年度

調査年	設置県数	8部制（人口250万人以上）	6部制（人口250万人未満100万人以上）	4部制（人口100万人未満）
57	3	神奈川（企画渉外部） 静岡（企画調整部）	京都（企画管理部）	
58	1		熊本（企画部）	
59	2	兵庫（企画部）	千葉（開発部）	
60	0			
61	0			
62	9		青森，山形，新潟，和歌山，山口（企画部） 秋田，福島（企画開発部）富山（総合計画部）	山梨（企画開発部）
63	10	大阪（企画部）	宮城，宮崎（企画開発部）岐阜（企画管理部） 埼玉，岡山，愛媛，大分，鹿児島（企画部）	徳島（企画開発部）
64	2		茨城（企画開発部）岩手，熊本（企画部）	
65	4		栃木，群馬，長野，長崎（企画部）	
66	4		三重（企画部）	高知（企画管理部） 滋賀，香川（企画部）
67	2		広島（企画部）	島根（企画部）
68	0			
69	3	福岡（企画開発部） 愛知（企画部）		福井（企画部）
70	4			石川（企画開発部） 奈良，鳥取，佐賀（企画部）
71	0			
72	0			
73	1		沖縄（企画部）	

出典）大蔵省印刷局編『職員録』（下巻）各年版，および一部府県資料をもとに筆者作成。
注1）網掛けした年のうち，61年は自治省による府県企画部設置表明があり，65年は地方行政連絡会議法が制定された年。
注2）各府県において最初に企画担当部局を部へ移行した年度としたが，熊本については，58年に一度企画部を設置したが，翌年廃止の後64年に再び設置したため，両方掲げた。
注3）部制の別は当時の人口を基準とした。

を強めるようになった[38)]。例えば，1963年に，総務部企画長を拡充して企画部を設置した熊本県では，同部を設置する理由として，不知火・有明地域が新産業都市に指定されたことに伴う計画の策定や推進の総括および庁内各部課や関係市町村との連携（経企），国総法に基づく阿蘇特定地域開発の推進（経企，建設），離島振興法に伴う天草離島振興（運輸，自治，農水），産炭地域振興計画（通産），などの様々な省庁と関係する地域開発政策の調整や進行を挙げている。また同時に，九州地方開発推進協議会の「会長県」として，九州縦貫高速自動車道の早期着工，有明海閉め切り計画，不知火海干拓の促進など「広域かつ大規模事業の問題を解決しなければならない」ことを挙げた[39)]。

こうした連絡調整機関を通じた「圧力」活動は，個別省庁ごとに行われていることや，中央政府との「連絡調整」官庁である地方自治官庁を「迂回」して直接個別省庁との結びつくものであることから，地方自治官庁は，これらの組織が設置され増えていくことに否定的であった。このため，こうした連絡調整機関の「本来」の目的である，中央省庁との連絡調整を，地方行政連絡会議へと一本化し，こうした機関を通じた圧力活動を抑制しようとしたのである。

しかし，地方行政連絡会議へと統合されたからと言って，府県は同会議に参加すれば補助金の獲得が有利になるわけではなかった。地方行政連絡会議法は，第9条において会議の結果を自治大臣や関係大臣へ報告することが定められていたが，「中央各省に協議の内容や問題の所在を認識させることにより，事実上何らかの解決が期待される」程度にとどまり，会議で同意が得られない問題について自治省は「繰り返し努力すべきである」とした（山本1964，宮崎1965）。さらに，自治省は地方行政連絡会議を通じて補助金の要求や圧力活動を行わないよう府県に求めていた。1965年の都道府県企画開発主管部長会議 では，新設される地方行政連絡会議において，こうした補助金の要求などを行わないよう指示している。

このように，府県による国への「圧力」活動を抑制しようとしたことに対して府県は反発した。例えば，1965年に，熊本市で行われた九州地方開発

図表 3－6　主な府県間の連絡組織（1948-1963）

名　称	設置年月日	構　成　団　体	担　任　事　務
1道6県行政連絡協議会	1961/4/1	北海道，青森，秋田，山形，新潟，富山，石川	日本海の総合開発
日本海北区6県協議会	1953/4/1	青森，秋田，山形，新潟，富山，石川	同上
福島，宮城，山形，3県協議会	1961/11/1	福島，山形，宮城	国際観光ルート設定促進
東北開発推進協議会	1956/6/25	東北7県，市町村，経済団体等	東北開発の促進
北上地域地方総合開発審議会	1951/12/4	宮城，岩手	北上特定地域総合開発
首都圏整備6県連絡協議会	1960/8/29	茨城，千葉，埼玉，栃木，山梨，群馬	首都圏整備に関する連絡
関東甲信越静地方総合開発審議会	1950/12/25	神奈川，千葉，埼玉，茨城，栃木，群馬，新潟，長野，山梨，静岡，東京	地方総合開発計画の策定
東京湾総合開発協議会	1962/12/25	東京，神奈川，千葉，関係市，団体	東京湾地域の総合開発
富士箱根伊豆地域開発促進協議会	1960/10/17	山梨，静岡，神奈川	地域総合開発計画の推進
天竜東三河地域 地方総合開発審議会	1952/1/1	長野，愛知，静岡	地方総合開発計画の調査審議および事業実施のための連絡調整
木曽地域地方総合開発審議会	1952/1/1	長野，愛知，三重，岐阜	同上
北陸地方開発促進協議会	1959/1/26	富山，石川，福井	北陸地方開発の促進
飛越地域地方総合開発審議会	1952/2/28	岐阜，富山	飛越地域地方開発の促進
木曽三川協議会	1960/8/26	中部地方建設局，東海農政局，名古屋通産局，岐阜，愛知，三重，長野，名古屋市	木曽三川の治水，利水の合理的な開発管理
近畿開発促進協議会	1960/12/1	近畿府県，福井，大阪市，神戸市，京都市	近畿圏の整備促進
瀬戸内海水産開発協議会	1951/10/1	大阪，兵庫，岡山，広島，山口，大分，愛媛，香川，徳島	瀬戸内海の水産開発
瀬戸内海総合開発促進協議会	1951/5/26	大阪，兵庫，岡山，広島，山口，大分，愛媛，香川，徳島	瀬戸内海総合開発の促進
吉野熊野地方総合開発審議会	1952/3/20	奈良，和歌山，三重	吉野熊野地方総合開発
大山出雲地方総合開発審議会	1952/1/1	鳥取，島根，岡山	特定地域の開発
九州地方開発推進協議会	1957/6/2	九州各県，山口，市町村	九州地方開発の促進
中国地方開発促進協議会	1959/12/1	岡山，広島，山口，鳥取，島根	中国地方の開発の促進
中国地区鉱業振興協議会	1955	岡山，広島，山口，鳥取，島根，関係団体	中国地区における鉱業の育成振興
福山，笠岡臨海工業地帯整備促進協議会	1962/4/17	広島，岡山，福山市，笠岡市	臨海工業地帯の建設促進
四国産業立地推進連絡協議会	1963/8/7	香川，愛媛，徳島，高知，四国通産局	産業立地の研究業務の連絡
四国地方開発推進委員会	1958/9/9	高知，徳島，香川，愛媛，和歌山	四国地方開発の促進
四国西南地方総合開発審議会	1952/6/1	愛媛，高知	四国西南地方総合開発の促進
有明海地域総合開発協議会	1952/3/3	福岡，佐賀，長崎，熊本，大分	有明海地域総合開発の推進
阿蘇地域地方総合開発審議会	1952/6/1	熊本，大分	地方総合開発の促進
東九州地域地方総合開発審議会	1954/1/1	大分，宮崎	地方総合開発の促進
南九州地方総合開発審議会	1952/8/1	鹿児島，宮崎	同上
浜松高山間 道路整備促進期成同盟会	1958/6/28	愛知，静岡，岐阜15市町村	国道編入の促進
日本横断運河建設促進期成同盟会	1962/11/1	愛知，岐阜，三重，滋賀，福井，名古屋市	日本横断運河の建設促進
中部横断高速自動車道促進同盟会	1963/7/4	三重，愛知，岐阜，富山，福井，石川，名古屋市	中部横断高速自動車道の建設促進
北陸自動車道建設促進協議会	1961/8/10	新潟，石川，福井，富山，滋賀，市町村	北陸自動車道建設促進
第2阪神国道建設促進連盟	1952/8/1	大阪，兵庫，5市	国道の早期完成
産業開発道路協会	1957/5/7	山形ほか関係県，市町村団体	産業開発道路の建設促進
東北自動車道建設促進委員会	1957/12/10	関東東北各県，市町村，団体等	東北自動車道の建設促進
東海道幹線自動車道国道期成同盟	1959/9/8	静岡，神奈川，愛知，横浜市，名古屋市	自動車道建設事業の促進
九州高速自動車道建設期成同盟会	1961/10/20	九州各県，市町村	道路網の早期建設の推進

本土，淡路，四国連絡橋架設促進協議会	1960/6/15	兵庫，大阪	連絡橋架設の促進
瀬戸大橋架設推進協議会	1959/9/19	岡山，香川	本州，四国連絡橋の架設の推進
中国縦貫道路建設促進期成同盟会	1962/10/1	岡山，広島，山口，島根，鳥取，大阪，兵庫	自動車道建設の促進
中国，四国，九州連絡道路建設推進期成同盟会	1961/5/6	広島，島根，愛媛，大分	中国，四国，九州連絡道路建設の促進
中央日本観光協議会	1950/4/1	1 都 11 県（関東甲信越静）	観光共同宣伝，美化運動
尾瀬只見国際観光ルート建設連絡協議会	1962/8/1	新潟，群馬，福島	尾瀬只見国際観光ルートの開発促進
3 県観光振興協議会	1962/8/28	神奈川，静岡，山梨	総合観光開発
北陸 3 県観光連絡協議会	1960/4/1	石川，富山，福井，団体	北陸 3 県の観光振興についての連絡調整
中部日本観光協議会	1948/10/26	1 都 10 県	観光の宣伝
南アルプス観光協議会	1948/4/1	山梨，静岡，長野	南アルプスの振興
中部地方観光事業協議会	1948/4/1	東海北陸 8 県，団体	観光事業の振興
南中アルプス観光協議会	1962/4/1	愛知，岐阜，山梨，市町村	南中アルプスの宣伝
東海地方観光宣伝協議会	1962/4/1	愛知，岐阜，三重，名古屋市	観光宣伝
近畿府県観光委員会	1960/10/11	近畿府県	合同宣伝の実施
瀬戸内海国立公園及び観光事業促進協議会	1948/10/1	大阪，兵庫，岡山，広島，山口，大分，愛媛，香川，徳島	瀬戸内海観光事業の促進
4 県協議会	1959/4/1	鳥取，島根，岡山，香川	観光事業
瀬戸内海観光客誘致協議会	1963/4/1	愛媛，香川，広島，岡山	同上
九州横断国際観光ルート協議会	1963/12/1	大分，長崎，熊本	共同宣伝
熊本，鹿児島観光連絡協議会	1963/12/1	熊本，鹿児島	同上

出典）全国知事会編（1967b）47-49 頁。

推進協議会の事務局員会議において，自治省は，地方行政連絡会議の運営について「現地で実行するものを重点にとりあげ，会議が圧力団体化しないよう留意されたい」[40]と述べている。これに対して，会議に出席した宮崎県の企画部長は，それならば九州ブロック知事会，九州地方開発推進協議会などの既存の協議会を吸収せず，九州地方開発推進協議会も国への要望団体として存続させるよう主張している。その結果，九州地方行政連絡会議の設置後も，既存の協議機関が引き続き存続することになった。

このように，すでに府県は多元的な個別省庁との関係を前提として開発行政を進め，企画担当部局を運営するようになっていた[41]。このため，こうした府県の行動を抑制し，多元的な個別省庁と府県との関係を，地方行政連絡会議などを通じて「統合」しようとした地方自治官庁による開発行政体制の構築は，事実上失敗することになったのである。

第２節　事務の膨張と局部組織の増設

(1)　新規行政需要への組織的対応

府県における企画担当部局の変容

このように，地方自治官庁は府県による企画担当部局の編成を統制誘導することなどを通じて，地方自治官庁を中心とした開発行政体制を構築しようとしたものの，当初の目論見通りにはいかなかった。ただし，こうした地方自治官庁による，府県による組織編成の統制・誘導を通じた「統合」の試みはこれで終わったわけではない。開発行政の「ひずみ」ともいえる，教育や文化，衛生，環境，土地問題などの新しい行政需要（以下，新規行政需要とする）への対処においても同様の動きが見られた。

こうした新規行政需要への対応は，全国的な問題となっていたものの，関係する省庁が複数にわたっていたことから，政府としての一元的な対応は遅れていた。これに対して，「現場」に近い府県や大都市では，美濃部都政の公害対策などに見られるように，首長がこうした問題への対処を公約として当選したこともあり，積極的に対策が打ち出されるようになった。1960年代後半に入ると，多くの府県で，こうした新規行政需要が企画担当部局において所管されるようになった。

例えば岩手県[42]では，1969年に開発行政を所管する企画開発局[43]を改組して企画部が設置された際，自治省との間で行われた協議において，企画部を設置する理由として，地域開発[44]と計画行政[45]の充実・強化に加えて，公害や辺地対策といった新規行政需要への対応が挙げられている。まず，公害問題を所管する理由として「公害については，現在各部局においてそれぞれ関連した事項を処理することとしているが，この事務を総合的に処理するためにも，企画部を窓口として処理させることが適当である」とされた。また，辺地対策の問題については，複数の省庁[46]からそれぞれに法的措置がなされていたことから，地域の「実態に則し，総合調整を行い，真に効果ある辺地対策を講ずる」ために，総合的な調整や政策を所管する企画部を設置し，同

図表 3-7 「新規行政需要部門」に属する事務の所属部局別設置府県数（1966）

公害対策		消費者行政		交通安全対策		青少年対策	
企画・開発部	23	企画・開発部	32	企画・開発部	21	企画・開発部	4
厚生・衛生部	12	商工・水産・経済部	4	総務部	16	民生・厚生・社会部	18
知事直属	4	知事直属	3	知事直属	6	知事直属	15
総務部	2	総務部	4			総務部	6
商工・労働部	2						
災害対策		豪雪対策		水資源対策			
総務部	28	企画部	11	企画部	13		
厚生部	2	総務部	4	知事直属	1		
企画部	1	知事直属	2				

出典）福島県人事課編（1969）149頁をもとに筆者作成。

図表 3-8　企画担当部局に設置された分課の種類別設置数とその変遷

調査年	61年	62年	63年	64年	65年	66年	67年	68年	69年	70年
企画	2	6	17	20	23	24	24	26	23	23
企画開発	17	16	20	27	29	31	30	28	31	29
企画調整	0	7	6	7	10	11	12	12	12	11
総務	6	14	9	12	14	12	11	10	12	12
統計	1	1	9	11	16	19	21	20	20	20
新規行政	2	4	2	2	3	11	31	40	31	37
その他	0	1	1	2	3	2	4	5	5	5
のべ設置課数	28	49	64	81	98	110	133	141	134	137
企画部設置府県数	2	10	18	21	25	26	27	27	27	27

出典）大蔵省印刷局編『職員録』（下巻）各年版をもとに筆者作成。

部において所管することが必要であるとされた。

この岩手県の例にあるように，企画担当部局において新規行政需要を所管することが全国的に見られるようになり，同時に企画担当部局の再編も進むようになった（図表 3-7，3-8）。

地方自治官庁による新規行政需要への対応

このように，府県の企画担当部局において新規行政需要への対応が全国的に問題になると，地方自治官庁もこれに対応するようになった。1966年6月に自治省の主催で開かれた全国都道府県企画部長会議[47)]では，冒頭金丸三郎自治事務次官が「日本の地域開発行政は一度頭を冷やすべき時に来ている」と述べ，その理由として「地域開発といえば，工業開発オンリーであった。右へならえ式の工業開発が過剰投資を生み，真に地域開発に有効となっていない面も出てきている」とし，「今後は総合的な見地からまた，タイミングの合った地域開発を進めてゆくべきである」と指摘した。さらに，こうした事態をふまえ，工業開発を中心とした開発行政のみではなく，公害問題など府県庁内の関係部局や財政との連携・調整を強化するために，府県庁内における「トップマネジメント体制を確立して，首脳部が相互に連携を保ちつつ，長期の府県開発行政を推進する必要があり，その事務当局として企画担当部局があるべき」[48]と述べた。このように地方自治官庁は，「トップマネジメント体制」を構築するうえで，企画担当部局が重要であることを指摘した。

しかし，こうした地方自治官庁の主張は，当時における様々な地方自治官庁の行動と重ね合わせて解釈すれば，単なる「トップマネジメント体制」の構築といった問題にとどまらない意図があったように思われる。

当時，新規行政需要の多くは，複数の省庁が関係する問題であり，実施に当たっては複雑な調整が必要であった。しかし，中央政府内における政策の統合や調整体制の整備が遅れていたことから，関係する省庁は個別に政策を立案し対応する場合が多かった。また，こうした個別的な新規行政需要への対応を通じて，個別省庁と府県が，地方自治官庁の頭越しに結びつくようになっていた。すなわち，地方自治官庁は，開発行政に続いてまたしてもその中心から離されつつあったのである（久世 1971b）。

そこで地方自治官庁は，開発行政の場合と同様に，中央政府内において自治省と府県を中心とした新規行政需要の行政体制を構築しようとした。具体的には，複数の部局との調整を企画担当部局の「トップマネジメント」によって行う仕組みを作り，こうした「トップマネジメント」を自治省が統制することによって，地方自治官庁を中心とした行政体制を作ろうとしたのである。こうした体制作りの一環として，再び局部組織制度が「利用」されることになった。

以下では，公害行政への対応を事例として，こうした地方自治官庁と府県による新規行政需要への対応について見ていくことにしたい。

(2) 公害行政をめぐる府県と地方自治官庁

公害担当部局の設置問題

国による初めての本格的な公害対策は，1958年に制定された工場排出規制法・水質保全法のいわゆる水質2法であった。しかし，復興開発から高度成長期においては開発政策を優先してきたこともあって，国レベルの本格的・総合的な公害対策は行われず，公害行政を所管する省庁も複数に分かれていた。また，1964年には通産省に産業公害課，厚生省に公害課[49]が設置され，総理府に各分野の調整機関として各省庁の事務次官からなる公害対策推進連絡会議が設置された。

1960年代後半になると建設，通産，法務などの各省庁から，相次いで個別に公害施策が打ち出され，公害行政の縦割り化が一層進んだ（今村 1978：289)。例えば，1967年に制定された公害対策基本法は公害を防止するために，事業者，国，地方公共団体それぞれが責務を果たすことを明確化したが，具体的な公害対策はそれぞれ各省庁が所管する個別法にゆだねられていた（現代地方自治全集編集委員会編 1979：430)。こうした縦割りによる対応は，公害対策基本法の制定時に「公害行政の一元的運営」に関する附帯決議がなされたように，公害行政における問題点のひとつとして認識されていたが，1970年に中央公害対策本部が内閣に設置されるまで続いた。

自治体における公害対策は，国における水質2法の制定からさかのぼること9年前の1949年，東京都が公害防止条例を制定したのが最初とされる。1951年には神奈川県で事業場公害防止条例が，1954年には大阪府で事業場公害防止条例が制定されている。しかし，公害対策を所管する部局は，多くの府県において，既存の課や室の一係や担当主幹など小規模なものであった。1960年代後半に入って，ほとんどの府県で公害対策がとられるようになり，1969年に阿賀野川有機水銀事件（第2水俣病）が発生しその被害状況が明らかにされると，住民の公害対策を求める声は本格化した。これを受けて自治体は，公害防止条例の制定や公害行政を専管する組織の新設や拡充を進めるようになった。

こうして新設・拡充された府県の公害担当部局の多くは，衛生部あるいは商工部の内部組織として設置される場合が多かった。その理由は，公害問題を衛生上の問題としてとらえるか，産業行政の一環としてとらえるかといった，公害問題への対応や考え方の違いもさることながら，国レベルにおいて担当する省庁が厚生省と通産省に分かれていたことも関係していた。しかし，公害行政は衛生行政・産業行政ともに関係する複合的な政策であったことから，開発政策と同様に，国レベルでの公害行政の多元化に対して，府県レベルにおいてこれを総合化する必要に府県は迫られることになった。このため，多くの府県では企画担当部局に公害行政を移管していたが，徐々に専管の部局を設置して対応するようになった。以下では，こうした府県における公害関係部局の移り変わりについて，大阪府と神奈川県を事例として，より具体的に見ていくことにする。

a）**大阪府の事例**[50]　　大阪府では，前述の事業場公害防止条例を制定した際に，「公害行政を先ず保健衛生の立場から捉える傾向が強かった」ことから衛生部環境衛生課水道係において，公害行政を所管していた。ただし，騒音・ばい煙・粉じんに関する実務については，商工部商工第一課管理係の所管とされた。その後1953年に水道係から公害係が独立，1958年には商工第一課が振興課と工業課に分離されたことに伴い振興課に公害係が新設された。1961年になると「公害陳情の大部分が中小企業の工場等から発生する産業公害にかかるものであって，その防除について，中小企業育成の立場との調整が重視されたため」商工部に公害課が新設され，公害業務全般がこれに統合された。しかし，1963年4月には，副知事通達によってばい煙規制関係業務のうち，常時監視については衛生部環境衛生課の所管とされ，再び商工・衛生の両部で所管されるようになった。さらに，同年8月に企画部が新設されると，同年10月に設置された大阪府公害対策審議会の事務局や公害防止の基本対策に関する業務・調整業務が企画部総務課の所管となる。これによって公害行政は商工・衛生・企画の3部による所管となったが，1965年10月に産業公害規制の整備を中心とした同条例[51]の改正が行われると，1966年4月に公害行政機構の再編が行われ，公害行政が企画部に移管・統合され，企画調整課・指導課から構成された公害室が企画部内に設置された。このうち企画調整課では，主として企画部企画総務課で行っていた業務や衛生部の業務を引き継ぎ，指導課では商工部の業務を引き継いでいる。

こうして大阪府における公害行政は企画部公害室に統合されたものの，その組織や機能をめぐって様々な問題点が指摘されていた。

第１に，企業に対する接触がほとんどなく，商工部のように融資などの助成業務を持っていない企画部が公害行政を執行すれば，企業に対する規制が事実上弱くなる恐れがあること。第２に，公害の人体への影響などについての調査や分析・研究部門を持たない企画部に公害室を持たせるのではなく，公衆衛生研究所などこうした事務を所管している衛生部に公害室を持たせるべきであること，である。

このほかに，企画部自体の機能と組織に関する問題点として第３に，地方自治法によって部の設置が制限されているために，企画部が教育文化や公害行政といった雑務的な事務を所管することは適当ではないこと。特に，企画部に関しては，機構面から総合調整機能に純化・強化する必要があり，公害防止の規制実務を吸収することは，それに逆行する恐れがあることが指摘されていた。

これに対して第４に，現行の企画部では大きな実効は期待できないために，他部局との間で機構改革を行う必要があること。具体的には，土木部計画課の都市計画および下水道の計画部分，ならびに衛生部環境衛生課の下水道終末処理場に関する計画部分などを統合した都市整備室のような組織を企画部に設置し，これに具体的実施権限を持たせるべきであることが指摘されていた。

ｂ）**神奈川県の事例**[52]　　神奈川県における公害行政は，前述の事業場公害防止条例が 1951 年に制定され，これを商工部商工課が所管したことに始まる。1953 年には，機構改革によって同じ商工部内の工務課の所管となり，その後公害事案が急増したため，1958 年４月に工業課への改組に併せて，同課に公害係を設置した。1962 年には，さらに，公害係を大気汚染を所管する公害第一係と廃液，騒音，振動公害を所管する公害第二係に分割した。

しかし，高度経済成長の進展とともに公害は大きな問題となり，また解決に時間のかかる事案も多くなったことから，1963年の機構改革により公害行政の所管は，商工部工業課から企画調査部に移管され，同部に公害課が新設された。「県行政の総合的企画及び調整に当るべき」企画調査部に移管されたことによって急増する公害問題への迅速な対処が図られるようになったとされ，またこれにより「県行政を全体的に見わたしうる部局の中に公害行政を位置づけた」という。これによって「『事業場公害防止条例』が制定されてからの12年間において，経済部（商工部）が公害問題を所管して神奈川県公害審査委員会を運用してきたなかで，公害行政というものが既存の行政分野と異なる行政目的ないしは行政理念を持つものであることが明らかとなり，しかも同時に他部局の協働を不可欠とする行政であることが判明した」とされる。

公害課は，当初庶務企画係，煤煙防止係，水質保全係，騒音防止係の4係18名でスタートした。1964年6月には水質検査や煤煙測定を行う公害測定室を開設し，同室は1965年4月に検査測定係となり，1970年には川崎・湘南両支所を持つ公害センターへと拡充された。この公害測定室が設置されるまでは，検査や測定は工業試験所や衛生研究所で行われていたが，増大する公害事業の処理を促進するために独自の人員や機材の整備が求められるようになった。このため，公害測定室を設置した結果「従来にもまして真剣な取組が開始され」，公害課の職員が直接処理しうる体制となった。公害課は1970年4月には，公害企画課と公害規制課に分割されている。

公害行政をめぐる省庁間関係と国・府県関係

このように，府県における公害行政は「総合的」な対応を求められたことから，企画担当部局に設置されるようになった。しかし，大阪府の事例に見られたように，企画担当部局において公害行政を所管することをめぐっては様々な問題点が指摘されるようになった。このため，1970年代に入ると，企画担当部局で公害行政を所管する府県は減少し，公害部や環境部などの新しい局部組織が設置されるようになった（図表 3－9）。

また，公害行政をめぐって個別省庁と自治体が直接結びつく場合も見られるようになった。特に厚生省は，1966年ごろから，ばい煙等規制法案について通産省と調整を進める中で，「地方公共団体と一体となってやらなければ闘えるものではない」と感じ，すでに公害防止条例を制定していた東京都や大阪府，福岡県からばい煙規制の経験を聴取し，法案に織り込んでいったという。このほかにも厚生省は，三重県における四日市市の大気汚染問題などに見られたように，府県衛生部から調査・研究や，問題の解決に関して陳情を受けるようになっていた（橋本 1988：50-51）。

一方で，もともと公害行政に直接関与してこなかった地方自治官庁は，徐々に公害行政をめぐる国・府県関係から疎外されるようになっていった。そこで地方自治官庁は，地域開発の場合と同様に，地方自治官庁と府県を中心とした公害行政の体制を構築しようとした。

地方行政連絡会議法が成立した翌年の1966年には，自治省の岡田純夫参

図表 3－9　生活・環境系部局の設置（部以上）状況

調査年	設置県数	8部制（人口250万以上）	6部制（人口100万以上250万未満）	4部制（人口100万未満）
69	1	兵庫（生活部）		
70	0			
71	4	愛知（環境部），大阪（生活環境部）	富山（公害部），岡山（環境部）	
72	8		青森（環境保健部），秋田（環境保健部），福島，長野（生活環境部），三重（環境部），宮崎（環境保健部）	石川（公害環境部），島根（環境保健部）
73	9	埼玉（環境部）	岩手（環境保健部），山形（生活環境部），栃木（衛生環境部），新潟（環境部），愛媛（生活環境部），大分（環境保健部）	福井，徳島（生活環境部）
74	8	千葉（環境部）	宮城（生活環境部），富山，長崎（環境部），沖縄（環境保健部）	滋賀（生活環境部），鳥取（衛生環境部），香川（環境保健部）
75	5	静岡（生活環境部）	山口（環境部），熊本（公害部），	高知（生活環境部），佐賀（保健環境部）
76	2		三重（生活環境部），広島（環境保健部）	
77	2	神奈川（環境部）	岐阜（環境部）	
78	0			
79	1		群馬（衛生環境部）	
80	0			

出典）大蔵省印刷局編『職員録』（下巻）各年版をもとに筆者作成。
注）なお，網掛けの年は，環境庁が設置された年。また，北海道・東京および80年までに部を設置しなかった府県は除いた。

事官が全国都道府県企画部長会議において「公害問題への対処は地方自治体がその地域の問題として総合的に対応することを基本とすべき」であると述べている[53)]。1970 年には「関係各省との調整を行い，また，地方団体に対する指導を強化する」際の指針となる公害防止対策についての基本方針を「中央各省に先がけて」発表している[54)]。同方針の骨子は，①公害行政体制の整備，②規制権限の都道府県知事への一元化，③国の規制基準を改め，地域の特性に応じて地方公共団体が国の基準に上乗せできるようにすること，④公害防止対策に対する総合的な財政措置，⑤自治省に「公害対策課」を設け，国と地方および地方公共団体間の連絡調整に当たること，であった[55)]。

地方自治官庁は，このほかに地方公共団体における公害行政についての実態調査（「地方公共団体の公害対策に関する調」）を行った[56)]。また，ばい煙等規制法の施行後には，既存の条例と新しい法規制との間で，上乗せ・横出しといった問題が発生したことから，公害対策基本法の制定に当たって「地方自治の立場」から「自治省試案」を発表し，法律を地方の実情に即した内容とするよう申し入れを行っている（自治大臣官房編 1971：30，橋本 1988：110）。

一方で，府県の公害行政に対する「指導」を積極的に行うようになった。1970 年 6 月に開かれた都道府県企画開発主管部長会議では，公害行政に関する自治省の考え方について説明するとともに，①各都道府県は公害問題を地域の問題として総合的に取り組んでほしいこと，②公害防止条例を早急に定めること，③公害防止体制の整備に積極的に配慮してほしいこと，などを府県に要請した。

さらに地方自治官庁は，開発行政における企画担当部局の場合と同様に，府県に対して環境・公害行政に関する局部の新設を奨励している。1971 年 1 月に自治省が発表した地方公害白書では，東京，大阪，兵庫，富山の各都府県で，他の局部組織に属しない公害部局が設置されたことについて「このように生活環境の保全を総合的に推進する主管部が設置されたことは，地方団体における公害組織の強化拡充の流れの中で特筆すべきことと思われる」と積極的な評価を見せている。

また同年同月に，中央公害対策本部と自治省の共催で行われた全国都道府県および指定都市の公害担当部長会議において，自治省の岸昌官房長は，従来から地方公共団体が国に先駆けて公害対策を進めてきたことを強調しつつ「公害行政はあくまでも，地域の総合行政を担当する地方団体の責任において進める必要がある」と述べている。これに加えて，地方自治体に「行政の簡素化[57]ということで進められているが，その中でも必要な機構，人員，機器の整備等の充実について配慮いただきたい」とし，自治体における公害行政体制の整備を要請した[58]。これを受ける形で，府県では1970年代に入ると公害・環境行政を所管する「部」レベル組織の再編や新設が相次ぐようになった。神奈川県では，1970年の国における中央公害対策本部の設置（自治大臣官房編 1971：42-43）にあわせて，（神奈川県）公害対策推進本部が設置されている。

しかし，1971年7月に環境庁が設置されたことによって，公害行政は環境庁と府県公害担当部局との間で進められるようになった。同年8月には，早くも環境庁主催による全国都道府県公害対策部長会議が開かれている[59]。神奈川県においても，環境庁の設置に合わせて「従来の公害行政から環境政策へと視野を展開」し，併せて「庁内の公害・環境行政全体の事務局であるという考え方を鮮明にするために」，公害対策推進本部を他部に属さない知事直轄の組織である公害対策事務局に再編している[60]。同事務局は，「単なる部相当の組織でなく，各部を超えて庁内全体の横断的な公害・環境行政を統括するための組織，すなわち知事直轄の局」であり，公害や環境関係の施策はすべてこの公害対策事務局を通じて「総合的」に企画・立案・実施がなされることになった。1977年には，神奈川県庁の全面的な機構改革に伴って，従来の公害対策事務局の業務に，商工部にあった工業保安，企画調査部にあった防災消防，衛生部にあった一般廃棄物および産業廃棄物，農政部にあった自然保護の業務が統合され，「総合的環境行政」を所管する環境部が設置されている。

また，このように環境庁を中心とする公害行政体制が整備されたことから，自治省公害対策課は設置されず，その後地方自治官庁による公害行政は，徐々に公害対策そのものに対する指導から，補助金や地方交付税などの財政面での側面支援へとシフトするようになった。

小 括――「政策」「組織」と地方自治官庁

地方自治官庁は，復興開発期と同様，高度成長期においても開発行政を通じた内政の「統合」を進めようとした。一部に「復活」路線の動き[61)]が見られたものの，すでに「制度の運用の時期」に入っており，そうした選択肢は現実的ではなかった。このため，「現状維持・拡充」路線による「統合」が進められてきたが，いずれも当初の狙い通りにはいかなかった。

このように，地方自治官庁が開発行政や公害行政を通じた「統合」に失敗した要因として，「組織」と「政策」を結びつけることに最後まで成功しなかったことが指摘できよう。地方自治官庁は基本的に制度官庁であり，旧内務省と違って組織内に具体的な政策分野を持っていない。地方自治官庁は早くからこうした点に気づいており，復興開発期における「復活」路線では，建設省や農林省といった具体的な「政策」を所管する官庁との「組織」面での「統合」を進めようとした。また，「現状維持・拡充」路線では，「組織」（関係部）「人事」（出向人事）「政策」（所掌事務）を通じた個別省庁ごとの縦割り関係が強まる中で，地方自治官庁が府県における「組織」と「人事」に対する統制権を取り戻すことで，間接的に「政策」の「統合」を進めようとした。しかし，個別省庁の反発や府県の自主決定権との兼ね合いもあり，「人事」の統制権の確保には失敗し，「組織」についても「標準」化や「協議」制となった。

一方，高度成長期の地域開発や公害行政においては，他省庁との組織的な「統合」ではなく庁内に開発「政策」を担当する「組織」を設置し，これを通じて府県の企画担当部局や公害・環境部局を統制しようと地域開発や公害行政の「統合」を図ろうとした。開発行政では，他省に先駆けて「基幹都市構想」を打ち出し，官房に企画室を設置した。公害・環境行政においても「公害対策課」を設け，自治体への実態調査[62)]を行い，これをもとに「自治省試案」という「アイデア」を打ち出し，府県の企画担当部局や公害担当部局を統制・誘導しようとした。

しかし，地域開発においては自治省企画部の設置が失敗に終わり，十分な「統合」機能を持たない地方行政連絡会議の新設と，府県企画担当部局の「部」への移行にとどまった。公害行政においても，同様に自治省公害対策課の設置と，府県における「部」としての公害・環境担当部局の設置に取り組んだものの，環境庁の設置によって府県での部の増設のみに終わることになる。また，こうした地方自治官庁による「統合」に向けた局部組織制度の「弾力的」な運用によって，1956 年の改正では１部しか認められていなかった任意設置部が徐々に増えていくことになった。

このように，地方自治官庁による，「組織」と「政策」の結合を通じた「統合」の試みがことごとく失敗した要因は，以下の３点にまとめることができる。

第１に，地方自治官庁による「統制」と府県の自主性との間でディレンマ状態に陥っていたことである。地方自治官庁が「自治制度」と「(地域) 政策」を総合的に所管する「内政総合官庁」となるためには，所管する「組織」を設置させるだけでなく，同時に地方自治官庁の提示する政策に従う仕組み，すなわち地方自治官庁が府県知事による自主的な判断を制約する仕組みも作っておかなければならなかった。一方で，戦後の地方自治官庁は，地方行財政の所管官庁として自治体を統制することができるものの，それはあくまでも自治体の自主決定権との均衡の範囲内に限られるため，府県による自主的な政策決定を制約する仕組みを作りだすことには困難が付きまとい，結果として実現することができなかった[63]。

第２に，戦後における府県が，地方自治官庁を通さずとも個別省庁との間で行政関係を構築するという構造が存在していたことが指摘できよう。府県は，財政をはじめとした行政資源の面で国に依存するが，その依存する先は地方自治官庁に限定されるわけではない。地域開発において，個々の省庁と自治体が個別に結びついたように，いかなる省庁であれ，府県の行政課題に対応してくれる省庁であれば，府県（知事）は関係を持とうとするし，またそれが可能である。前述のように，状況に応じて各省庁とアドホックに関係を持つ企画担当部局が設置されたことは，設置を「奨励」した地方自治官庁の意図に反して，こうした国との個別の関係を持つことを促進したものと考えられよう。

第3に，地方自治官庁が「政策官庁」化することに，地方自治官庁全体として積極的でなかったことが要因として指摘できよう。「基幹都市」構想や企画室の設置，公害対策における「自治省試案」の提示や公害対策課の設置構想は，地方自治官庁が内政における「政策官庁」へと脱皮しようとした動きのひとつとして理解することができる。しかし，こうした一連の動きは，各省との競合問題もさることながら，広域行政制度の移管に行政局が反対したことに見られるように，地方自治官庁内での役割分担が確立できなかったことから挫折することになった。また，このことは「内務省の嫡流」であっても「内政総合官庁」から「地方自治官庁」へと組織自体の文化が変化していたことを示しているように思われる。前章において，地方自治官庁からの出向者が，財政課長や総務部長に偏るようになっていたことは，こうした「地方自治官庁」への変化[64]を示唆するものであったといえよう。

このように，地方自治官庁は「組織」と「政策」の一体的な改革・運用ができず，開発行政あるいは公害・環境行政の「統合」は，いずれも挫折することになった。こうした地方自治官庁の動きは，地方自治官庁による府県による局部組織編成への統制を通じた，内政・府県行政の「統合」という，地方自治法制定時における局部組織制度の「本来の趣旨」には限界があったことを示すものであった。今村都南雄の表現を借りて言いかえれば，すでに局部組織制度は「本来の趣旨」からかけ離れて「空文化」していたのである。

では，局部組織制度自体が「空文化」する中で，これ以降局部組織制度は地方自治官庁によってどのように運用され，府県によって局部組織はどのように編成されてきたのであろうか。次章では，1960年代の終わりから1970年代にかけて，急速に進んだ府県における局部組織の改革とその過程について，企画担当部局以外の組織にも視点を拡げて見ていくことにする。

注

1)「市町村総合開発計画策定の機運熟す」『国土』5巻5号，1955年4月，33-34頁。

2) 香川県が策定した段階において本格的な計画を策定していた府県として，富山県，兵庫県，山形県，佐賀県，静岡県，熊本県などがあったという（阿久津1957：7)。

3) また山越は，香川県の総合計画は5年計画であったため，先々までゆとりのない計画にすると「将来行政上の変化があった場合に動きが取れなく」なるため，財政計画には一定の「ゆとり」が必要であり，「ゆとりをおけば当然に赤字が出てくるわけです」と述べている（山越ほか1957：14-15)。

4) 同計画は，開発のみならず，財政の立て直しや県民福祉の向上なども政策目標として含まれる総合的な計画であった。

5) 千葉県では，総務部企画調査課と水産商工部工業課を，知事や副知事が直接「陣頭指揮」することによってようやく「統合」していたという。また副知事（友納武人）は，部長を飛び越えて，直接課長に仕事に指示することが多かったことから，水産商工部長（川上紀一：元内務官僚，のち副知事，千葉県知事）との間でもめることもあったという（湯浅1983：190)。

6) ただし，こうした市町村運営の合理化や施策の総合化に対する指導が具体的にどのように行われるべきかについて，吉浦は示しているわけではない。吉浦は論文においてこの問題に対する「県庁の体制」についてお願いしたいとしている。しかし，当時計画行政の所管が多くの府県で企画担当部局だったこと，また，前述のように，企画担当部局が市町村の計画行政の指導に当たっていたこと，さらに具体的な例として，富山県に設置された市町村総合開発促進委員会では，本来市町村に対する指導を行う地方課長とともに企画広報課長が常任幹事を努めていたことなどから，市町村への指導における企画担当部局の存在意義としては十分に認識されていたものと考えられる（竹島1955：23-24)。

7) こうした状況について，自治官僚の片山虎之介は，「区域の狭隘制と行財政の自己完結性から頑迷な地域エゴイズムを固守し，自己の行政主体としての機能分担を自覚せず，内政実施の経済性をいたずらに低下せしめている」として，当時の府県の行動を厳しく批判した。そのような例として，新産業都市建設促進法の指定陳情活動を例に挙げ，地方公共団体が「細分化された行政区画のままで，国民経済的視野からの調整を経ることなく，類似した構造を競合させながら，企業誘致合戦に狂奔しているのである」と厳しく糾弾している（片山1965ab)。

8) 地方開発基幹都市協議会は，関係都道府県知事を会長とし，県の職員，関係市町村，国の支分部局の長などを委員とするとされた。

9)『自治日報』1961年9月15日。同調査の結果，企画担当部局に所管させることが望ましい事務として，新市町村建設計画および，新農村漁村建設計画などの調整，企業誘致，農業構造の改善，災害対策関係，行政の合理化・能率化，開発計画の策定のほか，自治省が進める「基幹都市」についての事務，そのほかに庁内の複数部局に関係する事務の調整などが挙げられている。

10)『自治日報』1961年9月15日。

　また，同日の『自治日報』紙上では，地方自治官庁がこのように，国・地方を通じた企画部門の整備を重視するようになった要因として以下の3点を挙げている。

「第1に災害対策基本法，農業基本法，地方総合開発計画，地方都市建設計画などの実施に伴って，地方行政を総合的な観点から計画的に進める必要性が高まっていること」。

「第2に，(1961年の）釜ヶ崎事件で，スラム街対策を警察力だけにたより，福祉，労働行政面の協調を伴わないことの欠陥が表面化したように，近年の行政運営ではとくに各行政部門の間に横の連絡が必要となっていること」。

「こうした状況に対して第3に，現在大半の府県で設けられている企画室等の中には，企画室で計画をたてても実際には担当部局がそれぞれ独自の計画によって予算要求する傾向が強いこと。企画室がいれば，人事の吹き溜まりとなって有能な人材が集まらない，知事室がそのまま企画室となったところでは，知事の選挙対策に利用されている例も見られる。こうしたことが原因で，有名無実となっているものも少なくないこと」。

11）これらの構想・計画のうち，通産省・経済企画庁のものは，いずれも関係地方公共団体による工業開発計画や年度ごとの実施計画の策定を定めたほか，これらに対する所管官庁大臣の同意（通産省案），開発事業への関係都道府県知事の申請（経済企画庁案）を定めている点で，自治省の考え方に近い。

12）1962年10月には，第8次地方制度調査会が「地方開発都市に関する答申」の中で，「都道府県を超える広域的行政」について触れ，「地方における広域的な行政事務を計画的かつ総合的に実施するため，いわゆるブロックごとに……国と地方公共団体及び地方公共団体相互間の連絡調整を図るための措置を講ずること」の必要性を指摘している（和田・櫻井1964)。

13)『朝日新聞』1962年5月29日。

14）この橋本委員長による調整よりも前に，自民党政務調査会地方行政部会において調整が行われている。同部会は，1960年の夏以来，数次にわたって，関係各省に対して，各計画に対するヒアリングを行い，同年10月18日に，政務調査会覚書として，以下の3点について取り決めがなされている。第1に，地方基幹都市建設の問題は，「既成大都市の過大防止」「今後における産業の適正配置」「地方開発」の3点を支柱とする地方行財政制度の総合的課題と解せられるので，党は，総選挙後政務調査会内に地方基幹都市建設特別委員会（仮称）を設置して，これが推進に対処すること。第2に，政府は，統一原案を作成して委員会に提出すること。第3に，政府統一原案の作成には，自治省が幹事役として連絡調整に当たること。これ以降，地方自治官庁は，関係各省との連絡調整を開始したが，十分な結論を出すには至らなかった（村田1961：27)。

15）初代参事官には長野士郎官房総務課長が兼任で就任した。

16）この構想には，自治省が参加しておらず，また府県の統合について予定されていないことや，前述の地方建設局の拡充強化や道路・河川の管理権の引き上げなどの集権化が同時に目指されていたことから考えて，国土開発や地域開発を「国土省」を通じて国が直轄して行うことで，企画・実施の一貫体制による実効的な開発行政を行うことが目指されていたものと思われる。

17）同部会では，このほかに考えられる省庁の統合分離について，①現在の企画調整機関を統合した総合開発庁を設け，実施機関は現状通りとする，②現在の国土開発関係の機関をすべて統合した建設省中心の国土省か，自治省中心の内政省を設置する，③実施機関として公団を設ける，ことが挙げられた。

18）同部会では，このほかに考えられる地方出先機関のあり方として，①既存の地方出先機関を統合した広域行政機関とすること，②道州制を設けて個別の地方出先機関をその行政機関として統合すること，③従来のように原則的に一般国政事務を自治体に担当させ，現業的なもの，国営事業，地方自治との関連が希薄なものに限って事業ごとに地方出先機関を設置することが挙げられていた。また，このうち③よりも，地方開発局方式のほうが望ましいとされた。

19）この「地方庁」構想は，中間報告の数日前に，読売新聞紙上において「地方行政府」構想として報道され，そこでは地方行政府の長官は内閣総理大臣が任命するとされていた。

20）同答申の「広域行政の改革に関する意見」では，この案とともに第2案として，「国土開発省および地方機構」案が掲載されていた。これによれば，①総合開発庁と同じ諸機関を統合し，これに基幹事業実施部門を包括した国土開発省（もしくは国土開発委員会）を設置し，これに前述の国土総合開発委員会を附置する，②地方機構として地方開発局を同省の地方支分部局として設置し，地方開発局長・その他関係地方支分部局長および地方公共団体の長ならびに学識経験者を以て構成する「地方総合開発審議会」を附置するとした。この方式は，第1案よりも企画と実施が統合されていることにより，計画の実効性と総合性が確保されているという点で利点があるが，現行の各省間の権限の再配分やそれに伴う対立や混乱を巻き起こすこと，また広域行政の目的から見て総合開発庁を設置する案のほうが「時宜に適し，かつ実際的な可能性が多い」とされた。

21）最終的に，小派川の小規模水利権の許可権限を知事に残すという調整案で建設省は妥協した。

22）『自治日報』1964年6月26日。

23）例えば，当時自治省行政局長であった佐久間彊は，国会答弁で以下のように述べている。「それからいま一つは，地方の総合開発は，地方公共団体，特に都道府県が実施の主体になることが多いわけでございまするので，地方における総合開発計画の調整につきましては，都道府県知事に主体性と申しますか，積極的に働いてもらうような仕組みでなければ，なかなかうまくいかないのではなかろうか，かような点から考えまするというと，国の機関としての地方総合開発審議会を設けて，そこに総合開発庁の調整官が配置をされて，それが議長になって調整をするという方式よりも，自治省が今国会に提案をいたしまして成立をさしていただきました地方行政連絡会議を，むしろ活用して行なうほうがよろしいのではないか，かような意見も持っておる次第でございます。で，地方総合開発審議会の構成メンバーも，関係地方公共団体の長と，国の出先機関の長，それに学識経験者が入っておりまするが，地方行政連絡会議は，関係都道府県知事と，関係地方出先機関の長とで構成をされておりますので，学識経験者を除きますると，地方総合開発審議会と，構成メンバーはほとんど同じでございます。同じでございまするが，都道府県知事がむしろ中心になって運用をするという点で，この臨調の御趣旨を相当尊重しながら，なおかつこのほうが効果的なんじゃなかろうか，かような考え方を持っておる次第でございます」『第48回国会参議院内閣委員会会議録』第19号，1965年4月25日，5頁。

24）1965年4月に自治省が作成した『会議運営規則（準則）』による。「自治省企画室長宮崎剛発各府県企画担当部長宛通知」1965年4月20日，大分県公文書館所蔵『昭和40年度　九州地方行政連絡会議』。

25）企画担当部局が事務局を担当することなどについては，1965 年 4 月 1 日付けの「自治事務次官発各都道府県知事指定都市市長宛通達（自治画第 16 号）」においても述べられている。「地方行政連絡会議法の施行について」大分県公文書館所蔵資料『九州地方行政連絡会議』（1965）。

26）『自治日報』1964 年 6 月 26 日。

27）なお，地方行政連絡会議法案が打ち出された第 8 次地方制度調査会の時点で，企画担当部局が同会議の事務局をすることになっていたかどうかは，手元の資料では不明である。しかし，当時自治省では，全国企画開発主管部長会議などで，地方行政連絡会議法案が臨調の調整官への対抗措置であることを強調している。『自治日報』1964 年 6 月 26 日。

28）『自治日報』1961 年 9 月 15 日。

29）当時自治省では，地域開発について，大臣官房企画室のほかに，行政局でも所管していた。特に，前述の河川法問題をはじめとして，関係各省に対する抗議や反対運動を繰り広げていたのは，行政局であった。企画室の拡充がなされなかったのは，こうした行政局との地域開発行政に対する役割分担が明確でなかったことが大きいものと考えられる（柴田 1975：309）。

30）『自治日報』1964 年 9 月 11 日，9 月 18 日。

31）早川は，阪奈和合併の対象である和歌山県の出身であったが，当時の和歌山県知事は合併にきわめて積極的であったという。

32）宮澤弘によれば，当時自治省の中では府県合併について真面目に議論されていなかったが，長野士郎（当時大臣官房総務課長兼企画連絡参事官，1963 年より選挙局長）は「そういうことをぶち上げるのが好きでしたから」と宮澤は語っている（宮澤 2007：122-123）。

33）こうした府県統合・府県合併に関しては，地方自治官庁や財界関係者からの支持はあったものの，関係する府県の間では意見が大きく分かれる問題でもあった。例えば，阪奈和地域でも奈良県の奥田知事はできるならば奈良として独立することを望んでおり，東海 3 県合併でも，岐阜・三重の知事は比較的消極的な姿勢をとっていた。また第 9 次地方制度調査会における全国知事会や都道府県議会議長会の態度も，あくまで府県の自主的な合併を前提としており，このように，地方側においても対応は分かれる問題に対してあまり強い支持はなかったのである。

34）このほかにも久世公堯は，「府県合併論も一概には言えないのであり，各地域の特性を十分に考えた上で考えるべきではなかろうかと思うのであります」としている（久世 1965）。

35）自治省参事官であった山本弘は，地方行政連絡会議について「広域行政が地域行政としての総合行政である限り，行政需要の発生した現地において，地方の広域に関係ある行政機関を加え，国政との調和を図りつつ連絡協議を積み重ねつつ解決への途を拓いていく方式を制度化することは，中央地方の行政機構全体を通ずる抜本的な変革を，早急には期待し得ないと判断せられる限り，現在直ちに採り得る最善の方式でなければならない」（圏点引用者）としている（山本 1964）。

36）『自治日報』1965 年 6 月 11 日。

37）「関東甲信越地方綜合開発委員会規約」群馬県立文書館所蔵『総合行政 昭和 25 年』知

事82 A。また,「公式」な制度である国総法においても，都府県総合開発計画，地方総合開発計画，特定地域総合開発計画ともに，府県の直接的な窓口となったのは建設省であり，自治庁長官は関係行政機関の長として助言を与える立場に過ぎなかった。

38）国土計画協会編『府県の機能に関する調査』東京都企画調整局，発行年不明，95頁。同書は，1965年度に国土計画協会が自治省の依頼を受けて実施した「府県の機能に関する調査」の報告書である。また，こうした「来賓」である地方出先機関との接触は，国に対する要望を行う際に，中央政府や政権与党内における動向などを探るうえでの情報源としてきわめて重要であった。例えば，1965年ごろの国土開発幹線自動車道建設法別表に掲載された予定路線の追加が行われた際，関係府県に対して，九州地方建設局の幹部から情報提供があり，これをもとに関係府県間で陳情活動の戦略について検討が行われている。また，こうした府県間組織を通じた陳情活動では，関係府県間だけでなく，関係国会議員との連絡調整も重要であった。また，こうした府県の連合による圧力活動は，単一の府県よりも一定の影響力があった一方で，複数の府県が加わることにより，要望事項の選定をめぐる関係府県の駆け引きがあった。さらにこの頃になると政府与党の調整状況についての動向にも大きく左右されるようになっていたため，必ずしも各府県の意見がすべて通ったわけではない。「東九州高速自動車道建設協議会（仮称）準備会について」（昭和40年11月30日起案）大分県公文書館所蔵資料。

39）熊本県（1963）「企画部設置の理由」熊本県庁提供資料。

40）『自治日報』1965年6月11日。

41）例えば，1965年10月13日から14日にかけて，福岡市で東九州高速自動車道建設準備会（13日），九州地方開発推進協議会（14日），九州地方行政連絡会議幹事会（14日），が開催され，大分県企画部企画第1課長はすべて出席していた。また，このうち東九州高速自動車道建設準備会には，大分，宮崎，福岡，北九州市から，残り2つの会議には，九州全県と北九州市から，企画担当部局長や担当課長が出席し，同じ会場で開発推進協議会→地方行政連絡会議幹事会の順に続けて行われた。「復命書（昭和40年10月16日）」大分県公文書館所蔵『九州地方行政連絡会議』(1965)。

42）この岩手県についての記述は，以下の資料に基づく。
臨時行政機構整備委員会幹事会『行政機構整備に関する問題点についての予備的審議の結果報告』(昭和38年8月22日)。
『第3回岩手県議会定例会会議録』（第1号）昭和38年9月28日
『第3回岩手県議会定例会会議録』（第2号）昭和38年10月1日
『第3回岩手県議会定例会会議録』（第3号）昭和38年10月7日
これらは，設置協議に当たって添付された資料である。なお，添付された書類の一覧は以下のとおりである。
1，企画部設置案　2，企画部の設置理由　3，協議参考資料　4，県勢要覧　5，岩手の県勢　6，岩手県経済計画　7，岩手県部設置条例の一部を改正する条例（議決の謄本）　8，議会の審議内容（議案第14号岩手県部設置条例の一部を改正する条例関係部分の会議録の写）

43）企画開発局は，他の部に属しない知事直轄の組織として設置されていた。

44）岩手県では，国総法で規定された特定地域開発として，北上・北奥羽地域が指定されており，これらの開発の継続のほか，1962年にようやく策定された全国総合開発計画に基づく岩手県総合開発計画の策定や，盛岡市を中心都市とする県独自の開発都市建設計画の策定や事業の遂行を推進することが設置理由として挙げられた。

45）企画開発局では，1960年代に入って，開発以外の分野を含む総合的・中長期的な計画の策定が本格的に行われるようになった。しかし，こうした計画を策定する際，企画開発局が策定した総合計画と各事業部局が策定した実施計画との間で「相違点」が多く，計画としての一体性がとれないという問題が発生していた。こうした問題が発生した理由のひとつとして，これまで企画開発局は，開発行政を専管してきたため，ほとんど他部局との交流がなかったことが挙げられている。こうした問題を解消するために，部への移行とともに，企画部の所管する事務として「県行政の長期かつ総合的な企画，特定の重要施策の企画及び重要施策の総合調整に関する事項」を条例に明記することで，全庁的な総合調整機関としての企画部の役割を明確化しようとした。

46）協議資料には，農山漁村電気導入促進法（農水省，通産省），へき地教育振興法（文部省），辺地に係る公共的施設の総合整備のための財政上の特別措置等に関する法律（自治省）などが挙げられていた。

47）また，地方行政連絡会議においても，同様に同会議の専門部会を中心として諸問題の解決について議論するよう指示があったが，部会活動は，本会議も含め低調であったという。『自治日報』1966年6月17日。

48）『自治日報』1966年6月17日。

49）厚生省では，1960年頃から都市化や工業化に伴う保健所と衛生行政の新たな対応の必要性から，1961年4月に環境衛生局が設置され，環境衛生課において公害問題が新たに所管された。環境衛生課では，当初公害調査会を設けて産業界や学界の意見を聞くことが主な事業であった。当時の公害関係予算も，この公害調査会費として配分された35万円に過ぎなかったという。また，厚生省環境衛生課の課長補佐（のち環境庁大気保全局長）としてばい煙等規制法の制定に携わった橋本道夫は，厚生省において公害対策の法制化を始める際，以下のようなエピソードがあったことを伝えている。

「城戸謙次（環境衛生）課長はある日，厚生省の大先輩の木村忠次郎元次官のところにいって，公害対策の法制化はどの程度力をいれたものだろうかと意見をきかれた。これに対して内務省の伝統を身につけられた大先輩は，『君，そのようなことにはあまり力をいれない方がよいよ』と助言されたと，課長が返ってきて声を低めて言われたことを，今もはっきりおぼえている」（橋本 1988：41-44, 49）。

50）以下の大阪府の事例については，荻野（1968：171-202）をもとに記述した。

51）1950年に制定された大阪府事業場公害防止条例は，1954年にいったん廃止されており，この時新たに制定された。

52）以下の神奈川県の事例については，神奈川県環境部編（1991）をもとに記述した。

53）『自治日報』1966年6月17日。

54）『自治日報』1971年1月15日。

55）このほかに，公害防止を地方の事務でもあることを明確にするために，地方自治法を改正し公害の防止と環境の保全を地方公共団体の事務として付け加えた。『自治日報』1971年2月19日。

56）同調査のほかに1970年7月には，全地方公共団体に対して公害対策についての緊急調査を行い，翌年6月同調査を一冊の本（自治大臣官房編 1971）にまとめ出版している。

57）1964年の第1次臨調以降，国における行政改革の流れに沿う形で，地方自治体に対して行政改革の要請や通達が自治省から出されている。まず，組織や人員の簡素・効率化の要請として，事務次官通達「地方公共団体における機構の改善と定員の管理について」（1967年12月）が出された。続いて1971年・1974年の定員管理通達，1975年の人件費問題についての事務次官通達，同年の第16次地方制度調査会の答申，さらに1976年には前述の「行政改革の推進について」の閣議決定を受けて各都道府県に対し「地方公共団体における行政改革の推進について」が自治事務次官名で通達されている。

58）このほか，公害の監視・測定体制の整備，公害防止条例の整備等，公害担当職員の質の向上等を図るよう求めた。また，職員についても「公害担当行政を管理する比較的上級のものを対象とする研修を企画している」とし，同年に公害対策セミナーを開催している。

59）『自治日報』1971年8月13日。

60）事務局の設置と同時に，「環境の保全のための対策の総合的推進を図り，もって県民の福祉の増進を図る」ことを目的として「良好な環境の確保に関する基本条例」が制定されている。

61）例えば，この時期，地方自治官庁の官僚の間から，内務省のような内政総合官庁の設置を主張する論文が出されている。例えば，長野士郎は「空想地方自治論」と題する論考の中で，中央各省庁から地方公共団体に対する縦割りの関与がなくなったのち，地方行政連絡会議や人事交流を通じて，政府各省と地方公共団体を連絡調整する唯一の官庁として「内政省」の存在に言及している（長野1967）。また，片山虎之介も「新内政省試論」の中で，「各省庁の職能的割拠主義と各地方公共団体の地域的割拠主義を打破」するために，「地方自治のみの自治省を，地方自治を含めた内政全般の内政省に引き戻すことが必要である」として「強力な総合調整機能をもった」「内政省」を設置する必要性を訴えている（片山1965ab）。しかし，いみじくも片山論文の構想段階で示されていた「新内政省構想と問題点」は執筆されず「未完」に終わったように，こうした内政総合官庁の構想は現実的ではなく「空想」に終わった。

62）地方自治官庁が自治体からデータを収集することに熱心であったことは，ひとつには自治体を通じた体制が有利であることを示すためであった。もうひとつは，地方自治官庁が「自治体」との連絡調整において優位な位置にあることを示そうとするものであったということができる。しかし，その面からすれば，地方自治官庁が何らかの政策をめぐって他の中央省庁と競合する場合，常に「自治体産」の「アイデア」を示すことによって，自身の優位性を示さなければならなくなったということもできる。地方自治官庁における「アイデア」の問題については，木寺（2012）も参照のこと。

63）述べてきたように，局部組織制度において名称や所掌事務を「標準」の「例示」としたことは，府県の組織編成権を尊重しなければならなかったという理由によるものでもある。

64）局部組織制度の運用をめぐって「組織」と「政策」を一体的に運用しようとしたことにみられるように，府県における「地方制度」と「政策」を一体的・一元的に統制・調整しようとする考え方は，いわば「内務省」的な発想に基づくものであったように思われる。しかし，終戦から高度成長期にかけて地方自治官庁の幹部として陣頭指揮にあたっていた，旧「内務官僚」は，この時期にその多くが地方自治官庁の「現場」から退いていった。一方で，この頃から徐々に地方自治官庁の幹部は「戦後世代」，すなわち「地方自治官庁」官僚へとシフトする。地方自治官庁が企画担当部局に対する統制を断念したことは，こうした地方自治官庁の方向性の変化によるものと見ることもできるように思われる。すでに1950年代中盤における地方財政悪化への対応などから少しずつ見られていたように，高度成長の終焉・安定成長への移行とともに「内務省」と異なる，「自治制度」あるいは「地方財政」の所管官庁としての地方自治官庁の性格が強くなっていたのではないか。

第4章　府県局部組織改革の進展と変容

はじめに

高度成長期も終盤に入ると，地方自治官庁は組織の「簡素合理化」という局部組織制度の「趣旨」を強調するようになった。特に，企画担当部局をはじめ増設を続けてきた局部組織の「簡素合理化」を求め，府県側も組織改革を進めるようになった。

ただし，こうした改革は，企画担当部局や公害担当部局の場合ほどには，国レベルの政治・行政の変化の影響を受けていたわけではない。むしろ，地方自治官庁は府県による「自由」な組織編成を求めており，知事の交代や総括管理機能の強化など，府県内部における状況の変化に改革過程が影響を受ける場合も少なくなかった。後述するように，府県によっては，審議会や庁内のプロジェクト・チームを設置するなど包括的・総合的な改革体制を構築し，組織を取り巻く社会経済環境の変化や経営学などの理論に基づく望ましい組織形態の分析など，「科学的」に組織改革を進めようとした。

しかし，実際には，必ずしもそうした「研究」の成果が改革に結びついていたわけではないように思われる。また，各府県が個々に改革を進めたにもかかわらず，府県間で組織編成はそれほど多様化したわけではなく，むしろ全国的な画一性が見られた。

では，なぜこのような帰結をたどることになったのであろうか。以下では，主に1960年代後半から70年代にかけての，局部組織制度の運用状況とその変化について考察していくことで，その構造的な要因を明らかにする。具体的には，局部組織制度に対する地方自治官庁の態度とその変容，および，前章までに見てきた企画担当部局をはじめとする総括管理系部局を中心に，府県における実際の改革過程を観察していくことにしたい。

第1節　府県行革の開始

(1)　景気の後退と行政改革

高度経済成長の終焉と局部組織の改革

長く続いた高度経済成長も，1970年の秋には後退局面を迎えることになった。1971年8月には景気は一時回復基調にあったもののニクソン・ショックによってさらに低迷した。1973年10月には，第4次中東戦争の勃発をきっかけとして第1次オイルショックが発生し，景気の過熱によって進んでいたインフレは，相次いだ便乗値上げなどもあり，さらに加速することになった。この結果，1950年代半ばから70年代初頭まで年率平均10%台の成長を遂げていた日本の経済成長率は，74年に戦後初めてマイナス（1.2%）成長を記録し，1973年から90年にかけての年平均成長率は約4%となった。これにより日本は，「高度成長」から「安定成長」へと移行することになる（河野康子 2002：248-249）。

こうした景気の後退は，地方財政にも大きな影響を及ぼすことになった。1974年3月に発表された1973年度地方財政決算は，景気の回復を受けて市町村で1038億円，都道府県で533億円の黒字となったものの，翌年3月に発表された1974年度地方財政決算では，人件費など義務的経費の伸びが著しいことから，財政の硬直化が急速に進行するなど，数年来順調に推移してきた地方財政は急速に悪化した。同年度の単年度実質収支は市町村では1116億円黒字となったが，都道府県では163億円の赤字となった。また，1976年8月には神奈川県が，77年8月には大阪府がそれぞれ地方交付税の交付団体となっている。

こうした，高度経済成長の終焉や地方財政の悪化などを受けて，1960年代の終わり頃から70年代にかけて，行政の整理合理化をはじめとした行政改革が，国・府県ともに課題となり，ほぼすべての府県で組織改革が実施されるようになった。ただし，当時の改革は，こうした社会経済や地方財政の悪化のみによるものではない。これ以外に改革を促した要因として，以下の2点を挙げることができる。

ひとつは，知事の交代が多くの府県で進んだことである。1960年代終わりから70年代の知事選挙では，戦後から高度成長期をくぐり抜けた知事が相次いで引退・落選し，新しい知事が就任する府県が多く見られた。また知事選では，こうした地方財政の悪化を受けて，ほとんどの候補者が行政改革を公約に掲げていた。

もうひとつは，それまでの局部組織の改革に限界が指摘されるようになったことである。前章において述べたように，既存の局部組織は，それぞれ関係する個別省庁との縦割り関係が強いこともあって部局間での調整が難しく，ひとたび組織改革を行えば様々な対立や混乱を惹起する可能性があった。とりわけ，開発行政や公害行政などのように，高度成長期に発達した新しい事務は，いずれも「各部局間に関連性を有する事務で総合的一元的な処理」が必要であった一方で，既存の局部組織間での事務の調整等が難しいものであった。このため，様々な省庁に対応することが可能であり，また省庁間・部局間紛争において「第三者」的な立場にあった企画担当部局が，他部局を「補完」する形で所管することになったのである。

その結果，企画担当部局は徐々に「企画雑務部」[1)]と呼ばれるほど所管する事務が増大し，徐々に個々の事務を「補完」することは難しくなっていった。このため府県は，地方自治官庁がその新設を認めたこともあり，既存の部局を再編成するのではなく，前章で述べた公害・環境部局のような新たな「ヨコ割り部局」（打越 2004）を追加して設置することによって，こうした新たな事務や組織の増加・膨張に対応してきた。

このように，既存の組織に追加する形で新しい組織が設置（以下，「追加」型改革とする）されたものの，次第に組織全体の膨張と非効率が問題となり，府県「総合行政」の機能不全も指摘されるようになった。このため，既存の組織を含めた全庁的な行政組織の整理・合理化と総合的な企画・調整システムを再構築することで「計画的，重点的かつ効率的」な行政を実現し，「能率化」「合理化」「合目的化」の観点から「複雑多様化する行政運営に応え得

図表 4－1　府県行政改革の動向

	府県名	主管部局・課	委員会または協議会等（設置月）	知事在職年数
1968	秋田	総務部行政管理課	秋田県行政事務改善委員会（8）	13
	山梨	知事公室	山梨県行政機構審議会（8）	2
1970	栃木	総務部人事課 企画部行政管理課	行政近代化実行委員会（1）	11
1971	福井	総務部人事課	行政管理改善委員会（11）	4
	広島	総務部人事課	行政機構改革特別委員会（6：議会）	9
	長崎	総務部人事課・財政課	事務改善委員会（4）	2
1972	大分	総務部人事課	大分県行政機構審議会（6）	2
	沖縄	企画調整部行政管理室	行財政管理改善委員会（12）	1
1973	千葉	総務部総務課	千葉県行政近代化懇談会（6）	10
	長野	総務部人事課・行政監察室	長野県行政監理委員会（4）	14
1974	山梨	企画管理局行政管理班	組織開発研究会（6）	7
1975	青森	総務部人事課・行政特別対策室	青森県事務事業総点検プロジェクト・チーム（4）	12
	岩手	総務部人事課・財政課	行政機構整備調査委員会，行財政緊急対策委員会（8）	12
	宮城	総務部人事課	行財政緊急対策委員会（9）	6
	茨城	総務部人事課	茨城県行政機構問題協議会（12）	1
	栃木	総務部人事課 企画部行政管理課	組織検討委員会（4）	15
	東京	企画調整局企画室	東京都行財政緊急対策プロジェクト・チーム（7） 東京都行財政改革推進委員会・東京都行財政改善委員会（12）	8
	新潟	総務部人事課	行政組織その他行政運営改善プロジェクト・チーム（5）	2
	石川	総務部人事課	行財政改革プロジェクト・チーム（10）	12
	岐阜	総務部人事課	組織・事務再評価プロジェクト・チーム（4）	10
	静岡	総務部人事課・財政課	静岡県行財政対策委員会（10）	2
	三重	総務部人事課	三重県臨時行政制度審議会（6）	3
	兵庫	総務部人事課・財政課 企画部企画参事	兵庫県行財政緊急対策本部行政点検班（8）	5
	岡山	総務部人事課	岡山県行財政対策懇談会（4）	3
	広島	総務部人事課	行政機構等調査特別委員会（6）	3
	徳島	総務部人事課・行政管理課	行財政改善推進委員会（5）	10
	佐賀	総務部総務学事課	佐賀県行財政対策委員会（8）	16
	熊本	総務部人事課・財政課	熊本県行財政緊急対策委員会（8）	4
	大分	総務部人事課・財政課	財政硬直化緊急対策委員会（6）	4
	宮崎	総務部人事課・総務課・行政管理課	財政危機緊急対策本部（8）	15
	鹿児島	総務部財政課	財政緊急対策委員会（8）	8
1976	北海道	総務部審議室・人事課	北海道行財政運営調査委員会（5）	5
	茨城	総務部人事課	管理改善委員会（10）	2
	埼玉	総務部行政管理課	行政組織プロジェクト・チーム（4）	4
	和歌山	知事公室行政管理課	和歌山県行政組織等検討懇話会（11）	2
	鳥取	総務部人事課	鳥取県行政運営調査委員会（5）	3
	島根	総務部人事課	島根県行政組織整備審議会（7）	2
	香川	総務部人事課	香川県行政制度調査研究会（6）	2
	高知	総務部人事課	高知県行政組織検討協議会（9）	2
	大分	総務部人事課・財政課	行政機構改革検討専門委員会（4）	5
1977	福島	総務部人事課・財政課 企画開発部企画調整課	行政機構改革審議会（4）	2
	滋賀	総務部人事課・行財政調査室	（昭和52年度の組織定数管理方針について）	3
	大阪	総務部財政課	財政運営対策委員会（組織機構専門幹事会（6）・事務改善推進幹事会（10））	7
	島根	総務部人事課	島根県試験研究機関等整備委員会（6）	3
	山口	総務部人事課	山口県行政組織整備審議会（4）	2
	愛媛	総務部人事課・財政課・総務課 調整振興部行政管理課	行政管理検討委員会（4），事務事業見直し検討班等（4）	7
	宮崎	総務部人事課・総務課・行政管理課	行財政検討委員会（5）	18
	沖縄	企画調整部行政管理室	臨時行財政改善調査会（4）	2

出典）地方自治制度研究会編（1978）89-92頁などをもとに筆者作成。

る行政執行体制」の構築が求められるようになった（山本 1978：166-168，福島県総務部人事課編 1978）。例えば，神奈川県では，「中央施策縦割傾向の行政執行体制を，自治を基本とした地域行政総合施策型」へ移行させるうえで「県政の施策と運営全般にわたるシステム転換が要請」されていることを理由として組織改革が進められた（神奈川県総務部行政管理課編 1977）。

「総合」型改革と改革の画一性

当時の改革は，このように改革の目的や目標の面において「総合的」であっただけではなく，改革の推進体制も，全庁的な体制が組まれたという点で，また「総合的」なものであった（原田 1978：88-92）。改革そのものは，人事課や行政管理課など通常組織編成を所管する部局が担当していたが，ほとんどの府県で外部有識者を含めた行政改革に関する委員会，協議会，審議会，庁内各部局が参加するプロジェクト・チームなどの組織が設置され，組織改革について全庁的・包括的な議論を行う体制が構築されていた（図表4－1）。例えば1975年から78年の3カ年の間で全都道府県が何らかの形で組織改革を行っているが，改革に当たってこうした組織を設置したものは42府県に上っている（成田 1979：66）。

こうした「総合的」な体制を通じて組織改革に取り組んだ結果，府県の局部組織は一定の「総合化」が見られるようになった。例えば，多くの府県で府県における「総合行政」の再強化やトップ・マネジメントの強化を目指して企画担当部局の改革が進められた。例えば，前述のように「雑務部」化しつつあった企画担当部局を，企画・調整機能と実施機能に分離する「企画機能の純化」が進められた。こうした再編の結果，企画担当部局を企画室や知事室といった組織に縮小する場合や，部としての形態は維持しつつも，「企画調整部」など「企画」や「調整」といった機能を強調する名称に変更する府県が多く見られるようになった。

このほかにも，それまで複数の部局で別々に行っていた事務を統合してひとつの組織に再編する場合も見られるようになった。例えば静岡県では，職業安定や労政といった労働行政部門と，農林水産行政や商工労働行政における後継者養成や職業対策を統合した「職業対策部」が設置されている。また，埼玉県では，総務部から財政機能を分離し企画担当部局と統合した「企画財政部」が設置された。

しかし，全体的に見れば，改革の方式や内容はそれほど新しいものであったわけではない。例えば，「企画雑務部」とされた企画担当部局の改革では，「企画と実施の分離」が進められたものの，「雑務」の部分を既存の部局の間で事務分掌を振り分け直すのではなく，新規行政需要への対応に見られたように，「県民部」や「生活部」など新たに設置した組織に移管させたに過ぎない場合が少なくなかった。

また，既存の法定部の改革も部分的なものにとどまった。例えば，総務部や土木部等の統廃合はほとんど行われず，組織再編の対象となった法定部は，農林省関係（農林水産）あるいは厚生省関係（民生部，衛生部等）の部に集中していた。まず農水部門は，一部の府県にあった商工部門と水産・林務部門との統合（商工水産部，商工水産林務部など）がなくなり，農業・林業・水産の各部門間での統廃合が行われている（農林水産部，農政部・林業水産部など）。厚生省関係は，1950 年代に問題となった衛生行政と民生（福祉）行政の統合は 1970 年代においてもほとんど行われなかった[2)]。再編が行われた場合も，衛生部から厚生部などへの名称変更や，環境庁が設置される以前に厚生省が所管していた公害行政と衛生行政の統合（保健環境部など）などのパターンに限られていた。

地方自治官庁の「変化」

前章までに見たように，地方自治官庁は府県による局部組織の編成を統制・誘導することを通じて，個別省庁ごとに多元化する行政の「統合」を図ろうとし，企画担当部局の新設を奨励するなど，一定の組織の新設・増設を認めてきた。ただし，こうした対応は，それが「統合」の手段として地方自治官庁が提示した開発政策や公害・環境政策の実施機関として設置される限りにおいて認めたものであり，府県が主体的に自らの意思やアイデアによって，組織を変更することには否定的であった。

例えば，1966 年の『注釈・地方自治関係実例集（Ⅱ）』では，「特別の事情のない限りは，設問の如く法定の各部の所掌事務を相互に入替変更するが如きことは，法の趣旨に適合しない」としている（地方自治制度研究会編 1966：48）。

一方，高度成長の鈍化に伴って地方財政の悪化が目立つようになると，地方自治官庁は府県に対して積極的な組織の再編を促すようになった。地方自治官庁は，こうした財政の悪化が，府県が高度成長期以降の自然増収の増大に慣れ，将来に対する十分な見通しを持たないまま経費を拡大してきたことに根本的な原因があると考えてきた。また，こうした体質が，オイルショックや低成長への転換による自然増収の急減によって一気に顕在化したことから，行政改革を通じた「行財政の合理化」を推進することで，一刻も早くこうした「水ぶくれ体質」から脱却するべきであると主張していた。そのためには，予算のゼロベース査定や人件費の削減，それに行政の守備範囲の見直しや組織のスクラップ・アンド・ビルドといった，行政内部の合理化や体質改善が必要[3)]であるとした（鎌田 1975，坂田 1977：741-750）。また，1967 年には「地方公共団体における機構の改善と定員の管理について」を通達するなど，府県が自主的に速やかな改革を進めることを要求している。

このように府県に対して行革を求める中で，局部組織制度に対する地方自治官庁の態度に変化が見られるようになった。

まず，「法の趣旨に適合しない」とされていた，局部組織間の事務の入れ替えや新設・統廃合を認めるようになった[4)]。例えば，1977 年の地方自治法の解説書では「地方自治法第 158 条第 1 項は，局部の数のみを限定しており，局部の名称及び所掌事務については限定せず，単に例示しているのみである。従って，局部の名称及び所掌事務については，各都道府県が自由に定めることができると解される」（古居 1977）と記されている。

次に，これまでになかった組織を設置することについても，「自治の知恵」を活用したものであるとして高く評価するようになった。例えば，前述の静岡県が発案して設置した「職業対策部」の設置について「今日の府県における労働行政は，労働省の所管をそのまま移管したものではなく，その中心は産業後継者対策であり，雇用対策でなければならない。静岡県の機構改革は労働行政の現代的課題を具現するための組織といっても過言ではない」と評価した（久世 1971：239-240）。この職業対策部は，組織自体は任意設置部であるが，新規行政需要への対処として設置されたものではなく，既存の局部において所掌していた事務を「職業対策」の視点から「入替変更」したものであった。

こうした組織の設置は，以前の地方自治官庁の態度からすれば，局部組織制度に規定されていた必置部と任意設置部の区分，あるいは中央省庁や他の府県との「権衡」に反するものであり，「特別の事情」をどのようにとらえるかという問題を別にすれば，「法の趣旨に適合しない」ものであったと考えられる。にもかかわらず，地方自治官庁は，静岡県のように「所掌事務を相互に入替変更するがごとき」組織再編に積極的な評価を下したのである。

このように地方自治官庁の態度が変化したことには，2つの要因が考えられる。ひとつは，前章までに見てきたように，「組織」と「政策」の連動がことごとく失敗したことなどから，地方自治官庁内で局部組織の編成を統制することを通じて内政の「統合」を図ることに消極的になったことである。すなわち，地方自治官庁にとって，府県による組織編成を統制することによって得られるメリットが，「統合」問題の側面においては，以前と比較して小さくなっていたものと考えられる。

もうひとつは，行政改革の問題が差し迫っていたことである。前述のように，地方自治官庁は「機構の改善」を進めることによる，地方財政の悪化への対応を府県に要請していた。こうした場合，地方自治官庁が府県に対して局部組織制度の規定を「順守」するよう求めれば，府県は，法律に定められた名称や事務分掌，設置数に従って組織を編成することになる。逆に言えば，府県の事情に応じた柔軟な組織の組み換えや統廃合など，府県が法律の規定にとらわれず効率的な組織編成を追求することが難しくなってしまう可能性があった。他方で，こうした柔軟な組織の統廃合を重視して，制度自体を廃止あるいは改正すれば，個別省庁からの反発を受ける可能性もあった（久世 1966）。このため，地方自治官庁は，制度自体の廃止には手を付けないものの，地方自治法第158条の規定が「規制」ではないことを強調することで，府県が「自主的」に組織改革を進めるよう促す[5]ようになったものと考えられよう。

地方自治官庁の「意向」

ただし，当時の状況から見て，地方自治官庁は府県が全く自由に組織を再編してもよいと考えていたわけでもない。当然のことながら，組織の「簡素合理化」を求めていたことから，設置数が過大になることに対しては否定的であった。また，地方自治官庁は，組織の名称や事務分掌に対しても，「自由に定めることができる」としながらも，通達や自治官僚の執筆する解説書，後述する府県での「講演」などを通じて，改革の課題[6]やあるべき方向性を府県に対して示していた。例えば，1974年の内かんでは，道府県における「局」の使用は厳に慎むべきであること，知事直轄組織の設置を自粛すること，部と課の中間機関を設けないこと，組織変更に伴う定数の増加は「厳に戒めるべき」などの指導をしている[7]。

特に，企画担当部局や総務部といった総括管理系の部局の編成については，ある程度具体的に方向性を示していた。当時，多くの府県では，こうした企画担当部局による「トップ・マネジメント」を確保するために，財政機能（あるいは人事機能）を企画担当部局で所管することが議論されていた。こうした動きに対して，「旧府県時代以来，都道府県における総合調整機能は，伝統的に総務部（内務部）が所掌してきているだけに，企画部における総合調整機能を論ずる場合，現実の問題としては，総務部との関連が特に考えられなければならない」としたうえで，「総務部を二分して財政課・地方課を企画部に属せしめ，残余の部分を庶務部とする案」や，こうした「企画部に一段と高い位置（たとえば名称も『官房』とし，専任の副知事を長とする等）をあたえる」ことも考えられるものの「府県行政の総合調整を考える場合，総務部が伝統的にはたしてきた役割からみても，このような案は適切であるとは限られ」ず「事務的な調整や予算的調整については一切総務部にまかせることが必要である」と指摘している。そのうえで「総務部の所掌する人事による調整機能や，財政による調整機能とは異なり，むしろ地方公共団体の行政全体，さらには政治的問題も加味して，計画的に政策決定機能を果たすという新しい地方自治の機能として評価さるべき」とした。このように，地方自治官庁は「トップ・マネジメント体制」の強化を指摘しながらも，実際の設置に当たっては，従来総務部が所管してきた予算や人事といった，「力」による調整機能を企画担当部局へと移管[8]させることには否定的であった（久世 1971：139-144）。

ただし，こうした地方自治官庁の考え方は，いずれも公式的な府県の組織編成に対する「規制」ではなく，通達等による行政指導によって府県にもたらされたものでもない。これらの記述は，地方自治官庁（あるいは，自治官僚）による「講演」や行政改革の参考書等を通じた，助言やアドバイスであったに過ぎない。実際にも，府県によっては，人事や財政の担当組織総務部から分離し，企画担当部局に設置する場合が見られた。しかし，こうした地方自治官庁の「助言」と異なる編成を行った府県は，前述の埼玉県（企画財政部財政課）や京都府（企画管理部人事課）などごく一部の府県に過ぎなかった。多くの府県では，企画担当部局において財政や人事を所管することが議論の俎上には上るものの，最終的な実施には至っていない。

このように，地方自治官庁は府県に対して「インフォーマル」な形で一定の方向性を示したものの，府県による自由な組織編成そのものは認めていた。これに対して府県は，自由に組織を編成することが認められており，知事の交代や財政の悪化といった内生的な要因があったにもかかわらず，地方自治官庁の提示する方向性に近い形で組織を編成する場合が多く見られた。また，府県における組織改革は，各府県において個別に実施されたにもかかわらず，全国的に見て画一性の高いものとなった。

以下では，節を変えて，前章までに引き続き企画担当部局をはじめとする総括管理系部局の改革の実態について検討する。具体的には，前述のように地方自治官庁が方向性を提示していた総務部と企画担当部局の機能分担の問題が発生していた事例として，山梨県と福島県における組織改革を取りあげ，こうした現象が発生した構造的な要因について考察を進めていくことにしたい。

第2節　事例研究

(1)　山梨県の事例[9]

「改革」の開始

山梨県では，1940年代から1950年代にかけて，衛生・民生および経済関係の部レベル組織において改編が行われている。1956年には地方自治法改正を受けて，必置部（人口100万人以下）である，総務，厚生労働，経済，土木の4部に加えて，内閣総理大臣との協議を通じて「本県林業の特殊性から存置の承認を得た」林務部を任意設置部として設置した。1962年4月には，総合開発計画のほか，北富士山麓・八ヶ岳山麓を中心とする地域開発計画，中央自動車道対策の推進をねらいとして，企画・開発・観光の3課によって構成される企画開発部を設置した。

1967年の知事選挙で，5期目を狙う保守系（自民党）の前職・天野久を破った田辺国男（社会党系無所属）が知事に就任すると，直ちに全面的な機構改革が開始された。田辺知事は，同年2月の県議会での所信表明において「民主県政の確立」のために「県民のための県民機構の整備確立」を目的とする機構改革の意向を表明するとともに「特に専門的な機関を設けて調査研究を進め，行政能率を最大限に発揮し得るような方途を講じて参りたい」と述べた。これを受けて，知事公室に担当の参事ほか5名からなる機構改革の担当職員が配置され，人事課との協議を経て，庁内各部局の協力を得ながら現状に関する基礎調査や，直近に機構改革を実施した他県（長野，群馬，茨城，宮城）の状況調査などが進められた。

5月に入ると知事公室による調査活動は本格化する。5月23日の部長会議では，調査の全体像が決定され，各部局の業務実態についての調査が行われることが決定された。知事公室は，その後集められた調査結果や聞き取り調査をもとに，「県行政組織の現状と問題点について」と題した報告書を作成した。

同報告書では，県行政機構全体についての現状や問題点が，各組織の設置や改編の経緯も含めてまとめられていた。特に，県行政における総合調整機能の現状については，部長会議が単なる調整連絡的なものに終わっていること，また会議を補佐する知事公室の機能が極めて弱体であることなどが指摘された。また，知事公室とともに総合調整機能を分掌する企画開発部企画課の機能が十分でないことも指摘された。同報告書では，その理由として①企画開発部が他の部と並列の立場にあること，②国と府県との行財政制度の実態から府県における総合的企画調整に限界があること，③財政，人事部門との関連が薄い，の3点が指摘されている。また，実質的な調整は，財政，人事の権能を持つ総務部において行われているとし，今後は「総合調整機能を実施部門から分離して純化し，その一元化（たとえば知事直属の部局に）をはかるとともに，権限の裏付けをもった，企画調整部局の整備について検討する必要がある」（圏点引用者）としたが，具体的な改革の内容については明言していない。さらに，同報告書では，資料として山梨県と同じ人口100万人以下の県における部制の状況，全都道府県における出先機関と企画部の設置状況がまとめられていた。

このように知事公室による調査活動が進められる一方で，山梨県は，機構改革についての審議会を設置すること，それに機構改革を外部から検討するため，中央省庁（自治省，行政管理庁）および民間コンサルタントに機構改革について調査を依頼[10]することにした。また田辺知事は，1967年6月の定例県議会[11]において，行政機構改革に関する所信を表明するとともに，「山梨県行政機構審議会条例（昭和42年山梨県条例第29号）」および補正予算

図表 4-2　山梨県における局部組織の変遷

1949年9月	1950年10月	1953年11月	1955年10月	1957年10月	1962年8月	1968年7月
総務部	総務部	総務部	総務部	総務部	総務部	総務部
経済部	経済部	衛生民生部	社会部	厚生労働部	厚生労働部	厚生部
農地部	商工部	商工労働部	衛生部	経済部	経済部	商工労働部
林務部	農地部	経済部	商工部	土木部	土木部	農務部
土木部	林務部	林務部	農務部	林務部	林務部	土木部
民生部	土木部	農地部	林務部		企画開発部	林務部
衛生部	民生部	土木部	土木部			
労働部	衛生部					
	労働部					

出典）大蔵省印刷局編『職員録』（下巻）各年版をもとに筆者作成。

図表 4－3　山梨県での行政機構改革の過程

年	月日	出来事
1967（昭和42）	1.29	知事選挙で田辺国男前衆議院議員が現職の天野久を約10万6000票の大差で破って初当選
	2.17	田辺国男知事就任
	2.28	定例議会で田辺知事が機構改革を表明
	4.1	知事公室参事に青嶋貞夫着任（行政機構の調査担当）
	5.1	行政機構調査スタッフ増員のため，知事公室（青嶋参事）に5名の職員を配置（主幹1，主査3，主事1）
	5.8	調査の方法等について人事課と協議。その結果，最近行政機構改革を実施した長野県，群馬県，茨城県の実情を調査（5.11～13）
	5.16	部長会議において，「行政機構調査の進め方について」「行政機構調査業務予定表」を審議，決定
	5.17	各部主管課の課長補佐会議を開催して，基礎調査の打ち合わせを実施
	5.23	部長会議において，「行政機構調査事務についての問題点」について審議，決定
	5.25	行政機構を改革する上での助言を得るため，自治省及び行政管理庁の係官と打ち合わせ。しかし，両者とも『山梨県が短時日のうちに実施する」という理由で「状勢を見守る」とした
	5.29	部長会議において「行政機構調査について」（基本方針）を決定
	5.31	5月17日の各部主管課課長補佐会議及び5月23日の部長会議の方針に基づいて業務実態調査を行うため，説明会を実施
	6.1	宮城県の行政機構と事務処理方式の実情を調査
	6.9	各部の主管課長会議を開催して，部長会議の決定に基づく今後の方針，作業日程等を報告
	6.16	知事公室と庁内各部課とが共同して行政機構調査を実施するため，課長補佐（主管課）を，知事公室兼務（併任）を発令
	6.20	県事務所の総務課長会議で「行政組織の問題点及び改善意見の提出について」説明
	6.23	知事部局教育委員会企業局の各課（室）及び各出先機関の長に対して，「行政組織の問題点並びに改善意見の提出について」，管理職としての意見聴取
	6.27	県事務所長会議において，知事公室長から行政機構改革についての大綱の説明
	6.30	定例県議会に「山梨県行政機構審議会条例」及び補正予算（行政機構調査費として651万円：おもに専門機関・コンサルへの調査委託費用）を提案し，知事が行政機構改革に関する所信を表明（7月17日閉会）
	7.10	知事部局以外の各行政委員会等においても併行して機構改革を実施することが望ましいとして各機関の長に協力を要請
	7.17	部長会議において，行政機構審議会への諮問事項等6項目について審議。同日知事公室青嶋参事出納長に就任
	7.19-20	議会で「山梨県行政機構審議会条例」が可決・成立したことを受け，知事公室において人事課と今後の作業日程について打ち合わせ
	7.26	日本生産性本部と『行政機構調査」について委託契約
	7.30	日本生産性本部の経営コンサルタント来県。翌31日から8月5日まで第1週目の診断。知事公室長（平岡元正）らと打ち合わせ
	7.31	「山梨県行政機構審議会条例」公布・施行。同日，地方労働委員会事務局長から行政機構改革についての回答
	8.1	人事課長中村多喜男，知事公室主幹として，兼務発令。山梨県行政機構審議会委員（15名）を委嘱
	8.2	山梨県職員労働組合幹部から日本生産性本部へ公開質問状が提出される。同日回答
	8.4	日本生産性本部，第2週の調査スケジュール発表。「一般職員層に対するインタビュー計画についてのお願い」が知事公室長に対して提出
	8.8	第1回山梨県行政機構審議会開催
	8.11	第2回審議会で審議するためとして，「行政機構のあり方について行政部門別に意見を聴取するための参考人の人選について」知事公室長から地方，観光，商政，社会，農政，林政の各課長に依頼（→80名を人選）
	8.18	日本生産性本部からの依頼に基づいて，職員層に対するインタビューを知事公室長から各所属長に依頼
	8.20	日本生産性本部によるインタビュー実施
	8.21	国民健康保険課の新設について，山梨県国民健康保険団体連合会から山梨県行政機構審議会長に陳情
	8.23	第2回山梨県行政機構改革審議会開催　同日日本生産性本部経営コンサルタントと意見交換
	8.25	農林行政部門の意見をきく会開催
	8.26	商工行政部門の意見をきく会開催
	8.29	厚生行政部門の意見をきく会開催

1967 （昭和 42）	9.4	第 3 回山梨県行政機構改革審議会開催　この日の審議会に企業局および教育委員会から「行政組織の現状と問題点について」提案。この日提案する諸問題を審議する方法として，部門別に進めることを決定（総務，厚生，農林の各部会を設置）
	9.5	山梨県行政機構審議会長から「県出先機関の実施調査について」知事に対して依頼。これを受け知事は，関係する各課長に対して調査を依頼
	9.7	部会による出先機関の実地調査（農林）
	9.8	部会による出先機関の実地調査（農林，総務，厚生）
	9.11	甲府市長より，審議会長あて「農業改良普及所の統合について」陳情
	9.14	第 4 回山梨県行政機構審議会開催　同日審議会長から，知事，市長会長，町村会長にそれぞれ人選を依頼した参考人から意見聴取
	9.16	審議会長，知事に対して「本庁の部課長から意見聴取のための協力依頼」，これを受け知事公室長から各主管課長に通知
	9.17-23	日本生産性本部の調査
	9.19	部会ごとに部課長から意見聴取（厚生部会：教育長，教育庁内課長から意見聴取　農林部会：農務部長，同部内課長，公営企業管理者，企業局長，同次長，同局内課長から意見聴取）
	9.20	部会ごとに部課長から意見聴取（厚生部会：厚生労働部長，同部内課長から意見聴取，農林部会：土木部長，林務部長，両部内課長から意見聴取　総務部会：総務部長，企画開発部長，知事公室長，人事課長，財政課長，地方課長，広報課長，企画課長，知事公室次長から意見聴取　ただし総務部会については，三部長と個別に実施したのち，各課長合同でインタビュー）
	9.22	部会ごとに部課長から意見聴取（総務部会：知事公室長，総務部長，企画開発部長，三部内課長，出納長，出納次長から意見聴取
	9.27	審議会農林部会開催（聴取内容の集約）
	9.29	第 5 回山梨県行政機構審議会　（河中二講静岡大教授講演，甲府市長の陳情を討議）
	10.3	審議会農林部会開催（前回調査内容の検討集約）
	10.4	審議会厚生部会開催（前回調査の補足審査）
	10.5	農業関係 4 団体「県行政機構に関する要請について」知事に要請
	10.11	第 6 回山梨県行政機構審議会開催（全員自由討議）
	10.13	審議会総務部会，厚生部会開催
	10.15	審議会農林部会開催
	10.18	審議会総務部会開催
	10.18	第 7 回山梨県行政機構審議会開催　香川県副知事田中守の講演（「行政機構に対する改革意見」「県行政機構改革の方向」）県の部課長 20 名も聴講　審議内容について中間発表（特徴的な問題点と方向）
	10.23	日本生産性本部来県　山梨県職員労組「県行政機構改革についての意見書」提出
	10.24	日本生産性本部調査結果について報告
	10.26	第 9 回山梨県行政機構審議会開催
	10.28	審議会総務部会開催
	10.29	審議会農林部会開催
	10.30	審議会厚生部会開催
	11.2	審議会総務部会開催
	11.2	第 10 回山梨県行政機構審議会開催　機構改革案の骨子について検討　自治省行政局久世公堯課長補佐から意見聴取
	11.4	審議会厚生部会開催
	11.4	審議会総務部会丸山委員，事務局と打ち合わせ
	11.8	第 11 回山梨県行政機構審議会開催　同日山梨県長期開発計画の審議の方向について同計画審議会の吉田総括部会長より説明。答申書の起草委員を人選
	11.9-17	山梨県企業局長公舎にて事務局・起草委員による原案作成作業
	11.9	山梨県砂防協会長佐野為雄より審議会長あてに「土木部砂防課の存続，拡充方について」陳情
	11.14	山梨県町村会長より「県事務所の存置について」陳情。町村議会議長会長より「県行政機構改革に対する要望」陳情
	11.18	第 12 回山梨県行政機構審議会開催　答申案について討議
	11.24	第 13 回山梨県行政機構審議会開催　会長より知事へ答申
	11.24	答申に対して山梨県職員労組声明
	11.25	知事公室への兼務辞令を解除（各主管課課長補佐，人事課長）。知事公室行政機構調査担当スタッフを人事課に兼務発令し，答申の実施作業開始
	11.28-29	部長会議開催（機構案の作成について討議）
	11.28	山梨県職員労組より知事に申し入れ
	12.4	部長会議開催（各部室の機能について討議）

1967（昭和42）	12.13	部長会議開催（各部室及び各出先機関について討議）
	12.18	行政委員会での改革を知事部局と並行して行うよう通知
	12.25	商工労働部の設置と林務部の存置に関して自治大臣あて内協議
	12.27	警察本部長より「行政機構の改革と答申に関連する事項に対する意見について」要望
	12.27	自治省事務次官より各都道府県知事に対して「地方公共団体における機構の改善と定員の管理について」通知
	12.28	部長会議が開催され，各部室課および各出先機関の組織は概ね決定（名称的なもの）
1968（昭和43）	1.16	山梨県町村会・町村議長会，合同で知事に要望（県事務所の存置について）
	1.16	第14回山梨県行政機構審議会開催　県案の内容について全員に対して説明
	1.20	知事記者会見（機構改革の概要）
	1.27	県議会招集　本会議・議案説明
	1.29	本会議代表質問　行政機構審査特別委員会を設置
	1.30	行政機構審査特別委員会
	1.31	行政機構審査特別委員会
	2.1	本会議　原案通り可決成立
	2月上旬	山梨県部制条例の改正等により，人事課において細部についての規則の立案作業開始（各課からの聞き取り作業）
	3月中旬	山梨県行政組織規則の立案着手
	3.30	山梨県行政組織規則公布
	4.1	山梨県行政組織規則施行

出典）山梨県（1970）をもとに筆者作成。

（行政機構調査費として651万円）を提案した。

日本生産性本部による調査

民間コンサルタントによる調査は，日本生産性本部[12)]が担当した。同年7月30日，日本生産性本部の担当者が来県し，翌日から調査が開始された。生産性本部は正味4週間にわたり，7名の経営コンサルタントが手分けして，部課長，関係団体，無差別に抽出した職員（90名）から意見聴取を行った。また，途中8月23日の審議会では，審議会委員との意見交換も行われている。

これらの調査結果をもとに，生産性本部は報告書を審議会に提出[13)]している（10月24日）。報告書では，まず，府県における組織編成の問題点として，中央省庁からの機能的権限行使が十分に総合調整されていないにもかかわらず，府県庁がこれを受け止めなければならないこと，加えて人口だけで部の設置数が決められていることによって，機構改革による府県庁内における専門性の発揮と，これらの調整を一体化してコントロールすることが難しいことを指摘した。さらに，既存の企画開発部の総合調整機能が十分に発揮しえていないこと，また，財政機能が企画調整機能の基盤として重要であるとしている。

これを踏まえて報告書では,「中央省庁との機能的なつながりを考慮に入れ,知事のスタッフを強化し……知事の施策を実行していく強力な総合調整機関」とするために,企画開発部から企画機能を抽出した企画室の設置案が示された。加えて,「重要政策と予算編成は切り離すことはできない」とする立場から,企画室に財政機能を持たせることや,総合調整等知事の意思決定補佐,行政効果の測定や機構改革に関する調査研究あるいは事務改善など行政管理,長期計画の立案ならびにその進行管理等を所管することが提案されている。また,各部に企画担当職を置きこれを企画室に直結させることで,セクショナリズムを防ぎ,政策の一体化を図る[14]とした。これらの機能を十分に果たすため,企画室の人員は少数にとどめ,ラインの業務は極力担当しないことが望ましいとした。

以上の指摘を踏まえ,企画室以外の各部の編成案として,以下の5案を示している。

第1案:商工労働,土木林務,農務,厚生,総務
第2案:商工労働,土木,農林,厚生,総務
第3案:総務,厚生労働,農務,林務,土木,(商工振興室)
第4案:土木,農林商工,厚生労働,総務
第5案:商工労働,農林土木,厚生,総務
(法定局部:総務,厚生労働,経済,土木)

生産性本部は,これらの案のうち,「健康山梨の推進,農業行政強化,治山・治水・利水行政の積極化,第2・第3次産業の振興,中央機構〔中央省庁〕との関連」等を踏まえて,第1案を強く推していた。第1案のなかでも,財政機能の企画担当部局への移管は,当時全国でも例がなかったことなどから,生産性本部の案は新聞等で大きく取りあげられた。当時,県職労が独自に作成した編成案などにおいても,企画機能を充実させるために計画と予算との連携を強化する必要が指摘されていたが,組織として統合しようとするものは生産性本部案のみであった。

このように，生産性本部の案は他の案に比べても「かなり思い切った改革」であったことから，様々な団体からの反発に見舞われることになる。まずマスコミは，「全般的に県行政の効率化に重点が置かれたためか実施不可能と思われるものも多い」と指摘した。県職労は，同時に出先機関の全廃が指摘されていたこともあって，企画室の設置をはじめとする「本庁機能の強化を図るあまり，地域行政の強化を忘れている」としてこの案に強く反対した。

このほか，土木林務部についても否定的な反応が見られた。審議会のヒアリングを受けた山梨県農業協同組合中央会など，農業関係団体は現在企画開発部に所管されている商工部門と，厚生労働部の労働部門を併せて「商工労働部」とすることには賛成しつつも，土木行政と林務行政を統合した「土木林務部」の設置には反対し，林務部を林政部，農務部を農政部と名称変更するよう求めた。また，土木部の統合については，同時に土木関係課（土木行政，道路，河川砂防）の統合も予定されていたことから，山梨県砂防協会から土木部砂防課の存続・拡充についての陳情が出されている。さらに，田辺知事自身も，土木部，林務部を統合して，土木林務部とする案などは土木部が建設省，林務部が林野庁につながっているだけに問題であることを認識していたという。ただし，この件について，山梨県からこれらの省庁に対して確認等を行った形跡や，これらの省庁からの要請や圧力などがあった形跡は見られない。

行政機構審議会による検討と自治省の「講演」

行政機構審議会での審議は，生産性本部の活動から少し遅れて開始された。第２回審議会では，財政・人事等と企画担当部局の連携が重要であることが指摘され，以下の検討事項が示された。まず，「知事直属の機能としての秘書業務のほか，企画調整及び進行管理の機能，広報公聴機能との関係について検討の必要はないか」との課題が示された。次に，総務部（特に財政課）について「予算編成機能と企画調整機能は一体的密接な関係を有するものであるが，現在予算編成は当課，企画調整は企画開発部において所掌しており，その相互の連絡体制は明確なものがないが，企画部門と財政部門の関係をいかに円滑に運営するかについて検討する必要がないか」との課題が示された。また，企画開発部企画課については「企画調整に関する機能」への純化を検討すべきであり，所管していた消費者行政や公害対策などは他の部課に移管すべきであるとした[15)]。

続く第3回の審議会では，これらの各班からの報告をもとに審議が進められた。その結果，これ以降全体会と並行して，総務部会（総務部，企画開発部，知事公室担当），厚生部会（厚生労働部，教育庁担当），農林部会（農務部，土木部，林務部，企業局担当）に分かれて審議を行うことが決定された。

第10回の審議会では，当時自治省行政局課長補佐であった久世公堯による講演があった。この中で久世は，府県においては総務部が「調整の実権」である財政と人事を握っているため，生産性本部の報告書にあったように「財政機能を企画室にいれることは頷けるが，これは都市段階の問題で府県の場合は慣習があってうまくいかない」とした。また，長期計画や開発計画に絡んで総合調整が重要であり，財政課との連携を密にする必要があるが，その場合「総務部との関係，知事との関係（知事が企画室をどう使おうとするか），人の問題（企画室長はどういう人がなるか），他の部課との問題」に留意すべきであるとした。このうえで，政府における大蔵省による調整，あるいは地方財政における自治省財政局による調整といったように，「長い間つづいた伝統と慣習も理解」することが重要であるとした。

講演後には，審議会と久世との間で意見交換が行われ　①企画室に財政機能を持ち込むことの是非，②地方自治法による法定部数の問題，③企画室と関連する総務部のあり方，④企画室が事業調整機能を持つことの是非，⑤縦割りの弊害の調整，などの論点について議論された。

一連の審議の結果を踏まえて行われた第2次中間発表では，各部の上に位置づけられる企画室の新設が発表されたものの，財政機能との統合は盛り込まれなかった。企画室は，財政課がそれまで行っていた政策調整機能のほか，「新長期計画の管理，重要事業の進行管理，組織管理（定数管理・行政考査等を含む），部長会議の運営，地域開発計画等を所掌する」ことになった。また，企画担当職として「企画スタッフ」を各部に配置するとした。このように，改革の全体方針としては，企画室による「企画管理機能の純化」が図られたものの，予算管理機能・人事管理機能については，一部を除いて総務部の財政課・人事課に残されることになった。

また，企画開発部において所管していた実施機能については，新たに県民室を設置し，広報・公聴機能のほか，青少年対策等各種運動の総合調整，北富士演習場問題等を担当させるとした。このほか同発表では，具体的な部の編成については示されなかったが，企画開発部で所管していた商工関係業務と厚生労働部の労働関係業務を合わせて商工労働部を設置するとした。

この第2次中間発表に対して県職労は強く反発し，審議会の石原孝委員名（山梨県職員労働組合中央執行委員長）で意見書を提出した。この意見書では，部の編成を，総務，厚生，農務，土木，林務の5部とし，これ以外に「総合企画調整機構及び広報，公聴機構」を置くとした。また，県行政全体についての企画調整にあたる機構の設置については賛成であるが，中間発表にあった企画室については，同室がスタッフ組織であるにもかかわらず，組織管理機能を持たせその位置づけを各部の上に置くことは「各部長の権能を犯すことにもなり，本来の企画調整という目的を円滑にすることが現実的に困難となるものと考えられる」として反対し，企画室の機能については「部長会議の事務局的な機能を中心としたものに止めるべきである」とした。

このように，県職労からの反発が見られたものの，第2次中間報告での方向性は，その後大きくは変更されなかった。同年11月24日の最終答申では，企画管理室，県民室，総務部，厚生部，商工労働部，農政部，林政部，土木部の2室6部の編成案が示された。このうち，企画管理室による企画調整機能について「実効あらしめる」ために，「財政機能を企画管理室に包含するという考え方もあるが，そのようにした場合，企画調整の機能が最初から財政の枠の中で行われるため，現実的な次元に堕することをおそれ，むしろ企画管理部門と財政当局が相互にチェック・アンド・バランスの関係に立つことにより，よりよき企画調整機能の発揮を期待することができると考えた」ことから「政策査定の権能のほか重要事項の進行管理，行政考査，組織管理（定数管理を含む）等の行政管理機能を所掌する」ことになった。

庁内での最終検討と議決

山梨県は，最終答申をもとに部長会議で行政機構改革について検討し，同年12月25日に，商工労働部の設置と林務部の存置について自治大臣と協議を行った。協議では，両部の設置理由書，それに参考資料[16]が関係書類として提出された。

まず，商工労働部の設置理由書[17]では，現在厚生労働部で所管されている労働行政と統合する理由として，現在は産業振興との関連において行われているのが「実態」であり，「労働力の確保，需要に適応した職業訓練，労働福祉の向上等の諸問題はいずれも企業と密接不可分の関係にあり，この両面の行政は，相互の有機的連携のもとに進めることにより，その効果が期待されている」とした。このうえで「商工労働行政は，同一部局において一元的に所掌させ効率的運営を期するうえから商工労働部の設置を必要とするものである」とした。

次に，林務部の設置理由書では，森林面積が県の総面積の77%に及ぶ全国5位の森林県である一方で，国有林はわずか1%に過ぎず，大部分が県の林業行政の直接対策となる民有林であること，このため県の行政面積の全森林面積の中に占める比率が全国一であること，北海道に次いで県有林の面積が全国2位であることが強調されている。そのほか，山地が急峻であることによる森林・治山事業が重要であること，3つの国立公園と1つの国定公園[18]を擁し，その保護管理が重要であることなどが理由として示された。これに加えて，地方自治法の施行当時から山林部を設置，翌1948年に林務部に改称したこと，さらに前述のように1956年の地方自治法改正による内閣総理大臣との存置協議によって承認を得ていることを指摘している。

これらの理由書に対して自治省からは特に問題点などは指摘されなかった。その後，部長会議等で細かい内容についての議論や調整が進められ，翌1968年1月の臨時県議会に機構改革案が提出された。県議会では，企画管理室の機能，県事務所の統合，農務部の機構等を中心に議論が行われたが，最終的には原案通り可決した。

(2) 福島県の事例[19]

松平知事の当選と行政機構改革審議会

福島県では，1976年8月に収賄容疑で逮捕された木村守江知事の辞任を受けて行われた同年9月の知事選挙において，第1次佐藤内閣の行政管理庁長官を務めた松平勇雄[20]が，社会党のベテラン議員であった八百板正を下して当選した（八幡 2007)。木村前知事の汚職事件では総務部長が逮捕されたことから，松平知事は就任早々県議会から，人事・財政を中心とした総務部の権限分散を中心とした機構改革を断行する意思があるかどうか，県議会などから追及されていた。これに対して松平知事は「従来からいろいろと論議のあるところでありまして，その長所短所についてはそれぞれ意見の分かれるところであります」と述べるにとどめ，改革を実行するかどうかについては明言を避けていた。

しかし，1976年12月に県議会の「行政刷新に関する調査特別委員会」から報告書が提出され，この中で「総務部から財政課を分離し人事財政機能の分割を図る」など，機構改革の必要性が指摘された。これを受けて松平知事は，翌77年3月の県議会において行政機構改革審議会を設置し，機構改革を実施することを表明した。同審議会は，規則に従って福島県議会議員，福島県職員，学識経験者によって構成され，会長には副知事である岡田宗治が就任した。また，事務局は総務部人事課が担当した。知事は，新しい組織を設置する理由として「新しい行政需要に弾力的に対応できるような行政組織機構」を挙げていたが，審議会では，総轄部局（総務，企画）の再編問題が大きな焦点となった。

第2回審議会では，当時自治大臣官房企画室長であった久世公堯の講演会[21]が行われた。久世は，戦後30年間における地域開発や地域政策の経過を振り返りながら，県政における総合調整の問題を取りあげ，近年の変化として企画部が企画調整部へと変わってきていること，他部に属さない事務については従来総務部で所管していたが，近年では企画調整部や生活部に移ってきていることなどの傾向があることを指摘した。また，こうした機構改革の「例外的なもの」として「計画と財政を結びつけた」埼玉県の企画財政部を挙げて,「総合調整を図るためには金と人とが必要である。確かに強い権限ではある」としながらも,「財政・人事の分離は意外な気もする」として,総務部からの両機能の分離について否定的な考えを見せている。

また,審議会では4班に分かれて,それぞれ埼玉,長野,愛知,兵庫の各県での調査を行っている。調査の対象となった県では,いずれも調査事項が個別に決定されており,すべての県に共通する調査事項は設定されなかった。ただし,このうち,埼玉・愛知・兵庫の各県において,総務・企画関係の調査事項が設定されており,残る長野県においても行政監察室について調査が行われていたことから考えて,この調査あるいは行政改革審議会での議論の焦点が,総務部をはじめとした総轄部局の編成問題にあったことが窺える。特に,埼玉県においては,畑和知事が主導して設置された「企画財政部」を,愛知県では知事直轄組織のほか,人事・財政の分離問題が,兵庫県では企画参事制度が調査の対象となっている。

その後の審議でも,汚職事件の反省から「人事・財政の分離や行政監察制度の導入等による内部けん制体制の強化を図るべきである」「総合調整,権限分散などの面から,企画財政部の設置について検討すべきである」といった議論や,「人事・財政分離問題の検討にあたっては,慎重に対処すべき」といった議論が出るなど,審議は紛糾した。

第5回の審議において事務局は,それまでの意見をもとに議論のたたき台として「行政機構改革の基本構想(検討素材)」(以下,「基本構想」とする)を作成し,審議会に提出した。

この「基本構想」の骨子は①幅広い福祉行政の展開と保健,環境行政の一元化,②厳正・公正な執行体制の確保,③政策形成スタッフ機能の充実強化,④農政,農地部門の緊密な執行体制の確保,⑤都市行政部門の充実強化,⑥県政の総合相談機能の強化,⑦中核的出先機関の整備であった。これについて審議が行われたが,特に「権限の分散・人事財政分離問題」「簡素化・合理化の方針の表現の仕方」をめぐり議論は紛糾した。

その結果,同「基本構想」については「人事財政分離問題」の1項目を加えて8項目としこれを「行政機構改革の基本的課題」とすること,および以下の3項目を基本方針として設置することで意見の一致を見た。この3項目とは，①行政需要の推移に即応した組織機構の整備を図る，②厳正・公正な執行体制の強化を図る，③行政機構の簡素化，合理化，人員増の抑制などに

図表 4－4　福島県における行政機構改革の過程

年	月日	出来事
1976（昭和51）	8.6	木村守江福島県知事，収賄容疑で逮捕
	8.11	木村守江福島県知事辞任
	9.19	松平勇雄福島県知事就任
	10.4	県議会での機構改革に関する質問：総務部の人事・財政の分割を要求
	12.15	県議会での機構改革に関する質問：総務部からの財政の分離，土木部営繕課の受託業務の再検討要求
	12.17	行政刷新に関する調査特別委員会調査報告（組織機構の改善について提言「総務部から財政課を分離し人事財政機能の分割を図る」「土木部を土木部門と都市建設部門都に分割する，その際は企画開発部及び企業局を含め再編成する」
1977（昭和52）	3.5	県議会での機構改革に関する質問
	4.6	県行政機構改革審議会（行革審議会）発足
	4.27	第1回行革審議会開催
	5.18	第2回行革審議会開催，久世公堯自治省官房企画室長による講演と意見交換
	5.19	県外調査，埼玉，長野，愛知，兵庫を班ごとに視察
	7.28	第3回行革審議会，県外調査の報告
	7.8	県議会での機構改革に関する質問：水産部の設置に関する質問，県立病院の管理組織について
	7.29	出先機関調査，福島，郡山，会津若松，原町の各班に分かれて調査
	8.12	第4回行革審議会，出先機関調査の報告事務局による「たたき台」を作ることを決定
	8.26	第5回行革審議会，「行政機構改革の基本構想」（たたき台）について意見交換
	9.9	第6回行革審議会同第1・第2・第3分科会開催
	9.19	行革審議会第1・第2・第3分科会開催
	9.26	行革審議会第1・第2分科会開催
	9.29	県議会での機構改革に関する質問：審議会の答申に関する質問
	10.13	行革審議会第3分科会，第7回行革審議会開催
	10.18	行革審議会第2分科会
	10.19	行革審議会第1分科会
	10.20	行革審議会第1・第2・第3分科会，第8回行革審議会起草委員会（第1回）開催
	10.21	起草委員会（第2回）第9回行革審議会開催（答申）
	12.8	県議会での機構改革に関する質問：改革案についての質問（組織編成，人事・財政の分離問題）機構改革の基本方針，人事権の分離問題，政策調整会議，行政監察員の運用，セクショナリズム，出先機関，人材の配置についての質問，人事・財政分離問題
	12.9	県議会での機構改革に関する質問：国と地方を通じた行政改革の必要性についての質問，人事・財政の分離についての質閣
	12.12	県議会での機構改革に関する質問：財政と人事を分離しない理由についての質問
	12.12	県議会，行政機構改革審査特別委員会を設置することを決定
	12.16	第1回行政機構改革審査特別委員会
	12.27	第2回行政機構改革審査特別委員会
1978（昭和53）	1.10	第3回行政機構改革審査特別委員会
	1.11	第4回行政機構改革審査特別委員会
	1.20	第5回行政機構改革審査特別委員会
	2.8	県議会臨時議会行政機構改革審査特別委員会報告，福島県部設置条例については賛成多数による可決と原案を否決すべきとの少数意見があったことが報告される
	2.8	県議会臨時議会にて20名（民社，公明，社会，共産）より部設置条例改正案について修正動議（人事・財政の分離→企画人事部の設置）採決するも修正案否決・原案可決
	4.1	行政機構改革実施

出典）福島県総務部人事課（1978）をもとに筆者作成。

ついて十分配慮する，であった。

第6回の審議会以降は，これらの「方針」や「基本的課題」をもとに設定された3つのテーマ別に設定された分科会ごとに審議が進められた。まず，人事・財政の問題は，「厳正・公正な執行体制の検討」をテーマとする第1分科会において審議された。次に，企画担当部局のあり方については「行政需要に即応した執行体制の検討」をテーマとする第2分科会で審議された。この他に，「出先機関整備についての検討」をテーマとする第3分科会が設置されている。ここでは，第1分科会と第2分科会の議論について見ていくことにする。

第1分科会の審議では大まかな議論の枠組みとして，総務部からの人事・財政の分離と，どちらかを企画担当部局に移管することが議論された。審議では，「県内の主要都市ではすべて分離しており，支障なく執行されている」ことや，「総務部長の予算査定及び人事権は実質的に相当程度を占めており，各部に対しては絶大な権限を有している」ことなどから，企画担当部局への移管を支持する声が上がった。

一方で，「埼玉，愛知，京都を除いては，各県とも分離されておらず他県との組織バランスが崩れる」ことや「メリット・デメリットがそれぞれある場合は，あえて分離することは慎重にすべき」といった意見や，「企画財政型，企画人事型とも強大になる。結果的に権限分散にはならない」といった「企画」との結合を問題視する意見も見られた。

その後，5回の審議を経たのち，結論のまとめに入ったが，「一連の不祥事件は組織よりはむしろ人の問題であり，現在47都道府県中3府県（埼玉，愛知，京都）にその実例を見ているに過ぎず，分散することにより行政運営上円滑性を欠く等の問題点も看過できない」ことを「多数意見」としつつも，「意見の一致は見」ることはできなかった。同審議会の答申「行政機構改革について」では，総務部における人事・財政の分離問題は盛り込まれず，答申案を会長が知事に答申する際に「人事財政分離問題については，権限の分散の観点から分離すべきであるという強い意見があった」旨口頭で申し添えることになった。

続いて第2分科会では，財政・人事の問題に集中した第1分科会に対して，本庁機構に関して全体的な編成が審議された。同分科会に与えられた「基本的課題」は，前述の「基本構想」の①，③，④，⑤の各項目であり，それぞれの項目ごとに個別に議論が進められた。

このうち，企画担当部局の問題については，③に見られたように特に政策調整機能や政策スタッフの充実・強化が総務部の改革と並んで重要な課題とされた。それまでの企画開発部は，1962年に「県土開発を中心とする県政企画の強化」を目的として設置され，その後も常磐・郡山地域に指定された新産都建設において中心的な機能を果たすなど，開発行政を中心とした組織であった。

このため，1970年代に入り，地域開発が一段落するようになると，前述のように県民室など，一部の組織を他の部へ移管する場合も見られた。ただし，福島県では，早くから県民室が設置されたことなどから，新規行政需要を抱え込むことによる「企画雑務部」化は見られなかったものの，インフラ整備を通じて権力基盤を確立した木村前知事のもとで，開発行政から派生した高速道路対策や水資源対策，土地利用対策などを所管し，依然として「開発」型としての性格を保っていた。このため，木村前知事の失脚やオイルショック後の低成長時代を迎えたことで，こうした開発型の企画担当部局からの脱却が模索されていたのである。

第7回審議会での中間報告では，①に関して，厚生部と生活環境部を再編し，生活福祉部と保健環境部を設置すること，④に関して，農地林務部と農政部との間で分課の統合・再編を図ることが示された。⑤に関しては，土木部内に「部内局」として都市局を設置し，都市計画・住宅・営繕の3つの課を設置するとした。しかし，③については，「県政重要施策の決定及び総合調整を図る場」として，知事三役および関係部長による「政策調整会議」を設置するとしたものの，企画担当部局の新たな組織形態について結論は出なかった。企画開発部については工業開発部門を商工労働部へ移管することは決定したものの，他の部門について「企画調整部」として残すか，あるいは「企画部門のみを純化」して他の部に属さない知事直轄の形態にするかで意見が割れた。

このうち，「知事直轄」とする意見としては，「企画・広報・秘書・人事・行政監察」を一括して知事直轄とすべきとする意見や，現在の企画開発部での計画が「作文であって実際には働いていない」として，「知事のひざ元ですぐ返事がくる組織」とすべきといった意見が出された。

これに対して，「部」にすべきとする意見としては，「県の政策形成は重要な問題であり，知事直轄のひとつの課あるいは室にまかせられる問題ではなく，ひとつの部として対応すべきである」とするものや「部にして置かないと政策調整会議を所掌するところとしては非常にやりにくくなる」といった，庁内における「部」の位置づけについての指摘があった。

また，これらに共通する意見として，「改革」の県民に対するインパクトについても議論されている。まず，「部」にすることに対する反論として，不祥事を受けて始まった今回の機構改革に県民が期待していることから，企画を純化し，知事直轄にすることでこうした「期待にこたえられる」のではないかとする意見があった。逆に「知事直轄」への反論として「県の政策形成が後退した感じを県民に与える」といった意見が見られた。

最終的に第2分科会の結論としては，「企画開発部」を「企画調整部」と改めること，「工業開発部門及び水源地対策部門」を商工労働部へ移管すること，「大規模工業開発部門と豪雪，過疎対策部門を一元化した地域振興課」と「交通行政を一元化した総合交通課」の設置を求めた。また，同時に企画開発部の企画部門を純化した企画室を知事直轄にすべきとの意見が少数意見として付け加えられた。

議会での審議

松平知事は，答申をもとに新たな部設置案の作成を進めた。その結果，「知事直轄」の組織として秘書課・広報公聴課を置くほか，不祥事を受けて厳正・公正な行政執行体制を確保することを目的として「行政監察員」を置いた。また，政策スタッフ機能の充実や県行政の一体性を確保することを目的として，政策調整会議を設置することを決定した。さらに，企画開発部を企画調整部へと改組し，答申通り諸機能の移管が図られたほか，「県行政の総合企画及び総合調整を担当する政策スタッフ」として「企画主幹」が企画調整部企画調整課内に配置され，これが政策調整会議の運営を所管することになった。この他に，生活福祉部および保健環境部の設置，農地法関連事務の一元化を主な目的とする農政部と農地林務部の再編，土木部内への都市局の設置などが決定された。

一方で，その議論をめぐって紛糾が見られた総務部における財政機能と人事機能の分離は行われず，部設置条例をめぐる県議会の審議では，主に知事野党からこの問題に対する質問が集中した。

例えば，青木久議員（民社党）は国において行政改革が進められていることを引き合いに出しながら，「もはや行政機能を果たしていない農政，商工労働，厚生など，重複競合，行政の複雑化，配置の再検討を必要とするものが数多くみられる」としつつ，「今回提案された改革案は，単に厚生，生活環境，土木などの各部局組織の統廃合に過ぎ」ず，「全く期待外れ」であるとした。また，総務部の問題についても「現状を固持していることは，必死に権力体制の維持温存を図ろうとするものである」と攻撃した。

これに対して松平知事は，「人事部門と財政部門は県政におけるあらゆる事務事業を進める上で，有機的な連携のもとにこれらをバックアップする使命を持つもの」としながら「各県とも総務部において人事と財政を一体運用している例が多数を占めており，分離しておるのはわずかに埼玉，愛知，京都にその例を見るにすぎない」として，他府県の動向をもとに青木議員の要求を否定した。さらに，不祥事の再発防止に関しては，財政と人事の分離がそれにつながるとは思われないこと，行政監察員の設置など内部けん制体制の整備強化を図っていることを指摘した。知事は，松浦尚三議員（社会）からの同様の質問に対しても，総務部長の持つ予算編成権限（財政権限）に対して，政策調整会議の運用によってこれをコントロールするとしている。

福島県議会は，その後も「行政機構改革審査特別委員会」を設置し，行政機構改革審議会や他府県の動向などに関する資料をもとに検討を進めた。この中で，企画財政部をとる埼玉方式が良いなどの意見も出たが，最終的に原案通り可決した。また，本会議においても青木議員から，民社，社会，公明，共産の4党による，企画調整部に人事課を編入させた「企画人事部」へと修正する案が提出されたものの，修正案は否決され，1978年2月8日の臨時議会において原案通り決定した。

第3節　府県局部組織改革の構造と特徴

(1)　改革における不確実性

序章において示したように，府県の組織編成過程においては，大きく分けて3つの不確実性が存在していると考えられる。

第1に，制度を所管する地方自治官庁との間における不確実性である。前述のように，地方自治官庁は，1960年代の終わり頃から地方自治法の解釈について，名称や事務分掌の規定はあくまでも「標準」の「例示」であって，府県が「自由」に編成できるとしてきた。一方で，地方自治官庁の官僚の言説や行動には，こうした地方自治官庁の態度とのずれが生じていた。特に，企画担当部局への人事・財政機能の統合には消極的な姿勢を見せていた。前述の久世は，その著書や講演などを通じて，統合以外の「あるべき姿」を示唆してきた。ただし，こうした彼らの発言や記述に反した編成をしたからといって，法律に違反するわけではない。また，こうした発言や記述は，公式的には法令や通達などと同様に扱われるわけでもない。このように，地方自治官庁の態度は必ずしも明確ではなく，統合するかしないかの判断自体は府県に委ねられていた。一方で府県は，地方自治官庁との「協議」があるため，その意向を全く無視することもできなかった。

第2に，地方自治官庁以外の個別省庁との間における不確実性である。山梨県における林政部の設置，あるいは福島県における厚生部・生活環境部の再編による生活福祉部と保健環境部の設置において，個別省庁からの圧力や要請等は管見の限り見られなかった。しかし，第2章で見たように，組織編成そのものを行うことができたとしても，機関委任事務や補助金制度を通じて個別部局と密接な関係が構築されている中，将来にわたって個別省庁から不利益を被ることがないかどうかは不確実であり，府県内部でもそうした不確実性について認識されていた。

第３に，府県内部における対立や反対といったことに起因する不確実性である。述べてきたように，知事部局の編成といえども，その過程は必ずしもスムーズであったわけではない。例えば山梨県においては，「トップ・マネジメント」機能を強化するため財政・人事・企画の組織的な統合が検討されたが，様々な反対や批判を受ける中で実現しなかった。また，福島県においても，総務部の権限の分散という点から，財政や人事の企画担当部局への移管が打ち出された。しかし，移管をめぐる議論は紛糾し，結果としてこれらの案は実現しなかった。

(2)　不確実性への３つの対応

このように，組織編成の過程には様々な制約要因が存在するのであれば，そもそも改革そのものを回避することも考えられよう。改革を行うにしても，こうした不確実性が存在するとすれば，急激かつ大幅な組織の改革・再編を行うことは難しく，可能な限り改革に伴う混乱や対立を回避する必要があったと考えられる。こうした改革に付随する不確実性への対応が，山梨・福島の両事例から観察された。以下では，こうした対応について「国の意向への配慮」「他府県の参照」「『合意』『バランス』重視の改革システム」という３つの視角から検討していくことにしたい。

国の意向への配慮

第１に，地方自治官庁や個別省庁との間における不確実性への対応である。まず，前者については，前述の山梨・福島ともに，改革に当たって地方自治官庁の官僚による「講演」が行われていた。こうした「講演」は，単なる組織再編の技術的なアドバイザーとしてのそれではなく，協議における地方自治官庁側の考えをとり，不確実性を縮減させるためであったことが考えられる。例えば，両方の事例において，府県側との意見交換などにおいて，協議の内容や新部が認められるかどうかなど，局部組織制度の問題に絡んだ質問が出されていることは，「講演」に協議に先立って地方自治官庁の意向を確認することで，あらかじめ不確実性を縮減しておこうとする動きからくるものであった。

また，個別省庁との間においても「配慮」が見られる。例えば，前述の山梨県の改革における日本生産性本部の報告書では，企画担当部局をはじめとした組織再編の検討において，府県における中央省庁との行政上のつながりの強さを考慮に入れて検討していた。同県で講演を行った河中二講（当時静岡大学教授）も，行政機構改革審議会との意見交換の中で「中央省庁との縦割の関係が強いので県の行政機構改革には問題があると思うが」との県側の質問に対し「国としては補助金が縦割りなので，その実施部門を県から消すわけにいかない。結局は国の縦割りに従ったものが生れてくることになろう」と述べている。

さらに河中は「そういう枠の中でということになると，国の縦割りで調整できなかったものを県の中で調整するということを考えなければならないだろう。そういう意味で機構改革に限度がある」とした。また，田辺知事も土木林務部の設置案に関して，土木・林務双方の「本省」が建設省と林野庁（農林水産省）に分かれていることから，改革に消極的な姿勢をとっていた。

このように，府県側は，あらかじめ地方自治官庁や個別省庁との関係において，実際に問題や不利益が生じていなくても，あらかじめ生じないよう配慮しつつ組織編成案を立案していくことによって不確実性を少なくしようとしていたのである[22]。

他府県の「参照」

第2に，先行する他府県における改革を自府県の改革のために「参照」する動きである。

福島・山梨両府県の組織改革に共通する特徴として，他府県の動向に関する調査あるいは情報収集が行われていた。こうした他府県の動向を参照する行動は，改革手法の参照と，改革内容の参照の2つがあった。

まず，前者については，改革そのものの前段階として，審議会や審議過程の構成などについての調査や情報収集が行われていた。例えば，山梨県では知事公室の機構改革担当職員によって，直近に機構改革を行った府県の状況調査が行われており，また福島県においても行政機構改革審議会が他府県における改革内容とともに，「機構改革の進め方」について調査を行っている。また，前述のように，地方自治官庁も各府県における行政改革・機構改革に関する推進体制について調査[23)]を行っており，これを公表している。

次に後者については，企画担当部局や新規行政需要に関する部局等をはじめとして，改革内容そのものの調査や情報収集が行われていた。こうした調査は大きく分けて『職員録』などの既存データの加工や整理，あるいは補足的に各府県の担当部署への電話調査などによるもの（以下，間接調査とする），実際に複数の府県に出張してヒアリングなどを行うもの（以下，直接調査とする）などがあった。

このうち，間接調査については，福島県，山梨県ともに全国的な調査が行われていた。また，調査は大きく必置部と任意設置部に分けて行われ，法定部については，一目で法定局部との名称の違いや全国的な名称の傾向，設置数の多寡や平均がわかるように集計されていた。また，福島県の場合であれば総務部，山梨県の場合であれば企画担当部局など，改革の主要な課題となっている部局について，その内部における分課の編成状況などについてもデータが集められた。

これに対して直接調査においては，対象をある程度絞ったうえで調査が行われている。このように調査対象が選択される理由としては，悉皆調査を行うことに対する物理的な限界もあるが，それ以上に，あらかじめ改革の方向性がある程度府県内で決まっていたためだと考えられる。例えば，福島県における総務部，あるいは山梨県における企画担当部局のように，改革の対象となった部局の改革を行った府県が，調査対象として選択されている。また，実際の調査では，改革全般に関する質問も行われるものの，企画担当部局の設置形態や内部分課の状況など，特定の分野に関する質問も行われている。また，福島県の調査では，想定している改革のパターンによって調査対象を選択し，それぞれのパターンの府県ごとに質問内容を変えている。

このように他府県の動向を参照することは，それによって，これから行う改革の問題点や結果をある程度予測することが可能となる。例えば，企画担当部局の改革であれば，他府県の企画担当部局の設置状況を概観し，あるいは直接他府県に対して調査を行うことによって，改革に伴って発生するメリットやデメリットを把握することが可能となる。また，こうした調査結果を踏まえて，自府県の状況や希望に合わせた改革案を作成することも可能となる。具体的な改革の素案がない場合であっても，改革アイデアを収集することで，改革の具体化につなげることもできる。

一方で，前述のように，地方自治官庁あるいは個別省庁ともに，府県の組織編成に直接介入し統制する権限は持っていないものの，再編の結果こうした省庁との間でどのような問題が発生するかは不確実である。こうした中央省庁との関係における不確実性への対処という点からも，他府県の動向を参照することは重要であったと考えられる。

例えば，地方自治法において府県相互間の「権衡」をとることが規定されていることから，他府県の動向に準じていれば，地方自治官庁の協議においても認められる可能性が高くなる。実際にも，協議に提出する書類には，新しく部を設置する理由として，その部を設置する社会経済的な理由とともに，同様の環境を持つ府県が多くなっていることなどが挙げられていた。また，個別省庁との関係においても，他府県の動向を参照することはメリットがあったと考えられる。その理由は，参照することで，改革の結果個別省庁からもたらされるデメリットをあらかじめ把握し，そうしたデメリットをもたらす改革を回避することが可能になると考えられるからである。

次に，府県レベルにおける不確実性への対応についてである。福島や山梨の事例にもあったように，組織編成をめぐっては，府県庁内あるいは議会や府県の関係団体（国は除く）などとの間で，改革案をめぐって対立や混乱が生じる場合がある。こうした場合，国が定める規制や基準があれば，その規制や基準に沿って組織を編成することで，対立を回避することが可能となる。

しかし，前述のように，地方自治法による「規制」やその基準，個別省庁の対応は曖昧で不明確なものであった。そこで，府県当局は，他府県の動向を参照し，他府県での「実績」を強調することによって，議会や関係団体からの提案や批判に対応してきた。例えば，前述のように，福島県において，議会などから激しく要求された，企画と財政・人事機能の結合を行わなかった最終的な理由は，局部組織制度に「違反」することではなく，「各県とも総務部において人事と財政を一体運用している例が多数を占めており，分離しておるのはわずかに埼玉，愛知，京都にその例を見るにすぎない」ということであった。

「合意」「バランス」重視の改革システム

第3に，「合意」や「バランス」を重視した審議会等の改革推進体制（以下，改革システムとする）が構築されていたことである。

山梨県における実際の検討過程についてより深く見れば，前述の県職労の対応のような，参加アクターの拒否権プレーヤー的な行動は，実は限定的なものであったことがわかる。むしろ，審議会そのものは，こうした「混乱」に備えるかのように，合意の調達可能性や実現可能性の高い改革システムが構築されていた。

例えば，審議会においては，総務部長と県教育長（県職員出身）の県庁関係者，あるいは県職労と党派の異なる自民党系県会議員などを配置することで，審議のバランスをとっていた。もともと田辺知事は，天野前知事に対する対抗馬として，自民の一部と社会との保革連合によって当選していたことから，保革双方と関係を持っていた。しかし，同じく田辺知事を支持したものの，自民党の一部と社会党との関係は必ずしも良好ではなかった。このためか，審議会では，自民・社会両党から関係者が参加しており，その中でも特に知事に政治的にも近しい人物[24)]が委員に選ばれていた（土屋 1986）。こうした事情から，社会党との関係の深い県職労は，部分的に「拒否権」を発動することができたとしても，改革の全体において自らの主張を貫徹することはできなかったのである。このように，審議会そのものにおいて知事の意向や利害関係者の立場などの間で「バランス」がとられていた。

こうした，改革に参加するアクター間の「バランス」を重視することは，山梨県に限らず，他の府県でも見られた。福島県においても，福島県行政機構改革審議会規則において，審議会委員の構成を，福島県議会議員，福島県職員，学識経験者としており，特に県議会議員に関しては概ね県議会での会派別の所属議員数の割合に応じて委員が任命されている。また，学識経験者には，大学教授以外にも，市町村関係者，商工会議所，農業団体，社会福祉協議会など，府県外部の諸団体が参加していた。

このほかにも岡山県では，1979年から開始された，長野士郎県政下における第3次行政改革において，学識経験者および地元経済界のトップなど19名から構成される岡山県行財政対策懇談会を設置して改革を進めた。同懇談会では，委員間での審議のほかに，これまでの第1次・第2次の改革では行われなかった，県商工会議所連合会，県社会福祉協議会，県総評，県同盟，県職員労組など10団体のほか，県の各部局長からのヒアリング，倉敷・津山両地区での「行財政改革のつどい」の開催など，「県民各界各層から広く意見を聴取」したとされる。このうち，県総評や県同盟からは労働行政の組織的な強化・拡充問題が指摘され，県総評からは「労働行政は労働部として独立させるだけのウェートがある」として，それができないのであれば「労働福祉重視の観点から」「（労働行政を）民生労働部の中で行うのが望ましい」との意見が表明されている（自治研修協会 1986）。

また，熊本県においても，1987年に設置されていた行政改革審議会では，審議会の委員として経済団体・金融関係・報道関係・農業団体・教育関係・労働団体・福祉医療・婦人青年の枠を設定し，それぞれについて委員を選任している。

こうしたアクター間の「バランス」だけでなく，改革過程も「バランス」のとれた設計がなされていたように思われる。その理由として，改革システムが政策分野別に構成されていたことが指摘できよう。

例えば，「総合型」の組織改革が進められた山梨県の改革においては，第3回審議会以降，総務・厚生・農林の3つの部会に分かれて検討が行われた。また，福島県（1978年実施の改革）では，同じく行政機構改革審議会に3つの分科会が設置されている。福島県は山梨県と異なり，分科会が政策分野別に分かれていたわけではなく，政策的な問題については第2分科会においてまとめて議論されていた。

ただし，第2分科会では，その議論があらかじめ設定された5つの課題に沿って議論が行われた。これらの5つの課題の中に，①厚生部と生活環境部の所掌事務の再編について議論した「幅広い福祉行政の展開と保健，環境行政の一元化」，②企画担当部局の再編について議論した「政策形成スタッフの強化」，③農政部と農地林務部の再編について議論した「農政，農地部門の緊密な執行体制の確保」，④土木部の再編や都市局の設置について議論した「都市行政部門の充実強化」といった，政策分野ごとの課題が設定され，それぞれ個別に議論が進められた。これを見てもわかるように，関係する省庁が同じ分野か，局部組織制度の「標準」に準じて分科会が構成されていた。

このように政策分野別に改革が行われたことは，保健環境部・生活福祉部の新設など，関連した政策分野間での組織再編へとつながる原動力にある程度なったといえよう。一方で，「全庁的」「分野横断的」な再編が抑制された可能性も考えられる。また，各政策分野において組織が引き続き設置されることが基本的に前提となることから，個別の局部ごとに利害を持つ関係団体との混乱や対立も招きにくかったものと考えられる。

小　括――組織再編における合意・バランス重視と「自己制約」性

このように，主に1960年代の終わりから70年代にかけて，府県においては局部組織の総合的な改革が進められた。こうした改革は，いずれも社会経済環境の悪化や，膨張し複雑化する行政組織の整理合理化といった，環境の変化に対する機能合理的な対応のように見える。

一方で，実際の過程を振り返れば，必ずしも機能合理的な対応として改革システムが構築され，改革が進められてきたわけではない。また，先行研究が指摘するほど，法律や個別省庁など，国による統制も強いものではなく，府県が自由に組織を編成することは可能であった。しかし，改革の帰結を観察すれば，異なる環境にある府県であっても改革の内容において画一性が高く，また改革による変更は，新規行政需要に関する分野など，部分的なものにとどまるなどの特徴が見出された。

このように組織改革が制約的なものにとどまった要因として，改革過程における国との関係における不確実性，あるいは府県内部における不確実性への対応の問題があった。これに対して府県は，地方自治官庁や個別省庁への配慮，あるいは他府県の動向を参照するなど，府県に外在する正統性に基づいて組織編成を「正当化」することによって，こうした不確実性を解消しようとしていたのである。

また，このように「不確実性への対応」を重視する改革，あるいは「合意」や「バランス」を重視した「総合型」の改革は，結果としてその改革の多様性や可能性を自ら制約するものであったとも考えられる。その理由は，国への配慮や他府県を参照することによって，改革の選択肢は限定され，また関係するアクターが包括的に改革過程に参加し，政策分野別に改革が進められたことによって，近しい分野間でしか組織改革の選択肢が議論されなくなったことが指摘できよう（cf. 江口 1986：101-124）。

例えば，福島県の場合でいえば，農業と建設，あるいは建築や都市（住宅）政策と生活環境といった，すでに設定された枠を超えた組織間の融合・再編は，管見の限りほとんど検討されていない。また，局部を横断するような事案についての検討も，企画担当部局の改革，あるいは新規行政需要に対応する部局の新設あるいは再編の議論に限られていた。より具体的にいえば，前述の５つの課題のうち，①や②に関しては名称の変更を含めた全面的な改革が行われたのに対して，③や④においては，農地林務部・農林部・土木部自体は維持され課レベルの再編に限定された。また，財政・人事の移管をめぐる総務部改革も議論されたものの，他府県で実施されていないことを理由に，実現には至らなかった。すなわち，吉村（2006）の類型に従って言えば，現状の組織を前提として改革を行おうとする「現状改善指向」型であったということができる[25)]。

前章で見たように，こうした組織再編をめぐる議会との対立はこれまでも発生してきたが，これまでの組織再編の過程においては，地方自治法の制約や個別省庁とのつながりといった中央政府からの制約が，府県内部における組織編成を判断するうえでの基準として用いられてきたために，それほど大きな対立や混乱を招いてこなかった。もともと知事と議会は，双方ともに中央政府に対して共通の利害関係を持つために，中央政府からの規制や制約には双方とも従順であり，革新自治体等を除けば，中央政府との関係をめぐって相互に対立することはあまり多くないと考えられる。

例えば，中央政府の意向に沿わない組織を設置すること（あるいは廃止すること）で，個別省庁からの補助金が減らされることは，両者ともに望むところではない。組織改革の帰結が中央政府からの「報復」につながりかねないと考えられていた時代は，特に知事と議会の間で意見が一致しやすい状況にあったと考えられる（久世 1966）。また，前章で指摘したように，他府県での成功事例を取り入れることも，同様に議会からの反発を抑制し，「円滑」に組織を編成するうえで有効だったと考えられる。

このように，戦後府県における局部組織の編成をめぐっては，それ自体府県内在的な判断基準が明確でない一方で，条例設置であるため議会側に「拒否権」があるなど，決定構造に不確実性が内包されてきた。このため，法制度や中央地方関係，構造同値にある他府県の動向など，外在する「正統性」によって改革案が「正当化」されてきたのである。戦後の府県はこうした政策決定手続きにおける「正当化」の問題を重視した改革を進めることで，自ら改革を制約（「自己制約」）してきたと考えられる（Kaufman 1971：73-79, 1976）。また，こうした「正当化」を重視することが，「制度化されたルール」となっていたことが考えられよう。

注

1）企画担当部局は，各事業部局を補完するだけではなく，同じ「ヨコ割り部局」である知事室や総務部の事務を「補完」をする場合も見られるようになった。例えば，こうした事務として，広報課や県民課などの広報・公聴事務をはじめ，消防防災，文教（私学），県史編纂などがあった。また，第1次臨調によって，行政改革・行政管理の推進が国レベルのみならず，地方レベルにおいても叫ばれるようになると，行政管理課など，これに関する事務を企画担当部局の所管する事務として取り扱うものも現れるようになった。こうした行政管理関連の分課としては，他に電子計算課や事務機械課など，新たな行政システムの導入や管理を所管するものも見られた。このように　企画担当部局は膨張する総括管理機能を「補完」する部局としても機能するようになった。

2）ただし，これまでに全く衛生行政と民生行政の統合が行われなかったわけではない。1960年代には，青森（厚生部：1962），香川（民生衛生部：1963），徳島（1966），山梨（1968），奈良（1970）の各県で衛生行政と民生行政の統合が行われている。

3）例えば，1967年12月15日に閣議決定された「行政改革の推進について」では，第八において「地方公共団体に対する要請」が示され，「地方公共団体に対しても，国の措置に準じて，組織，定員及び運営の改革を要請する」とされた。同月27日には，自治事務次官発各都道府県知事宛通達「地方公共団体における機構の改善と定員の管理について」が出されている。同通達では，重点課題として，行政機構の簡素合理化や事務事業の見直し，定員管理の適正化等が挙げられ，これに加えて引き続き給与の適正化を推進するよう要請している。

4）例えば，1972年に大分県が企画部の企画総局への改組等について自治省と協議した際，自治省行政課より，「同省の企画関係者等によく説明するよう要望された」ことを受けて自治省企画室関係者（企画室長，原参事官，志村課長および鶴谷係長）に企画総局の問題を中心として局部組織の再編について説明を行ったところ「地方団体がやり易いように改正することが大切である。改革の考え方は了承するむねの意向が示された」という（大分県1973：22）。

5）府県が「自主的」に改革を行えば，府県の自治組織権を尊重する必要から，個別省庁もあまり反発しない可能が考えられる。これにより地方自治官庁は，省庁の反発や府県の自治組織権の問題と府県の組織改革の推進を両立しようとしたことが考えられよう。

6）自治省行政局長発各都道府県知事宛照会「地方公共団体における機構改善と定員管理の実施状況について」（1967）では，「部課の統廃合等本庁における組織機構の改革」において一般的に挙げられる問題として，「企画開発，あるいは企画調整といった機能をどのように組織化するか」など，改革の具体的な課題を提示している。

7）『自治省行政局長発各都道府県総務部長宛内かん』1974年4月25日。

8）さらに，具体的な企画担当部局の内部組織の編成に関しても，他の部局と異なる柔軟性や機動性の必要性を指摘する。久世は，企画担当部局内部の編成に関して，従来の局部のように課制をとるよりも，参事・主査制等のスタッフ制をとることが適切であると指摘している。また，第1次臨調において，企画部門と実施部門の分離が提唱されたことを受け，当時多くの企画担当部局で所管していた開発の実施部門などの「雑務」を所管することも望ましくなく，機能や役割についての十分な調査や他の部との調整をしたうえで，その機能を「できる限り純化」したうえで設置すべきであるとした。さらに，柔軟性・機動性を担保するために，企画担当部局は必ずしも「部」である必要はなく，「企画室」としても差し支えないこと，また「余計な組織をつくるよりも少数精鋭主義を堅持し『英知による調整』機能を十分に発揮すべき」であるとしている。

9）以下の山梨県の事例は，特に表示のない限り以下の資料に基づく。山梨県（1970）『昭和43年4月1日施行の行政機構改革の記録』，および「山梨県における機構改革への取り組み　山梨県職・第十一回自治研全国集会提出レポート」『自治研』第10巻8号，1968，20-46頁。

10）中央省庁への調査依頼については，自治省・行政管理庁ともに「山梨県が短日月のうちに実施する」ことから「状勢を見まもる」という理由で断られている。

11）山梨県では，知事の所信表明を受ける形で，同年7月17日に部長会議を開催し①山梨県行政機構改革審議会への諮問事項，②同審議会の審議方針および審議日程，③同審議会の委員名，④各所属長から出された問題点および改善意見，⑤④に対する各課からのヒアリング，⑥日本生産性本部への委託事業の内容，を審議している。

12）この日本生産性本部への依頼については，庁内外からの反発があった。山梨県職員労働組合（以下，県職労）は，「民主化」よりも「合理化」に重点が置かれていること，「企業の利益追求」を主目的とする生産性本部に自治体の機構調査を依頼することは行政の企業化につながるとして申し入れを行った。県議会からも，革新系県議団（社会，共産，新政会）から同様の追及があり，保守系議員の一部にも反対意見があったという。県職労の申し入れに対して知事からは，「合理化」の問題については合理化や首切りをすすめるつもりはないこと，生産性本部の調査については「参考程度」にとどめることなどの回答が出された。なお，県職労は生産性本部自体にも公開質問状を提出している。

13）当初予定では，9月23日に報告が行われることになっていたが，前日になって1カ月延期されている。その理由は，県側は「時間的に充分でなく，また，事務改善の面についても，更に調査を依頼した」ためであるとしたが，労組側は「生産性本部の報告案があまりにも現実離れしたものであり，再調査となった」と認識していた。

14）このほかに，数か所を除いて出先機関を基本的に全廃することで二重行政を防ぎ，代わりに県職員の出向などによって町村の行政能力を向上させることなどが提案されていた。また，全体として，機構のスリム化や本庁への機能の集中が中心となっていた。

15）行政機構審議会は，これ以外にも生産性本部と意見交換を行ったほか，農林・商工・厚生の3つの班に分かれて機構改革のあり方について全部で80名の参考人から意見を聴取している。

16）参考資料は以下のとおりである。
　1．山梨県機構図　2．部制の変遷一覧表　3．新旧部制条例（分掌事務）比較表　4．事務分掌新旧比較表　5．商工労働行政機構の変遷一覧表　6．行政機構新旧比較表　7．新旧部（室）別職員比較表　8．山梨県行政機構審議会答申集　9．行政機構改革に関する資料。

17）このほか，「商工労働」部として，商工行政を強化する理由として，山梨県における産業別就業人口のうち，第2次・第3次産業に占める割合が多く，生産事項においても全生産所得の80％以上を占める第2次・第3次産業のうち，過半数が商工業関係である実情が示された。また，「本県における主要産業」である繊維，製材加工，機械金属，食品工業等がいずれも近代化が遅れており，これに対する県による指導や対策が求められていることが挙げられた。このほか，中央自動車道の建設や国鉄中央本線の複線化に伴う交通政策や企業誘致対策等が求められているとした。

18）国立公園：富士箱根伊豆，南アルプス，秩父多摩　国定公園：八ヶ岳中信高原。

19）以下の内容は，特に示す場合以外は，福島県総務部人事課（1978）による。

20）会津藩主であった松平容保の孫である。

21）演題は「地域行政の現代的課題と行政体制　最近における地域行政需要とその対応」。

22）このように，府県が中央省庁との関係における不確実性に配慮するようになったことは，補助金や機関委任事務などを通じた縦割り行政の進展もさることながら，前章までに見てきたように，地方自治官庁が長く中央省庁との関係に配慮するよう指導してきたという影響も少なくないと考えられる。

23）推進体制についての調査項目は以下の通りである。①主管部局，②行政改革に関する委員会・協議会等の設置の有無，③設置年月，④名称，構成メンバー等および行政改革に関する要綱・基本方針等，⑤行政改革についての検討状況（原口 1978：88）。

24）例えば「農業」との肩書で委員となっていた社会党員の神沢浄は，自民党の一部と社会党，農業団体などが中心とした「反天野連合」として結成された「県政刷新連盟」の中心人物であった。一方で県議会議員として唯一参加した竹下信夫は自民党内における「田辺派七県議」の一人であった。また，望月幸明教育長は生え抜きの県職員であったが，のちに総務部長を経て副知事に就任している（土屋 1986）。

25）田川県政下における三重県の行政改革の過程を分析した吉村裕之は，田川県政下における行政改革において「行政の簡素化・効率化・合理化」が目指されたにもかかわらず，革新政党や労組からの大きな反対を受けず，混乱が生じなかった要因として，「中央政府の動向，旧自治省の指導，そして県議会や県官僚制という既存の制度枠組みの範囲内での『行政の減量化』という目標を最も効率的に達成する戦略が採られた結果，行政改革にあたって直面する抵抗主体もなく，利害関係者の力関係が反映されていた」とする（吉村 2006）。

さらに吉村は，こうした「戦略」が可能となった要因として，知事が議会与党・野党ともに支持を取りつけていたことをはじめ，県庁内部においては，職員とのトラブルや庁内不一致を招かないよう県職員や三重県職員労働組合に対してストレスを生じさせないような取り組みが行われたこと，県庁外部に対しては，「三重県行政改革協議会」を設置し，そこに各種利害関係団体を参加させることで「コーポラティズム」の形態の下で「政策共同体」的に決定されたことを指摘している。こうしたことから，田川県政下における改革は，抜本的改革ではなく「現状改善指向型」の「行政改革」が推進されたとする。

終　章

(1) 総括――局部組織の編成をめぐる「不確実性」と「正当化」

戦後府県における局部組織をめぐっては，旧地方自治法第158条による「規制」や，個別省庁による組織編成過程への「容喙」など，国による「規制」や「統制」のために府県は自由に編成することができず，硬直的なものとなってきたという理解が一般的であった。

これに対して本書では，地方自治官庁や個別省庁による直接的な「統制」は限定的であり，また地方自治法の規定も「規制」と呼べるほどのものではなく曖昧なものであった。ただし，局部組織の編成をめぐる地方自治官庁の対応は時期によって変化したほか，個別省庁による組織編成への「容喙」もアドホックに発生してきた。このように，戦後の府県が局部組織を編成する場合，議会の審議など府県内部における政策決定過程における不確実性のみならず，国との関係における不確実性に対応する必要があった[1)]。このため，戦後の府県は明確な「規制」がないことから自由に組織を選択するのではなく，地方自治官庁や個別省庁の動向に配慮するなど，組織編成が「正当」であると認められるよう，自ら制約的に組織を編成してきたことを明らかにした。

以下では，本書での議論の総括として，局部組織制度をめぐる「不確実性」と，そうした中での府県による組織編成の「制度化されたルール」となった「正当化」の構造について整理していくことにしたい。

局部組織制度をめぐる「不確実性」

局部組織制度とその運用をめぐる「不確実性」は，以下のようにまとめることができよう。

第1に，地方自治官庁との関係における不確実性である。第1章で見たように，地方自治法における局部組織制度は，機関委任事務制度をはじめとした府県と個別省庁との縦割り関係の存在を前提としつつ，地方自治官庁が「国」側の窓口として府県に対応するものであった。例えば，組織の増設においては府県と地方自治官庁が「協議」し，協議で認められた範囲で編成が行われるということになっていた。戦後府県の自治組織権の問題を考えれば，地方自治官庁が簡単に組織編成を認めないことは難しいが，どのような組織編成をすれば協議で認められるかは必ずしも明らかにされていなかった。

また，協議を行う地方自治官庁は，時期によって組織編成をめぐる態度を変えてきた。第2章で見たように，地方自治官庁は1956年の地方自治法改正当初は，組織の膨張を抑制することを理由として原則的に増部の協議に応じていなかった。これが一転して，1960年代に入ると地方自治官庁による開発行政体制の問題と連動する形で，企画担当部局の設置について協議を認めるようになる（第3章）。このように，局部組織の編成に対する地方自治官庁の態度は必ずしも一貫していたわけではなく，制度の運用は明確なものではなかった。

第2に，個別省庁との関係における不確実性である。戦前から問題になりつつあった内政の多元化は，機関委任事務制度の導入や内務省の解体によって，戦後においても進むことになった。また，これにより国と府県との関係は，内務省が総括官庁として府県に対応する仕組みから，中央省庁が個別に対応する仕組みとなった。局部組織制度については，地方自治法を所管する地方自治官庁が単独で府県に対応する仕組みとなったが，局部組織制度は機関委任事務などのように，個別省庁が府県を通じて事務を執行する仕組みを前提としていた。このため，本来であれば地方自治官庁と個別省庁の意向に食い違いがあれば，局部組織制度をめぐる対立が発生する可能性があった。しかし，1956年以降局部組織制度の規定は大きく修正・変更されず，曖昧なものとなった。

このように，局部組織制度そのものに，省庁間の利害関係が明確に反映されなかったために，個別省庁の「不満」は府県による組織編成への「容喙」となって顕在化した（第2章）。ただし，こうした個別省庁の「不満」は，組織編成に対して直接的に関与する制度を持たないために，どのような場合に発生するのか，あるいはどのような場合に「容喙」してくるのか，府県にとって必ずしも明確ではなかった。

また，こうした個別省庁からの容喙の問題は，第4章などで見たように，本来自治体を「代弁」してその抑制を図るはずの地方自治官庁自身が，府県における組織改革の現場において，過剰なほどにその存在を強調していた。すなわち，「自己否定官庁」として，個別省庁の「代理人」あるいは，国の「代表」として府県に対応する地方自治官庁は，自身の存在意義を強調するために，存在するかどうかもわからない個別省庁による「容喙」の存在を強調してきた。このため，府県は個別省庁との間の不確実性を必要以上認識していたことが考えられよう。

第3に，こうした政府間関係における不確実性の問題に加えて，府県内部における不確実性の問題が指摘できる。公選知事が主導して設置された企画担当部局に対して，議会等の知事と対立する勢力からの反発，個別部局との対立が見られたように，局部組織の編成をめぐっては，その帰結をあらかじめ確定できないという点で不確実性を内包してきた。例えば，第2章で見た復興開発期の企画担当部局の設置や，第4章での山梨県や福島県の事例では，府県内部における政治状況やその不確実性が組織編成の帰結に影響していた。

組織編成の「正当化」と政府間関係

こうした不確実性ゆえに，戦後の府県は，その時々の状況の中で「適切」であると認知されやすい組織，言い換えれば何らかの「正統性」によって「正当化」されうる組織を編成してきた。

このように，府県が依拠してきた「正統性」のひとつとして，中央政府の持つ「正統性」があった。例えば，地方自治法の規定は「標準」の「例示」ではあっても国会の議決を経た法律であるため，所管する地方自治官庁だけでなく，個別省庁，あるいは府県レベルにおける関係アクターともに，基本的には「正統性」があると認識されていた。このため，「法律」の持つ「正統性」に基づいて組織を編成することによって，組織編成を「正当化」することが可能であったと考えられる。

例えば，第1章で見たように，戦後すぐの時期において，知事に反対する勢力が，地方自治法に定められていないという「違法性」を理由として企画担当部局の設置に反対したことや，関係部局を法定化するよう個別省庁が求めてきたことは，府県や個別省庁において地方自治法に依拠することの「正統性」が認識されていたことを示すものであったと言うこともできよう（cf. 赤木 1978：19，原田・金井 2010：5-6）。

ただし，画一的に決められた地方自治法の規定は，必ずしも個々の府県における行政運営や政策体系などと合致していたわけではない。このため，前述の企画担当部局の問題のように，知事は既存の局部組織制度に対して早いうちから不満を持つ一方で，地方自治官庁に対して企画担当部局の法定部化など，制度の改正を要望してきた。すなわち府県は，自主的に組織を「勝手」に編成するのではなく，府県における事情を背景としつつ「法定」の組織を編成することにより，組織の「正当性」を高めようとしたのである。

一方で，局部組織制度は内政をめぐる地方自治官庁と個別省庁との関係，それに自治組織権をめぐる国と府県の関係といった，微妙なバランスの上で成り立っていた。局部組織制度を改正しようとすれば，制度のあり方をめぐって関係アクター間での対立や混乱を招く可能性があった。1952年の改正において協議制の導入が国会によって修正されたことや，名称と事務分掌が「標準」の「例示」となったことは，こうした局部組織制度をめぐる「バランス」の問題が顕在化した事例のひとつである。また，こうした「バランス」の問題から局部組織制度の改革は「イモビリズム」（大杉 1998）状態に陥り，1956年以降，大きな制度の改正は行われてこなかった。

しかし，局部組織制度の法改正が行われないからといって，府県における局部組織が変化してこなかったわけではない。地方自治官庁は現行制度の「有効活用」や「工夫」を通じて，府県が「自主的」に組織改革を行うよう「叱咤激励」してきた（秋田 1967：147，cf. 大杉 1997：62）。ただし，地方自治官庁は，府県が全く自由に組織改革を行うことを認めていたわけではなく，その時期ごとに自らが設定した目的に合致するように，府県に対して組織改革を促してきた。

第3章で述べたように，高度成長期においては，地方自治官庁を中心とした地域開発や環境政策の総合的な行政体制を構築することを目的として，府県に対して企画担当部局や公害・環境担当部局といった「任意設置部」の新設を「奨励」した。府県側も，地域開発や公害問題などの新しい行政需要に対応する必要があり，かつ地方自治官庁の「奨励」に応じることによってその設置が「正当化」されることから組織の増設を進めた。

安定成長期に入ると，地方自治官庁の目的は局部組織全体の簡素合理化へと変化したものの，このように自身の目的に沿う形で府県に「自主的」な組織改革を促そうとする地方自治官庁の姿勢は変わらなかった。地方自治官庁は，府県が地方自治法の「例示」を「順守」すれば，それ以上組織の統廃合を行わなくなる恐れから，地方自治法の規定はあくまでも「標準」であることを強調し，府県に対して包括的な組織改革を進めるよう求めた。

ただし，こうした地方自治官庁による府県の組織編成への関与には限界があった。述べてきたように，個々の局部組織は関係する省庁と人事や補助金などを通じて密接につながっていた。このため，局部組織制度の改廃と同様に，個別省庁からの反発を誘発しかねない局部組織の統廃合を積極的に「奨励」することは難しく，企画担当部局や公害担当部局の場合などのように地方自治官庁が具体的に改革対象となる組織を示すことはしなかった。あくまでも，府県が「自主的」に組織を統廃合するよう促したのである。

しかし，府県側も「自主的」であるとはいえ，「自由」に組織を編成したわけではない。静岡県が職業労働部を設置したように，自主的に組織の統廃合を行った府県が一部にはみられたものの，その数は限定的であり，設置された組織も長く続かなかった。第4章で観察した山梨県の事例において土木林務部に田辺知事が難色を示したように，個別省庁の意に沿わない編成をすれば，「報復」を受ける可能性があることを多くの府県は認識していたと考えられる。また，こうした姿勢は，講演会などを通じてその「意向」を確かめたように，地方自治官庁との間においても同様であったと考えられよう。

一方で，当時の知事は，機能合理性の面からのみ組織「改革」を進めていたわけではない。もともと組織改革は，前知事との「違い」や旧体制の「遺制」との「決別」を，府県の内外に示すうえで重要な政策でもある。まして，組織の大幅な変化は，こうした個別省庁などとの関係もふくめ，府県内部に様々な混乱や対立をもたらす可能性がある。このため，知事にとって重要であったことは，「改革」を実施したという「実績」は残しつつ，「改革」によって引き起こされうる府県内部の混乱や対立を回避することであったと考えられる。

そこで府県は，中央政府による「正当化」と並ぶ第2の「正当化」を府県間関係の持つ「正統性」に求めるようになった。すでに他の府県での実績があり，あるいは評判の高い改革アイデアを取り入れることで，改革によって発生することが予想される様々な混乱や反発などを回避し，組織改革の「正当化」を図ろうとした。

また，府県間の動向に基づいて組織改革を正当化することは，中央政府との間の不確実性を小さくするうえでも重要であった。もとより，地方自治法第158条では，その規定において他府県との「権衡」を踏まえて設置することが規定されていたが，それ以上にほかの地方自治体においてすでに「実績」があれば，地方自治官庁との協議において認められやすかったものと考えられる。実際の協議において提出された資料においても，当該府県の内生的な事情だけでなく，すでに類似の府県において同様の編成が行われていることが，改革する理由として示されていた。

例えば，第4章で観察されたように，山梨県や福島県の組織改革において，他府県の組織編成を参照し，また他府県での実績が乏しいことから企画と財政・人事の統合が行われなかったことは，こうした府県間関係のもつ「正統性」による「正当化」が存在することを示すものであった。

このように，戦後の府県は，国や他府県といった外部に存在する「正統性」に依拠して組織改革を「正当化」してきた。また，こうした正当性を確保する主体が存在することで，府県は必ずしも多様な選択肢の中から状況に応じて最善の組織を自ら選びとるわけではないという点で，「制約的」に組織を編成するようになった。こうした戦後府県の局部組織編成における「自己制約」性（Kaufman 1971：73-79）は，地方自治官庁や個別省庁，他府県との関係など，府県行政を取り巻く戦後の政府間関係が定着していく中で，歴史的に構造化された「制度化されたルール」となってきたものと考えられる（cf. 野中 1999）。

近年の組織編成と「正当化」

では，地方自治法の改正や分権改革の進展など政府間関係の変化によって，中央政府のもつ「正統性」に依拠した「正当化」が効かなくなりつつある現在，府県は純粋に多様な選択肢の中から最善の組織を選びとっているのであろうか。

序章において述べたように，近年知事主導による組織改革が多くの府県において進められている。こうした知事主導による組織改革は，それを通じて自身の意向を府県行政に反映させようとする動きであると同時に，執行機関の長としての「正統性」を持つ「知事」による組織編成の「正当化」ということもできる。一方で，知事は必ずしも絶対的な「正当性」の根拠となるわけではない。特に，局部組織の編成は条例に基づいて行われる以上，議会の意向は組織編成を「正当化」するうえで重要である。このため，序章で触れた長野県における田中知事が主導した経営戦略局の設置問題などのように，「知事主導」であるために議会が「拒否権」を行使することに積極的になる場合もある。

こうした，政治的な背景に基づく「不確実性」を内包した「知事」による「正当化」と並ぶ，1990 年代後半以降における組織改革の特徴として，議論やコミュニケーションを積極的にとることで，自己制約性を打ち破ろうとする府県が見られる。例えば，組織改革に反映されるべき情報を庁内で共有することによって，関係者間の合意形成を円滑にしようとする県が存在する。例えば，大分県や岐阜県の組織改革では，複数回にわたって積極的に庁内のヒアリングを行い，また組織改革の担当部局において組織編成に関する様々な論点を整理し，関係部局に投げかけることで，関係部局との調整や議論を活発化させている（稲垣 2011）。

ただし，組織編成は様々な観点から行われうる以上，いくら調整を繰り返したとしても，あらゆる面で絶対的に機能合理的な組織を編成することは極めて困難である（森田 1987）。むしろ，こうした調整やヒアリングを重視した組織編成は，手続きを通じて組織改革の「正当性」を増幅しようとする営みとしても理解することができる。例えば，秋田県では，知事公室の改革が佐竹知事のマニフェスト事項となってはいたが，就任後すぐに組織改革の手続きがとられたわけではない。いったん，知事公室や学術国際部が自ら組織のあり方について再検討する過程を踏まえたうえで，具体的な組織改革に着手している。また岐阜県では，政策総点検の手続きを経たうえで組織改革を行っている。

このように，組織編成をめぐる情報や課題の共有と議論，知事主導による改革や組織編成過程における手続き合理性の確保など，組織編成を「正当化」する「正統性」が，これまでのような中央政府や他府県の動向といった府県の外部ではなく，主に府県の内部において調達されるようになったことが近年の特徴として指摘できる。

しかし，このように内部において調達された「正統性」に依拠した組織編成は，必ずしも合理的ではない結果となる場合が想定される。特に，「行政の現場」に疎いために，組織編成についての機能合理的な判断を下すことが難しい議会が拒否権を持っていることは，議会の決定がかえって合理的な組織の編成を阻害してしまう場合もありうる[2)]。また，手続き的合理性や関係主体間の調整の問題が重視され過ぎれば，編成された組織が一種の「妥協の産物」となってしまい，組織のあり方について十分な検討と踏み込んだ判断そのものを回避してしまうことも想定されよう。実際にも，こうした「改革」の形式化の問題は指摘されている。例えば，広島県では，審議会を設置して組織改革を行い，部制を廃止して局制を導入したものの，実質的には部から名前を変えただけに過ぎないと批判されるなど，実質的な変化には乏しいことが指摘[3)]されている。

こうした状況は，戦後見られてきた組織改革が改革の表面的な「実績」を重視する一方で実質的な変化を回避しようとする行動様式が，「改革派」知事の時代になっても残存していることを示唆しているように思われる。すなわち，改革によって発生する混乱や対立を避けようと，改革に向けた議論の空洞化や改革自体の形骸化が発生してしまうのである。さらに，こうした形式的な「改革」が「波及」することで，府県間での「横並び」が進んでいくことも考えられる（cf. 稲垣 2007a）。

「象徴」としての組織編成

このように，戦後の府県における局部組織の編成において，「正当化」の問題が重視されてきたことは，組織編成そのものが持つ「象徴」性の問題と大きく関係しているように思われる。政治における「象徴」作用について分析したエーデルマンによれば，行政組織は行政サービスや規制を行う手段[4]としての「道具的機能（instrumental function）」だけではなく，一般市民などに対する政治的な「表現機能（expressive function）」も持つとされる（エーデルマン 1998：84）。

戦後府県の局部組織の場合，述べてきたように「道具的機能」が常に担保されるよう編成されているわけではない。何らかの目的に沿って組織が編成されるとしても，目的に対する機能合理性の確保は，他の手段で代替することも可能である。例えば，総合計画の策定に当たっては，必ず「企画部」が設置されなければ策定できないわけではない。「総務部」であっても，必要な人員と予算，権限といった資源があれ策定することが可能である。逆に，「企画部」が設置されたとしても，必要な資源がなければ策定することは難しい。特に，局部組織編成をめぐる不確実性について述べたように，国との関係が行政活動に大きく影響してきた戦後の府県においては，「道具的機能」を追求し過ぎれば，個別省庁や地方自治官庁との間で問題が発生する可能性もあった。

一方で，組織改革は，とりわけ公選知事にとって府県の内外に様々なアピールを「表現」するうえで重要であった。例えば，1950 年代の企画担当部局の設置や廃止は，単なる組織の整理合理化の問題への対処だけでなく，公選知事の登場やその交代を内外に「表現」するうえでも重要であった。第

4章で検討した1970年代では，占領期から高度経済成長期にかけて長く政権の座にあった知事が次々と引退・落選する中，新しく就任した知事たちは「新しい酒は新しい革袋に」などのスローガンを掲げ，組織改革を進めようとした。2000年代に入っても，群馬県において，大澤知事が，小寺前知事が導入した理事制の廃止と部制の復活をわずか1カ月で行ったことなど，知事の交代に伴う急速な組織改革はしばしば見られる。

このように，戦後府県の局部組織をめぐっては「道具的機能」における不確実性が存在する一方，「表現機能」に対するニーズが小さくない。このため，公選知事が組織編成を円滑に進めるうえで重要であったことは，「道具的機能」をめぐるトラブルを抑制しつつ，「表現機能」の効果を最大化することにあると考えられる。組織改革に当たって国に「配慮」することや他の府県の動向を参照してきたことは，「改革」の「実績」を府県の内外に「表現」する一方で，改革を通じて導入される「道具的機能」に対する国や府県内部からの反発や介入といったトラブルが発生することを回避するために必要な手続きであった。

例えば，1970年代の組織改革においては，「新しい革袋」の必要性が重視されながらも，環境・公害関連の部局の新設など，改革パターンには一定の「同型化」が見られたことなどは，国への「配慮」や他府県の「模倣」を通じて組織を選択することによって，「道具的機能」をめぐる非難やリスクを回避しつつ，組織改革という「功績」を「表現」することが可能になった（新川 2004：299-333）。実際にも，高度成長期の府県における「企画部」や「環境部」などの設置をめぐっては，府県間で他府県の編成を参照しようとする動きが見られた。すなわち，組織を設置することで，こうした行政分野に取り組む「姿勢」を内外に象徴的に示すこと，それ自体が重要であったと考えられる[5)]。

ギューリックらの古典的組織論に対する批判を見るまでもなく，「完全」な組織を編成することは難しい。とりわけ，局部組織のように，一定の規模や所管事務を持つ組織に求められる「機能」を明確にし，それに応じた組織を編成すること，またそれに対する合意を形成することは困難な作業である。

しかし，だからと言って，「表現機能」の問題のように組織改革の持つ象徴的な作用を重視し，あるいは決定手続きにおける「正統性」の調達に囚われるあまり，多様な選択肢から最も望ましい選択をすることを自ら制約することは必ずしも望ましいことではない[6)]と考えられよう。

また，こうした自己制約的な選択は，「集権」「融合」型の中央地方関係の下に置かれてきた，戦後府県の行動様式のひとつの特徴であったようにも思われる。戦後日本の自治体の行動様式において，自己制約的な面が存在する可能性は，大杉覚によって指摘されている。例えば，自治体は，現行の地方制度を最大限自己の利害に基づいて「活用」することで直面する「限界に挑戦すれば当然生じうる国」との対立を回避するよう行動してきたという。またこうした行動ゆえに制度が持つ問題性が顕在化せず，地方制度の改革が先送りされる要因となったとされる（大杉 1997：62）。局部組織制度についても同様に，府県が制度を「自己制約」的に運用してきたことから，抜本的な改革につながってこなかったことが考えられよう。

(2)　本書の意義と課題

本書では，戦後府県における局部組織の編成について，政府間関係の歴史的な変遷と府県内部における編成過程の構造に着目することで，府県による組織編成において自己制約的な側面が存在してきたことを明らかにした。本書の意義は，こうした組織編成そのものの構造的な特徴を明らかにしたことに加え，内政や府県の組織編成をめぐる「統合」の視点から，戦後日本における国・府県間関係の構造と，そうした関係下における府県の行動様式の一端を明らかにしたことにある。より具体的な意義として，以下の4点を挙げることができる。

第1に，局部組織制度と内政の「統合」問題との関係に着目することで，戦前・戦後における旧内務省と地方自治官庁の違いについて明らかにしたことである。本書では，局部組織制度の形成され変容した背景として，戦前・戦後における旧内務省と地方自治官庁による内政の「統合」をめぐる動きがあったことを指摘してきた。先行研究においては，戦前・戦後における旧内務省（特に，地方局）と地方自治官庁には連続性があり，両者ともに，内政省問題や公選知事の官選論などに見られるような内務省－府県体制の復活，すなわち内務省が政策（事務）・人事・地方制度を総合的に所管する内政の総括官庁として，府県を通じた総合的な行政体制を「復活」させることで，内政の「統合」を目指していたことが強調されてきた。

しかし，こうした「連続性」を強調する議論は必ずしも適切ではないように思われる。第２章で見たように，「内政省」構想などの「復活」路線には限界があることを地方自治官庁の官僚たちは認識しており，必ずしも積極的ではなかった。また，「局部法定制」が「標準局部例」となったことや，法制度によらない人事交流の「斡旋」を地方自治官庁が進めたことに見られるように，戦後の地方自治官庁が進めようとした「統合」は，いずれも政策（事務）は個別省庁，人事は府県，地方制度の所管は地方自治官庁といった，戦後改革による制度的な「分離」を前提としたうえで，戦後制度の「現状維持・拡充」やその運用を通じて内政の「統合」を図ろうとするものであった。第３章と第４章で検討した高度成長期以降においても同様に，地方自治官庁は制度の大がかりな「復活」を目指すのではなく，戦後の地方制度や府県行政制度を前提としたうえで，個々の政策ごとの「統合」を目指そうとしていた。また，自治省企画部が実現しなかった例に見るように，地方自治官庁内部においてもそうした「統合」に向けた動きは限定的なものであった。このように，戦後における地方自治官庁は，必ずしも旧内務省のような内政の「統合」を目指していたわけではなく，個別省庁が多元的に府県と対応する「国の事業省庁による縦割化された地方ガバナンス」（喜多見 2004）を前提としつつ，部分的に内政の「統合」を目指そうとしていたと考えられる。

第２に，戦後の内政をめぐる省庁間関係および国・府県間関係と，戦後地方制度の関係について再検討したことである。戦後における行政学や政府間関係の研究においては，多元主義論に見られるように省庁間のセクショナリズムや，補助金や人事交流などを通じて個別省庁と府県の関係する局部組織とが強く結びついてきたことが指摘されてきた。また，集権性を強く指摘する研究も多く，戦後の府県が自主的に政策を選択することが困難であったとしてきた。

一方で，本書において取りあげた局部組織制度は，地方自治官庁，個別省庁，府県が直接・間接に制度に関係するなど，先行研究が想定するよりも複雑な主体間の関係構造を持つ制度であった。そうした複雑な構造ゆえに，明確な「規制」や「統制」を持たない不明確な制度となった。前述のように，複数の政策分野を横断する場合や，地方自治官庁と個別省庁が双方ともに関係する場合，あるいは府県における「自治権」の尊重といった点から，地方制度の形成が困難になることは少なからず指摘されてきた（大杉 1991）。本書は，こうした研究を踏まえつつ，関係する主体間の関係構造や，制度の形成過程と運用の実態について分析することで，戦後の地方制度がその内容面において不明確なものとなる場合があることを指摘した。

第3に，こうした不明確な局部組織制度の運用を観察することを通じて，戦後府県の行動様式について新たな視点を提供したことである。前述のように，地方制度をめぐっては多元的な省庁間関係が地方制度の形成・定着に影響を及ぼしてきたことは指摘されてきたが，その過程と戦後府県（自治体）の対応については，これまで必ずしも十分に検討されてこなかったように思われる。本書では，制度が不明確であるためにその運用において「不確実」性が発生していることを指摘し，さらに，こうした場合府県は先行研究が指摘するような「国による統制」によらずとも，自ら制約的な行動をとってきたことを明らかにした。

第4に，こうした戦後府県による局部組織の編成や，開発行政への対応の観察を通じて，戦後における国と府県との関係に新たな視座を提供したことである。周知のように，補助金や人事交流などによって，個別省庁と関係する局部組織が「政策共同体」として縦の系統組織を形成することで自治体内での分立化傾向をもたらしてきた。これに対して，国側においては大蔵省や内務省・地方自治官庁といった総轄官庁が，自治体側においては首長や企画部や総務部といった総轄管理部局が「総合性」（金井 2007：14-15）の観点からこれを抑制しようとしてきたとされる（西尾 1990：427-428）。

しかし，本書での府県の対応を観察した結果，総轄官庁と首長や総轄管理部局は，「総合性」という点で志向性が近いものの，必ずしも行動や選択を一致させていたわけではないと考えられる。例えば，府県は地方自治官庁の開発政策を受容するために企画担当部局を設置したわけではなく，個別省庁の様々な政策に対応するために設置してきた。「機能的集権」下の府県においては個別省庁との関係は重要であり，出向人事の受け入れや関連組織の設置など個別省庁の意向に沿った決定を公選知事が「自主的」に下す場合は少なくなかったと考えられる。内務省から「独立」し，「自治権」を持つようになった戦後の公選知事は，地方自治官庁の考える内政の再「統合」から得られる利益が，「機能的集権」下で得られる利益を下回るならば，必ずしもそれを支持してこなかったものと思われる（稲垣 2015）。

また，戦後の地方自治官庁は，国の省庁の中にあって「地方自治」を擁護する省庁としての側面を持っていた（伊藤 1983）。このため，地方自治官庁の意志とは異なるものであっても，府県が「自主的」に下した判断を「統制」することは必ずしも容易であったわけではない。逆に府県は，「自主的」な判断ができないほど地方自治官庁に「統制」されてきたわけでもない。このように地方自治官庁の対応には「限界」がある中で個別省庁と関係を持ち，また府県内部の事情とのバランスを衡量したうえで，「正当化」が可能な判断を下してきたものと考えられる。

こうした戦後府県の行動様式は，組織編成の問題に限らず他の政策選択や行動へも一定程度敷衍して考えることできよう。地方自治法の「規制」がそうであったように，中央政府が府県に課する規制や制約は，省庁間の関係や権限の問題などから，制度上・法文上必ずしも明確な基準や規制が示されていない場合は少なくない（全国知事会 1963）。こうした場合，前述したように，府県においてこれを実質的に調整し総合化することになる。すなわち，国と府県の関係は集権体制に基づく単純な規制－被規制の関係にあるわけではなく，府県による調整が重要な鍵を握ってきたと考えられる。ただし，その際に府県が自主性や個別性の高い決定をすれば，全国的な統率や画一性がとれなくなり，集権・融合的な戦後の国・府県関係全体に混乱をきたすことになることが想定される。あるいは，地方自治官庁や個別省庁から何らかの「報復」を受けることも考えられよう。こうした場合，本書で示した戦後府県による自己制約的な行動様式は，一定の説明力を持つものと考えられる。

ただし，本書での研究は必ずしも十分なものではなく，今後さらに研究を積み重ねていく必要がある。最後に今後の課題として，以下の３点を挙げておきたい。

第１に，「不確実な地方制度」についてのより深い考察である。本書では，局部組織制度の歴史的な分析を通じて，戦後地方制度の一特徴として「不確実」な制度が存在することを指摘してきた。一方で，前述のように戦後地方制度においては同様に必ずしも明確ではない制度は多数存在してきた。今後においては，こうした制度の起源が，局部組織制度の場合と同様に戦後における省庁間関係や国と府県の関係の構造に起因するものであるのか，制度の歴史的な形成過程などの分析を通じて，その一般的な発生構造についてより考察を深めていく必要がある。

これに関連して第２に，自己制約的な組織編成という行動様式の理論的な精緻化である。本書は，知事部局の組織編成の制度的な来歴と組織改革の事例を通じて，戦後府県の組織編成に共通する構造的な特徴として自己制約性を析出した。しかし，事例やデータが限られていることや分析が十分でないこともあって，必ずしも「自己制約性」の精緻な分類や場合分けに成功しているとは言い難い。そこで，今後においては，特に基礎自治体や海外（州政府等）との比較分析を含めながら，さらなる事例分析の積み重ねによって，より精緻な理論を構築する必要がある。特に，局部組織の編成以外の分野においても妥当であるか，あるいは異なる様式が見られるか，といった点からさらに検討する必要がある。

第３に，組織改正手続きの歴史的変遷についてである。本書では，前半部分において，特に制度史を中心にした歴史分析を行い，後半部分において実際の府県における組織改革の事例を行った。一方で，当然のことながら戦前・戦後を通して府県では，局部組織に限らず毎年のように何らかの組織の改革・再編が行われている。そこで，今後は分析対象となる事例を増やしつつ，制度を所管する中央政府との関係にとどまらない，府県行政独自の組織編成の構造や特徴についてさらに検討する必要があろう。

注

1）地方自治官庁が個別省庁からの反発の問題を指摘してきたように，旧地方自治法第158条の改廃においても，こうした3つの主体間の構造に基づく不確実性が内包されてきたといえよう。

2）こうした問題を解決するためにも，局部組織の条例設置を廃止するという選択肢は考えられよう。しかし，知事も「全知全能の神」ではない以上，知事の持つ組織編成への「正当性」を認めながら，議会が拒否権を安易に行使せず「伝家の宝刀」として，知事による組織編成権の行使を牽制することも重要であると考えられる。

3）広島県議会での審議において「既存の組織を局制に合わせて再配置しただけではないか」などと批判されたほか，「新たな局の下に位置づけられた環境部門，空港港湾部門は，わずか2年前の状況に戻っただけ」との指摘もあった（平成20年2月定例会（第3日）（2008年2月26日）下原康充議員（自由民主党）質問）。

4）ただし，保健所の設置などの「必置規制」の場合，実際の事務や政策の実施体制と組織編成が直接結びつきやすいことから，「道具的機能」の側面が問題になるものと考えられよう。

5）当然のことながら，こうした「象徴」作用をめぐるリスクコミュニケーションの問題はさらなる検証が求められる。ここでは，本書の研究から得られた示唆として仮説的に提示した。

6）このことによって，府県内部での組織編成をめぐる「道具的機能」の議論が「空洞化」してきた可能性も考えられる。

あとがき

本書は，2010（平成22）年度に東京都立大学大学院社会科学研究科に提出した博士学位申請論文（「戦後府県知事部局の組織編成」）を原型とし，すでに公表（⑤は近刊）した以下の論文の内容を含むものである。

①「国・府県間人事交流の制度形成」『東京都立大学法学会雑誌』（東京都立大学法学会）第44巻2号，2004年
②「戦後府県企画担当部局の形成と展開」『年報行政研究41　橋本行革の検証』ぎょうせい，2006年
③「戦後府県「総合行政」をめぐる国と府県――戦後府県総合開発の展開と「新規行政需要」への対応を素材として」『法学会雑誌』（首都大学東京・東京都立大学法学会）第47巻2号，2007年
④「戦後府県の組織編成とその「正当化」――局部組織制度の形成過程と編成過程の変遷に着目して」『法学研究』（北海学園大学）第50巻2号，2014年
⑤「組織と人事をめぐる府県行政の戦前と戦後――戦後内政・府県行政の変化と「非公式制度」の形成」『北海学園大学法学部50周年記念論文集』，2015年（近刊）

（このうち，④については2012年の日本公共政策学会研究大会（テーマセッションⅣ）において，⑤については日本行政学会2014年度研究会（分科会C）において報告の機会を得た。）

本書の研究は，筆者が修士課程より続けてきた戦後における国と府県の関係についての研究の延長線上にある。修士論文では，戦前における「地方官人事」が，戦後における公式な法制度から消え去る一方で，国と府県を跨ぐ人事そのものは戦後においても続き，事実上の「制度」として形成されたこ

とを様々な資料をもとに明らかにした。論文にはしたものの，地方自治法をはじめとした新しい法制度の形成こそが「戦後改革」として考えてしまっていた筆者は，人事交流の問題に見られた非公式の「制度化」という事実をうまく説明できなかった。こうした非公式的な「制度」を，戦後日本の地方制度改革あるいは地方自治において，どのように位置づけるかということが博士課程進学以降の筆者の課題となった。

しかし，研究は遅々として進まなかった。目の前に迫る政治学総合演習の報告に促される形で，人事にポストはつきものかと，とりあえず府県の局部組織について調べることになった。調べていくうちに，局部組織制度が法律上曖昧な部分を残した法制度であること，それに企画担当部局のように府県間での組織編成の「同型化」が見られることがわかった。そこで，改めて局部組織制度の形成過程と運用の実態について研究を進めたところ，人事交流の場合と同様に，「自己否定官庁」である戦後の地方自治官庁が中心となる法制度の形成には，個別省庁や府県との複雑な関係から限界があることが明らかになった。一方で，府県間の相互参照や国への「配慮」といった「自己制約」的な組織編成が，戦後の府県において「制度化」されてきたことがわかった。

ようやく，これまでの研究から見出される戦後日本の地方制度の特徴として，公式制度の制度化には構造的な限界があり，これを戦後の人事交流や組織編成における「自己制約」といった非公式の制度が実質的に補完していること，さらに，こうした公式制度と非公式制度の構造が，戦後地方制度の安定化につながってきた可能性を指摘しえたときには，すでに修士課程入学から 10 年以上の歳月が経過していた。

このように，あまりに長い時間がかかった研究を，ようやく本書の形でまとめることができたのは，これまで多くの方々から頂いたご指導とご支援のおかげである。

まずもって感謝の言葉を申し述べなければならないのは，指導教員である大杉覚先生である。まだ広尾にあった自治大学校の教官室で初めてお会いして以来，先生に教えて頂いたことは数えきれない。絵に描いたような「不肖の弟子」であり，研究に留まらず多くの面で未熟であった筆者を，先生は厳しく指導してくださった。筆者自身が今あるのは，先生のお導きによるものである。

行政・地方自治の歴史や現場と理論との不断の往復の中から研究を積み重ねられている先生のご学風からは，常に研究者としてのあるべき姿を学ばせて頂いている。例えば，筆者が歴史的な視座から分析を進めることができたのは，先生ご自身が戦後の地方制度調査会をはじめとした多くの歴史資料の渉猟と検討のご経験をお持ちであり，幾度となくそうしたご経験について，その醍醐味とともにご教示頂いてきたからである。また，大杉ゼミにおいて，旧自治省を中心とした戦後地方制度の構造について学ばせて頂いたことで，拙いながらも国・府県関係を理論的に整理・分析することができるようになった。

本書が少しでも，これまでの学恩に対するご恩返しになれば幸いである。今後も研究者として，また教育者として研鑽を積み，先生にわずかでも近づくことができるよう努力していきたい。

博士論文審査において副査を務めて頂いた，金井利之，伊藤正次の両先生にも心から感謝申し上げたい。

金井利之先生には，先生が東京都立大学に在籍されていた頃から長きにわたってご指導を頂いている。先生からは，行政活動を多様な視点から論理的に考察することの必要性を教えて頂いた。修士課程での講義やゼミにおいて，先生の緻密な思考と精巧な論理に触れられたことは，研究生活を始めたばかりの筆者にとってまさに僥倖であった。また，筆者が勤務していた横須賀市で行われた市職員のオーラル・ヒストリーに参加させて頂き，「細部」から行政の構造を読み取るために必要な視点についてご教示頂いた。

伊藤正次先生には，金井利之先生の後任として東京都立大学に着任されて以来，公私にわたってご指導を頂いている。先生からは，そのご著書（『日本型行政委員会制度の形成』）に代表されるように，複雑多岐な歴史を理論的な視座から冷徹に分析することの重要性を教えて頂いた。博士論文の執筆過程においても，理論面での整理からまとめに至るまで様々な場面で相談に乗って頂いた。

また，松井望先生には様々な場面で支えて頂いている。首都大学東京に着任されて以来，先生の研究室でお話をさせて頂くことが筆者の研究生活において大きな楽しみであり，大切な時間であった。稚拙な「思いつき」に過ぎない研究構想を聞いて下さり，研究者として生きていくための「自信」をつけさせて頂いた。今後とも，ご指導頂ければ幸いである。

筆者が大学院生・助教として10年の長きにわたって在籍した，東京都立大学および首都大学東京では，多くの先生方にご指導頂いた。特に，政治学専攻では，宮村治雄（現成蹊大学），森山茂徳，川出良枝（現東京大学），山田高敬，野上和裕，大澤麦，陳肇斌，石田淳（現東京大学），前田幸男（現東京大学），五百旗頭薫（現東京大学），今井亮佑，日野愛郎（現早稲田大学），河野有理の各先生に，ゼミや政治学総合演習などを通じて多くのことを学ばせて頂いた。また，法律学専攻の谷口功一先生，都市政策コースの和田清美先生には，公私様々な面でご支援頂いた。

南大沢での大学院生活では，多くの得難い方々とともに学ぶことができた。先輩である築島尚，黒澤良，相原耕作の各先生には，研究のイロハから教えて頂いたばかりか，今日に至るまで長くご指導を頂いている。同じ行政学専攻の先輩である金今善氏には，ご専門である住民紛争の問題や韓国行政の現状をはじめ多くのことをご教示頂いた。演習などでご一緒した，山崎裕美，小畑俊太郎，山辺春彦，佐伯太郎，北村工匠，宮本香織，竹園公一朗，稲吉晃の各氏には，研究生活のあらゆる場面で助けて頂いた。また，同僚として助教の業務にあたった，横濱竜也，尾原宏之，顧丹丹の各氏にもお礼申し上げたい。

博士課程進学時から参加させて頂いた東京大学行政学研究会は，筆者にとって最先端の研究とともに学問としての行政学について学ぶことのできる貴重な場である。本書の研究についても，報告の機会を与えて頂いた。森田朗，田邊國昭，城山英明，田口一博，岩崎忠の各先生をはじめとする関係の先生方にお礼申し上げる。

同じ「行政」研究を志す若手研究者の集まりである行政共同研究会は，数度にわたって報告させて頂くなど，筆者の研究生活においてペースメーカーともいえるものである。様々な関心を持つ仲間が，酒席も含めて遅くまで議論しあったことは，筆者にとって何物にも代えがたい経験であった。筆者の先代の幹事であった手塚洋輔氏，棚橋匡氏，出雲明子氏，坂根徹氏，筆者と共同幹事を担当された深谷健氏をはじめ参加された皆様方に感謝申し上げたい。

また本書の執筆過程では，日本公共政策学会，日本行政学会，北海道大学政治研究会で報告の場を頂き，貴重なコメントを頂いた。司会者・討論者などとしてお世話頂いた，徳久恭子，曽我謙悟，市川喜崇，宗前清貞，眞壁仁，山崎幹根の各先生にお礼申し上げる。

学習院大学の野中尚人先生には，学部時代に演習に参加させて頂いて以来，長きにわたってご指導頂いている。計量分析から歴史研究に至るまで，あらゆる方法を駆使してエネルギッシュに研究を進められる先生の姿は，筆者にとって目標とすべきところである。元ゼミ生ともども，今後ともご指導頂ければ幸いである。

現在勤務する北海学園大学からは，極めて恵まれた研究環境を与えて頂いている。佐藤克廣，横山純一，樽見弘紀，木寺元（現明治大学），それに筆者の前任であった神原勝の地方自治系スタッフの先生方には，北海道という地域に根差した研究活動とは何か，絶えずお示し頂いている。田口晃，菊地久，中村敏子，本田宏，若月秀和，松尾秀哉，山本健太郎の政治学系スタッフの先生方からは，学内の研究会等様々な場面でご指導頂いている。草間秀樹法学部長をはじめ，須田晟雄，向田直範，丸山治，鈴木美佐子，秦博美，小林淑憲の各先生には，研究・教育活動のあらゆる面で支えて頂いた。鈴木光，菅原寧格，酒井博行，内山敏和，稲垣美穂子の各先生には，学内行政や研究活動をはじめ多くの場面で相談に乗って頂いた。

本書の刊行にあたっては，平成26年度北海学園学術研究助成費の交付を受けた。森本正夫北海学園理事長をはじめ，事務方としてご尽力頂いた笹川雅司，三浦裕幸，赤坂武道の法学部スタッフ各氏にお礼申し上げる。

歴史的な視座から分析を進めた本書の研究では，資料の収集が不可欠であった。大分県公文書館，岐阜県総務部，熊本県企画振興部，群馬県立文書館，国立国会図書館・同憲政資料室，島根県公文書センター，総務省自治大学校，東京都公文書館，山梨県立図書館では，貴重なお話を頂くとともに様々な資料を閲覧・利用させて頂いた。また，博士論文の執筆においては，郷里である大分県庁におられた中垣内隆久氏から組織編成の手続きや課題について大きな示唆を得た。快くヒアリングに対応して頂いた関係機関の方々にも深くお礼申し上げたい。

また，出版をご快諾頂いた吉田書店の吉田真也さんには，出版について何もわかっていない筆者に対して懇切丁寧に対応して頂き，拙劣な原稿を何度も入念にチェックして頂いた。また，担当編集者としての立場に留まらず，元「県庁職員」としての立場からも多くの示唆を得た。深く感謝を申し上げたい。

最後に私事ではあるが，30代半ばまで「学生」を続け，かといって何を勉強しているのかよくわからない筆者を，常に温かく見守ってくれた家族や親族，友人にお礼を述べたい。母・美津江には，表紙カバーのイラストを描いてもらった。長年の友人である疋田太郎氏と森博史氏には，長い研究生活で挫けそうになるところを何度も励まして頂いた。

なお，本書は，幼き日の思い出と感謝とともに，竹下ハルエの御霊に捧げられる。

2015年3月

なごり雪降る豊平の研究室にて

稲垣　浩

参考文献

（邦語文献）

愛知県（1979）「地方計画の昨日・今日・明日」『愛知県地方計画の歩み』愛知県

青森県企画史編集委員会編（1982）『青森県企画史　三十五年の歩み』青森県企画部

赤木須留喜（1978）『行政責任の研究』岩波書店

秋田周（1967）『地方自治講座　第3巻　執行機関』第一法規

阿久津関一郎（1957）「速やかに全国計画の策定を」『国土』第7巻2号

天川晃（1974）「地方自治制度の改革」東京大学社会科学研究所編『戦後改革3　政治過程』東京大学出版会

天川晃（1986）「変革の構想――道州制論の文脈」大森彌・佐藤誠三郎編『日本の地方政府』東京大学出版会

天川晃（1989）「昭和期における府県制度改革」日本地方自治学会編『日本地方自治の回顧と展望』敬文堂

天川晃（1994）「地方自治制度」西尾勝・村松岐夫編『講座行政学　第二巻　制度と構造』有斐閣

天川晃（2014）『占領下の議会と官僚』現代資料出版

天川晃・岡田彰編（1998）『GHQ 民政局資料　地方自治 2』丸善

天川晃・増田弘編（2001）『地域から見直す占領改革』山川出版社

石川真澄（1978）『戦後政治構造史』日本評論社

石原俊彦・山之内稔（2011）『地方自治体組織論』関西学院大学出版会

石原信雄（1995）『まあ，いろいろありまして』日本法政学会

礒崎初仁・金井利之・伊藤正次（2007）『ホーンブック地方自治』北樹出版

市川喜崇（1991）「昭和前期の府県行政と府県制度（一）」『早稲田政治公法研究』第37号

市川喜崇（1992a）「昭和前期の府県行政と府県制度（二）」『早稲田政治公法研究』第39号

市川喜崇（1992b）「昭和前期の府県行政と府県制度（三）」『早稲田政治公法研究』第40号

市川喜崇（1993）「昭和前期の府県行政と府県制度（四・完）『早稲田政治公法研究』第41号

市川喜崇（2005）「道州制・都道府県論の系譜」日本地方自治学会編『道州制と地方自治〈地方自治叢書 18〉』敬文堂

井出成三（1942）「特別地方官庁の拡充傾向に就いて」『自治研究』第18巻2・3号

井出嘉憲（1972）『地方自治の政治学』東京大学出版会

伊藤修一郎（2002）『自治体政策過程の動態』慶應義塾大学出版会
伊藤修一郎（2006）『自治体発の政策革新』木鐸社
伊藤修一郎（2008）「〈書評〉金井利之『自治制度』」日本行政学会編『年報行政研究 43　分権改革の新展開』ぎょうせい
伊藤大一（1983）「行政官庁と官僚制」『法学セミナー増刊　官庁と官僚』日本評論社
伊藤大一（1989）「テクノクラシー理論と中央・地方関係——自治省と地方公共団体」『レヴァイアサン』4 号
伊藤正次（2003）『日本型行政委員会制度の形成　組織と制度の行政史』東京大学出版会
伊藤正次（2006）「「新しい制度史」と日本の政治行政研究——その視座と可能性」『法学会雑誌』47 巻 1 号
伊藤正次（2008）「国による『上から』の分権改革——コア・エグゼクティブの変動と『併発型』改革の展開」森田朗・田口一博・金井利之編『政治空間の変容と政策革新　第 3 巻　分権改革の動態』東京大学出版会
伊藤正次（2009）「自治体行政組織の構造変化と改革課題」『都市問題研究』第 61 巻 4 号
稲垣浩（2004）「国・府県間人事交流の制度形成」『東京都立大学法学会雑誌』
稲垣浩（2006）「戦後府県企画担当部局の形成と展開」『年報行政研究 41　橋本行革の検証』ぎょうせい
稲垣浩（2007a）「自治体組織編制における規制と改革」『国際文化研修』第 56 号
稲垣浩（2007b）「戦後府県「総合行政」をめぐる国と府県」『法学会雑誌』第 47 巻 2 号
稲垣浩（2011）『戦後府県知事部局の組織編成』東京都立大学博士学位論文
稲垣浩（2014）「戦後府県の組織編成とその「正当化」——局部組織制度の形成過程と編成過程の変遷に着目して」『法学研究』（北海学園大学）第 50 巻 2 号
稲垣浩（2015）「組織と人事をめぐる府県行政の戦前と戦後——戦後内政・府県行政の変化と「非公式制度」の形成」『北海学園大学法学部 50 周年記念論文集』アイワード
稲継裕昭（2000）『人事・給与と地方自治』東洋経済新報社
稲継裕昭（2006）「地方自治体の組織と地方公務員・人事行政」村松岐夫編『テキストブック地方自治』東洋経済新報社
稲継裕昭（2010）「地方自治体の組織と地方公務員・人事行政」村松岐夫編『テキストブック地方自治　第 2 版』東洋経済新報社
井上清太郎（1952）「二年間悩み続けた問題」『国土』第 2 巻 15 号
今井勝人（1993）『現代日本の政府間財政関係』東京大学出版会
今村都南雄（1978）『組織と行政』東京大学出版会
今村都南雄（1984）「地方公共団体の組織編成」雄川一郎・塩野宏・園部逸夫編『現代行政法体系　第八巻　地方自治』有斐閣
今村都南雄（1988）『行政の理法』三嶺書房
今村都南雄（1997）『行政学の基礎理論』三嶺書房
今村都南雄（2006）『官庁セクショナリズム』東京大学出版会
今村都南雄・辻山幸宣編（2004）『逐条研究地方自治法　Ⅲ　執行機関——給与その他の給付』敬文堂

入江洋子（2012）「自治体組織と人事」真山達志編『ローカル・ガバメント論』ミネルヴァ書房
岩切孝一（1974ab）「都道府県の局部組織について（一）（二）」『地方自治』第 319・320 号
岩手放送編（1984）『対談集　岩手県の昭和史Ⅱ』熊谷印刷出版部
内田信也（1951）『風雪五十年』実業之日本社
打越綾子（2004）『自治体における企画と行政』日本評論社
内山融（1998）『現代日本の国家と市場——石油危機以降の市場の脱〈公的領域〉化』東京大学出版会
江口清三郎（1986）「地方公共団体における組織改革の実際」地方自治協会『地方公共団体における組織改革』地方自治協会
大分県編（1973）『昭和 48 年 4 月 1 日実施の行政機構改革の記録』大分県
大分県総務部企画調査課編（1951）『戦後県政の回顧』大分県
大分県総務部総務課編（1991）『大分県史　現代編 2 』大分県
大杉覚（1991）『戦後地方制度改革の〈不決定〉形成——地方制度調査会における審議過程をめぐって』東京大学都市行政研究会 研究叢書 4
大杉覚（1994）「行政改革と地方制度改革」西尾勝・村松岐夫編『講座行政学　第二巻 制度と構造』有斐閣
大杉覚（1997）「未完成のプロジェクト？——地方分権と改革システムの形成（一）」『成城法学』55 号
大杉覚（2004）「日本における地方分権——地方分権改革の政治過程」小林良彰・任爀伯編『日本と韓国における政治とガバナンス——変化と持続』慶應義塾大学出版会
大杉覚（2009a）「日本の自治体行政組織」『分野別自治制度及びその運用に関する説明資料 No.11』財団法人 自治体国際化協会（CLAIR），政策研究大学院大学 比較地方自治研究センター（COSLOG）
大杉覚（2009b）「分権一括法以降の分権改革の見取り図と今後の展望」『都市問題』100 巻 8 号
大原光憲・横山桂次（1965）『産業社会と政治過程　京葉工業地帯』日本評論社
大森彌（1991）「課レベルの組織編成とその動因」総務庁長官官房総務課編『組織と政策 V』行政管理研究センター
大森彌（1987）『自治体行政学入門』良書普及会
大森彌（1995）『現代日本の地方自治』放送大学出版会
大森彌（2006）『官のシステム』東京大学出版会
岡茂男ほか（1955）「座談会　府県計画の問題点を聴く」『国土』第 5 巻 9 号
岡義武（1958）『現代日本の政治過程』岩波書店
岡田彰（1994）『現代日本官僚制の成立』法政大学出版局
尾兼弘幸（1981a）「地方自治法逐条沿革　34」『地方自治』399 号
尾兼弘幸（1981b）「地方自治法逐条沿革　35」『地方自治』400 号
岡山県議会事務局編（1955-1956）『岡山県行政機構改革参考資料 . その 1-2』

沖田哲也（1976）「集権と分権」辻清明編『行政学講座　4　行政と組織』東京大学出版会
荻田保（1952）「地方自治と国土総合開発」『国土』第2巻14号
荻田保（1962）「府県に企画部を設けよ」『自治研究』第38巻5号
荻田保（2000）『現代史を語る　1　荻田保　内政史研究会談話速記録』現代史料出版
荻野正一（1968）「大阪府における公害行政の現状と問題点」日本行政学会編『公害行政』勁草書房
奥野誠亮（1964）『都道府県合併促進論』
奥野誠亮（1971）「期待したい府県制度の改革と骨のある官界」自治省『自治省　十年のあゆみ』自治省
奥野誠亮（2002）『派に頼らず，義を忘れず　奥野誠亮回顧録』PHP 研究所
香川県企画室・香川県総務部編（1964）『香川県行政診断報告書 . 行政編 第 1-2』香川県企画室
鹿児島県編（1972）『鹿児島県行政組織の沿革　明治 4 年 - 昭和 45 年』鹿児島県
片山虎之介（1965a）「新内政省試論（一）」『自治研究』第41巻2号
片山虎之介（1965b）「新内政省試論（二）」『自治研究』第41巻7号
加藤栄一・古川俊一（1975）『地方公務員の定員管理』ぎょうせい
加藤淳子（2009）「書評　建林正彦・曽我謙悟・待鳥聡史著『比較政治制度論』」『書斎の窓』582号
加藤富子（1981）「変貌する地方公務員像」『ジュリスト増刊総合特集22号　地方の新時代と公務員』有斐閣
金井利之（1998）「空間管理」森田朗編『行政学の基礎』岩波書店
金井利之（2007）『自治制度』東京大学出版会
神奈川県環境部編（1991）『環境行政のあゆみ　かながわの40年』神奈川県環境部
神奈川県総務部行政管理課（1977）『機構改革に関する資料』
金丸三郎（1948）『地方自治法精義　上巻』春日出版社
金丸三郎（1964）「地域開発と広域行政」『自治研究』第40巻7号
金子正則（1957）「香川県総合開発計画の策定を回顧して」『国土』第7巻2号
鎌田要人（1975）「昭和50年代の地方自治の展望」『自治研究』第51巻1号
河中二講（1967）「「地域政策」と地方行政」『年報政治学1967　現代日本の政党と官僚』岩波書店
川西誠（1966）『広域行政の研究』評論社
河端脩（1993）『黐の木の詩』川崎編集事務所
木内信蔵（1961）「後進地域開発における大都市の任務とその育成」『都市問題研究』第13巻1号
岸昌（1951）「府県の性格及び機能（二）」『自治研究』第27巻12号
岸昌（1952）「地方自治の再建（一）」『自治研究』第28巻1号
岸本清三郎（1985）『さきを駆けた地域農政の記録――熊本・第二次産振を考える』熊本日日新聞情報文化センター
喜多見富太郎（2004）「地方財政の再設計――地方ガバナンス改革からの視点」青木昌彦・

鶴光太郎編『日本の財政改革——「国のかたち」をどう変えるか』東洋経済新報社
喜多見富太郎（2010）『地方自治護送船団』慈学社
北村亘（1998）「合理的選択制度論と行政制度の設計」『甲南法学』38巻3・4号
北村亘（2009）『地方財政の行政学的分析』有斐閣
北山恭治（1955）「府県計画に関する諸問題」『国土』第5巻10号
木寺元（2012）『地方分権改革の政治学』有斐閣
君村昌（1976）「スタッフとライン」辻清明編集代表『行政学講座　第四巻　行政と組織』東京大学出版会
木村三郎（1952）「国土総合開発法に基づく都府県の動向」『国土』第2巻19号
行政管理庁管理部（1951）『行政機構年報』第二巻
行政管理庁管理部（1952）『行政機構年報』第三巻
行政管理庁行政管理二十五年史編集委員会編（1973）『行政管理庁二十五年史』行政管理庁
久世公堯（1957）「府県における地方自治の実態（四）」『自治研究』第33巻6号
久世公堯（1963）「国の地方出先機関と地方自治（一）～（三・完）」『法律時報』第35巻8・9・10号
久世公堯（1965）「地方自治行政の現代的課題　（上）」『自治研究』第41巻6号
久世公堯（1966a）「新中央集権主義と地方自治の調和（1）」『自治研究』第42巻1号
久世公堯（1966b）「企画部の設置について——組織管理—1」『自治研究』第42巻2号
久世公堯（1971a）『地方行政管理講座　2　組織管理』第一法規
久世公堯（1971b）「体験的公害論（3）——公害十四法のツンボ桟敷におかれた地方自治」『地方自治』279号
久世公堯（2001）「体験的地方自治論　久世きみたかの国政報告（177）経営企画部の新設——都道府県の部制改革」『自治実務セミナー』40巻6号
久世公堯・鵜飼信成（1966）「府県の機能に対する再認識——その現状と今後の課題」『地方自治』229号
功刀俊洋（2005）『戦後型地方政治の成立』敬文堂
黒澤良（1999）「政党内閣期における内務省——「内政の総合性」をめぐる＜政党化＞の文脈」『東京都立大学法学会雑誌』第39巻2号
黒澤良（2013）『内務省の政治史』藤原書店
経済安定本部国土総合開発事務処編（1950）『府県別現況分析総合図表』国民経済研究協会
現代地方自治編集委員会編（1979）『現代地方自治全集　第25巻　地方自治総合年表』ぎょうせい
県庁物語編集委員会編（1988）『県庁物語』中央人事通信社
高知県開発総室編（1965）『総合開発行政のあゆみ』高知県開発総室
河野勝（2002）『制度』東京大学出版会
河野康子（2002）『日本の歴史　24　戦後と高度成長の終焉』講談社
神戸都市問題研究所・地方行財政制度資料刊行会編（1984）『戦後地方行財政資料　第1

巻』勁草書房
郡祐一ほか（1960）「自治省の発足と課題——内務省解体経緯から自治省設置過程を中心に」『自治研究』第36巻8号
国土計画協会編『府県の機能に関する調査』東京都企画調整局（発行年不明）
小島昭（1964）「静岡県における総合開発政策の展開」国立国会図書館調査立法考査局『地域開発の課題と方法』
小西德應（1999）「第一回知事公選と内務省　旧官選知事大量当選の背景」『政経論叢』第68巻2・3号
小林與三次（1951）「新しい自治と古い自治」『自治研究』第27巻11号
小林與三次（1955）「意見と感想」住本利男『地方自治はどこへゆく』学陽書房
小林與三次（1960）「自治省の発足をめぐって」『自治研究』第36巻7号
小林與三次（1961）「企画課長に与える書」『自治研究』第37巻10号
小林與三次（1966）『私の自治ノート』帝国地方行政学会
小林與三次（1969）「自治雑記　56」『地方自治』262号
小森治夫（2007）『府県制と道州制』高菅出版
小安貞丈（1952）「縣行政の企画及運営の推進軸」『国土』第2巻15号
埼玉県総務部人事課（1987）『埼玉県行政組織変遷史』埼玉県
酒井民雄（1991）『まじめ一筋県庁人生　香月熊雄』佐賀新聞社
坂田期雄（1977）『現代地方自治全集　第一巻　地方自治制度の沿革』ぎょうせい
佐久間彊（1956a）「内政省問題の経過」『自治時報』9巻7号
佐久間彊（1956b）「内政省案をめぐって」『自治研修』9号
佐久間彊（1957）「府県制度の改革について——地方制度調査会の答申の経過」『時の法令』第261号
佐久間彊・佐藤竺・塩野宏・林修三・星野英一（1972）「座談会　審議会」『ジュリスト』510号
佐藤竺（1965）『日本の地域開発』未來社
佐藤竺（1968）「最近における都道府県の行政改革」『政治経済論叢』18（終刊記念論文集・上）
佐藤俊一（2006）『日本広域行政の研究』成文堂
沢田一精（2006）『風の吹くまま』熊本日日新聞社
産経新聞長野支局編（2001）『長野県知事田中康夫がゆく』産経新聞ニュースサービス
自治研修協会（1986）『都道府県の行政改革：岡山県の事例』自治研修協会
自治省（1967）『都道府県企画開発事務担当部局機構調　昭和42年6月』
自治大学校（1960）『戦後自治史Ⅰ（隣組及び町内会，部落会の廃止）』自治大学校
自治大学校（1961）『戦後自治史Ⅱ（昭和21年の地方制度改正）』自治大学校
自治大学校（1963）『戦後自治史Ⅴ（地方自治法の制定）』自治大学校
自治大学校（1965）『戦後自治史Ⅶ（昭和22・3年の地方自治法改正）自治大学校
自治大学校（1966）『戦後自治史Ⅷ（内務省の解体）』自治大学校
自治大臣官房編（1971）『地方公共団体の公害対策』第一法規

柴田護（1975）『自治の流れの中で』ぎょうせい
島根県編（1956）『島根県行政機構改革要綱』島根県
下河辺淳（1994）『戦後国土計画への証言』日本経済評論社
新川敏光（1995）「新潟県における開発型政治の形成――初代民選知事岡田正平とその時代」『法政理論』第27巻3・4号
新川敏光（2004）「日本の年金政治――非難回避の成功と限界」新川敏光／ジュリアーノ・ボノーリ編『年金改革の比較政治学　経路依存性と非難回避』ミネルヴァ書房
新藤宗幸（1986）『行政改革と現代政治』岩波書店
進藤兵（1995）「都庁におけるトップ・マネジメント」御厨貴編『シリーズ東京を考える3　都庁のしくみ』都市出版
酉水孜郎（1975）『国土計画の経過と課題』大明堂
杉立久（1953）「内政省はできるか」『法律のひろば』第6巻11号
鈴木俊一（1955）「府県制度の根本的改革について」『時の法令』157号
鈴木俊一（1957）「地方自治の動向（下）」『自治研修』1957年1月号
砂原庸介（2006）「地方政府の政策決定における政治的要因」『財政研究』2巻
砂原庸介（2011）『地方政府の民主主義』有斐閣
住本利男（1955）『地方自治はどこへゆく』学陽書房
関口泰（1936）『時局政治学』中央公論社
全国市長会（1968）『全国市長会史』
全国人事委員会連合会編（1962）『人事委員会10年の歩み』
全国知事会編（1957a）『全国知事会十年史』
全国知事会編（1957b）『全国知事会十年史　資料編』
全国知事会編（1963）『地域総合行政と府県』
全国知事会編（1967a）『全国知事会続十年史　資料編』
全国知事会編（1967b）『府県制白書』
全国知事会編（1977）『全国知事会三十年史』
全国知事会編（1979）『変動期における都道府県政』
曽我謙悟（1998）「地方政府の政治学・行政学（1）－（7・完）」『自治研究』第74巻6号-12号
曽我謙悟（2000）「環境変動と行政組織の変化　通産省を事例として」『季刊行政管理研究』89号
曽我謙悟・待鳥聡史（2008）『日本の地方政治』名古屋大学出版会
大霞会（1977）『内務省外史』地方財務協会
大霞会（1980a）『内務省史　第一巻』原書房
大霞会（1980b）『内務省史　第二巻』原書房
田尾雅夫（1990）『行政サービスの組織と管理』木鐸社
高木鉦作（1958）「府県制度改革の答申に対する世論」『都市問題』第49巻6号
高木鉦作（1965）「広域行政論の再検討」辻清明編『現代行政の理論と現実』勁草書房
高木鉦作（1974）「知事公選制と中央統制」渓内謙・阿利莫二・井出嘉憲・西尾勝編『現

代行政と官僚制　下』東京大学出版会
高木鉦作（1986）「戦後体制の形成―中央政府と地方政府」大森彌・佐藤誠三郎『日本の地方政府』東京大学出版会
竹下虎之助（2006）『地方自治とは何か　竹下虎之助回顧録』現代史料出版
竹島斉（1955）「氷見市総合開発計画について」『国土』第5巻10号
武智秀之（1996）『行政過程の制度分析　戦後日本における福祉政策の展開』中央大学出版会
田中二郎（1957）「府県制度改革案の批判」田中二郎・俵静夫・鵜飼信成『府県制度改革批判』有斐閣
田中二郎（1970）「道州制再論 道州制論の焦点 - 再燃する道州制論の批判」田中二郎・俵静夫・原竜之助編『道州制論』評論社
田中二郎（1976）『新版　行政法　中巻〈全訂第二版〉』弘文堂
田中二郎・俵静夫・鵜飼信成（1957）『府県制度改革批判』有斐閣
田中二郎・俵静夫・原竜之助編（1966）『地域開発論』評論社
田中豊治（1994）『地方行政官僚制における組織変革の社会学的研究』時潮社
谷畑英吾（2003）「日本における自治組織権」村松岐夫・稲継裕昭編『包括的地方自治ガバナンス改革』東洋経済新報社
地方行政調査委員会議編（1952）『地方行政調査委員会議資料』地方行政調査委員会議
地方自治研究資料センター（1980）『地方自治年鑑 1980』第一法規
地方自治制度研究会編（1966）『注釈　地方自治関係実例集』帝国地方行政学会
地方自治百年史編集委員会編（1993）『地方自治百年史　第二巻』地方財務協会
ツェベリス，ジョージ（真柄秀子・井戸正伸訳）（2009）『拒否権プレイヤー 政治制度はいかに作動するか』早稲田大学出版部
津軽芳三郎（1959）「副知事・助役制度の問題点について」『自治研究』第35巻2号
辻清明（1969）『新版　日本官僚制の研究』東京大学出版会
辻清明（1979）「序章　変動期における都道府県政」全国知事会編『変動期における都道府県政』
土屋要（1986）『ドキュメント山梨県・知事交代』山梨ふるさと文庫
手塚洋輔（2010）『戦後行政の構造とディレンマ』藤原書店
照屋栄一編（1982）『復帰10周年記念　沖縄行政機構変遷史料』松本タイプ印刷所
東京市政調査会（2008）『補助金行政にみる規律密度――農道整備事業を事例として』東京市政調査会
友納武人（1981）『疾風怒濤――県政二十年のあゆみ』社会保険新報社
内政史研究会編（1966）『古井喜実氏談話速記録』内政史研究会
内政史研究会編（1974）『林敬三氏談話速記録』内政史研究会
内政史研究会編（1976）『鈴木俊一氏談話速記録』内政史研究会
内務省地方局編（1947a）『改正地方制度資料　第一部』内務省
内務省地方局編（1947b）『改正地方制度資料　第二部』内務省
内事局編（1948）『改正地方制度資料　第三部』内事局

地方自治庁編（1952）『改正地方制度資料　第七部』杉田屋印刷
自治庁編（1953）『改正地方制度資料　第八部』自治庁
自治庁編（1957）『改正地方制度資料　第一二部』大蔵省印刷局
自治庁編（1958）『改正地方制度資料　第一三部』大蔵省印刷局
永江一夫（1946）『新地方制度と地方選挙』日本社会新聞社
長野県編（1972）『長野県政史　第二巻』長野県
長野士郎（1952a）「地方自治制度改正要綱について」『自治研究』第 28 巻 4 号
長野士郎（1952b）『改正地方自治法逐条解説：第 13 国会改正部分』港合作出版社
長野士郎（1955）「地方行政機構の簡素化をめぐって」『地方自治』第 87 号
長野士郎（1961）「地方行政の転回――行政秩序の確立についての考察」『自治研究』第 37 巻 10 号
長野士郎（1967）「空想地方自治論」『地方自治』第 230 号
長野士郎（1970）『逐条地方自治法　改訂新版』学陽書房
長野士郎（2004）『私の 20 世紀』学陽書房
長濱政寿（1946）『知事公選の諸問題』有斐閣
中郁章編（2000）『自治責任と地方行政改革』敬文堂
中村五郎（1976）「計画と調整」辻清明編『行政学講座　3　行政の過程』東京大学出版会
中矢一清（1957）『戦後愛媛県政秘話』関洋紙店印刷所
成田政次（2004）『県政断章』成田尚武
成田頼明（1979）「都道府県の行政組織」全国知事会編『変動期における都道府県政』全国知事会
西尾勝（1977）「過疎と過密の政治行政」『年報政治学 1977』岩波書店
西尾勝（1987）「集権と分権」国家学会編『国家と市民　第二巻』有斐閣
西尾勝（1990）『行政学の基礎概念』東京大学出版会
西尾勝（1993）『行政学』有斐閣
西尾勝（1999）『未完の分権改革』岩波書店
西澤権一郎（1952）「自然と人間生活の一体性」『国土』第 2 巻 15 号
野中尚人（1999）「戦略的思考の制度的消耗：国内政治と日本のアジア外交」『学習院大学法学会雑誌』第 35 巻 1 号
野村秀雄（1953）「旧内務省は復活するか」『政界往来』第 19 巻 11 号
橋本信之（2005）『サイモン理論と日本の行政――行政組織と意思決定』関西学院大学出版会
橋本道夫（1988）『私史　環境行政』朝日新聞社
原口恒和（1978）「地方公共団体における行政改革の概況」地方自治制度研究会編『国・地方公共団体の行政改革』ぎょうせい
原田晃樹・金井利之（2010）「看取り責任の自治（上）」『自治総研』378 号
東浦庄治（1938）「農村自治制度案批判」『法律時報』第 10 巻 9 号
平野孝（1990）『内務省解体史論』法律文化社
平野孝（1997）『菜の花の海辺から　上　評伝　田中覚』法律文化社

平山博三（1955）「静岡県計画の構成と行政面への反映」『国土』第5巻9号
広島県（2008）『広島県行政システム改革推進懇話会（第3回）会議概要』
広島県企画室編（1950）『広島県政の実績．昭和23-24年度』中国人事通報社
福島県総務部人事課（1969）『昭和44年4月1日実施　行政機構改革の記録』
福島県総務部人事課（1978）『昭和53年4月1日実施　行政機構改革の記録』
福田善次（1953）「中央・地方の人事交流　沈滞の原因を衝く」『公務員』1953年5月号
福良俊之（1954）「国土省問題をめぐって」『建設時報』第6巻1号
藤井貞夫（1957）「地方行政運営の指導理念――地方行政運営論―1」『自治研究』第33巻8号
藤竹暁（2000）「居場所を考える」藤竹暁編『現代人の居場所』至文堂
フッド，クリストファー（2000）『行政活動の理論』岩波書店
古井喜実（1938）「行政機構改革の一問題としての内務省の将来」『自治研究』第14巻5号
古居儔治（1977）『現代地方自治全集　4　地方公共団体の行政組織』ぎょうせい
古城利明（1977）『地方政治の社会学』東京大学出版会
ペンペル，T. J.（1987）「占領期における官僚制の改革――ミイラとりのミイラ」坂本義和＝R. E. ウォード編『日本占領の研究』東京大学出版会
星野光男（1982）『地方自治論』ぎょうせい
牧原出（1995）「内閣・官房・原局（一）」『法学』第59巻3号
牧原出（1996）「内閣・官房・原局（二）」『法学』第60巻3号
牧原出（2009）『行政改革と調整のシステム』東京大学出版会
増島俊之（1996）『行政改革の視点』良書普及会
増田弘（2001）「パージの衝撃　岩手県を中心として」天川晃・増田弘編『地域から見直す占領改革』山川出版社
松尾信資（1952）「総合開発と県機構の一体化」『国土』第2巻19号
松尾信資（1983）『遠山無限』第一法規出版
松谷芙佐子（2006）「昭和20・30年代の道州制論議――地方制度調査会速記録を中心に」『レファレンス』第56巻9号
松野秀雄（1989）『県政秘話』川口末広
松村清之（1954）「地方公務員の人事交流」『町村合併促進法施行一周年・地方自治総合展覧会記念　自治論文集』地方財務協会
真渕勝（1999）「変化なき改革，改革なき変化――行政改革研究の新アプローチ」『レヴァイアサン』24号
丸山進（1952）「総合開発計画作成の問題点」『国土』第2巻14号
御厨貴（1996）『政策の総合と権力』東京大学出版会
水谷三公（1999）『官僚の風貌』中央公論新社
溝渕増巳（1977）『県政二十年』高知新聞社
三田妃路佳（2010）『公共事業改革の政治過程』慶應義塾大学出版会
南良平（1996）『戦後熊本の県政史』熊本日日新聞情報文化センター

宮崎剛（1965）「地方行政連絡会議法について」『自治研究』第 41 巻 6 号
宮澤弘（2007）『地方自治に生きる』第一法規
宮本憲一編（1990）『補助金の政治経済学』朝日新聞社
村井哲也（2008）『戦後政治体制の起源』藤原書店
村上弘（1993）「中央地方関係の「結合」と相互依存モデル――行政エリート調査その他のアンケートをもとに」『立命館法学』230 号
村上弘（1994）「国の自治体に対する統制・誘導」西尾勝・村松岐夫編『講座行政学　第 5 巻　業務の執行』有斐閣
村上祐介（2008）「行政組織の必置緩和と地方政府の制度選択」『年報政治学』2008 年 2 号
村田幹雄（1961）「地方基幹都市建設の構想について」『都市問題研究』第 13 巻 1 号
村松岐夫（1988）『地方自治』東京大学出版会
百瀬孝（1990）『事典昭和戦前期の日本：制度と実態』吉川弘文館
森田朗（1987）「行政組織の編成過程に関する一考察――アメリカ環境保護庁の設立過程を例として」『年報行政研究 22　公務員制度の動向』ぎょうせい
森田朗（1991）「「政策」と「組織」――行政体系分析のための基本概念の考察」『組織と政策Ⅴ』行政管理研究センター
八木廉（1993）『岩手の開発に挑む　戦後の県総合開発の歩み』熊谷印刷出版部
安田雪（1997）『ネットワーク分析』新曜社
山越道三（1956）「地域計画の発展のために」『国土』第 6 巻 10 号
山越道三（1957）「国土総合開発七年の歩みを顧みて」『国土』第 7 巻 5 号
山越道三ほか（1955）「≪座談会≫これからの総合開発は如何にあるべきか」『国土』第 5 巻 6 号
山越道三ほか（1957）「＝座談会＝　香川県の総合開発を語る」『国土』第 7 巻 2 号
山崎一樹（1990）「地方公共団体の本庁の組織」鈴木正明・川村仁弘『実務地方自治法講座六　執行機関』ぎょうせい
山下茂・谷聖美・川村毅（1992）『比較地方自治――諸外国の地方自治』第一法規出版
山中永之佑（1999）『日本近代地方自治制と国家』弘文堂
山梨県（1970）『昭和 43 年 4 月 1 日施行の行政機構改革の記録』山梨県
山之内稔・石原俊彦（2008）「地方分権時代における地方公共団体の組織設計と首長のトップマネジメント」『ビジネス & アカウンティングレビュー（関西学院大学）』第 3 号
山本明生（1978）「兵庫県における行政改革について」地方自治制度研究会編『国・地方公共団体の行政改革』ぎょうせい
山本明（1965）「組織管理改善の一動向」『自治研究』第 41 巻 9 号
山本弘（1964）「広域行政をめぐる国と地方公共団体との連絡協同機構」『自治研究』第 40 巻 7 号
八幡和郎（2007）『歴代知事三〇〇人　日本全国「現代の殿様」列伝』光文社新書
湯浅博（1983）『証言　千葉県戦後史』崙書房
結城康夫（1955）「町村合併と総合開発」『国土』第 5 巻 10 号

横田光雄・園田健次（1979）「地方制度調査会四半世紀の歩み―4」『自治研究』第55巻4号
横浜市総務局市史編集室編（1993）『横浜市史　資料編3　占領期の地方行政』横浜市
吉浦浄真（1957）「新市町村建設問題について」『国土』第7巻9号
吉住俊彦（1969）『企画室入門』良書普及会
吉田慎一（1978）『木村王国の崩壊』朝日新聞社
吉富重夫（1947）『デモクラシーと地方自治』社会文化学会
吉村裕之（2006）『三重県の行政システムはどう変化したか』和泉書院
読売新聞佐賀支局編（1969）『知事物語』金華堂
リード，スティーブン　森田朗他訳（1990）『日本の政府間関係　都道府県の政策決定』木鐸社
臨時行政機構整備委員会幹事会（1963）『行政機構整備に関する問題点についての予備的審議の結果報告』
歴代知事編纂会（1980）『日本の歴代知事　第一巻』歴代知事編纂会
蠟山政道（1937）『地方行政論』日本評論社
蠟山政道（1958）『地方制度の改革』中央経済社
和田英夫・櫻井昭平（1964）「府県における広域行政の課題――地方行政連絡会議構想を中心として」『自治研究』第40巻9号

（外国語文献）

Berkman, Michael B. and Christopher Reenock. "Incremental Consolidation and Comprehensive Reorganization of American State Executive Branches". *American Journal of Political Science* 48（4）: 796-812.2004.
Chackerian, Richard. "Reorganization of State Governments: 1900-1985" *Journal of Public Administration and Theory*. 6（1）: 25-47.1996.
DiMaggio, Paul J., and Walter W. Powell. "Introduction" in W.W. Powell and P.J. DiMaggio eds. *The New Institutionalism in Organizational Analysis*. Chicago: The University of Chicago Press, 1991a
DiMaggio, Paul J., and Walter W. Powell. "Iron Cage Revisited: Institutional Isomorphism and Collective Rationality in Organizational Fields." in W.W. Powell and P.J. DiMaggio eds. *The New Institutionalism in Organizational Analysis*. Chicago: The University of Chicago Press, 1991b
Edelman, Murray. *The Symbolic Uses of Politics: with a new Afterword*. Urbana and Chicago: University of Illinois Press,1985.〔マーレー・エーデルマン　（法貴良一訳）（1998）『政治の象徴作用』中央大学出版部〕
Garnett, James L. *Reorganizing State Government: The Executive Branch*. Boulder: Westview Press. 1980.
Graves, W. Brooke. *Reorganization of the Executive Branch of the United States: A Compilation of Basic information and Significant Documents, 1912-48*. Washington,

D.C.: Library of Congress, 1949.

Guy Peters, B. with Brian W. Hogwood. "Organizations an the Building Blocks of Government" in B. Guy Peters, *Comparing Public Bureaucracies: Problems of Theory and Method*, University of Alabama Press, 1988.

Hogwood, Brian W. and B. Guy Peters, *Policy Dinamics*, Brighton, Sussex: Wheatsheaf Books, 1983

Hood, Christopher and Andrew Dunsire, *Bureaumetrics, the Quantitative Comparison of British Central Government Agencies*, Univ of Alabama Press, 1981

Horn, Murray J. *The political economy of public administration: Institutional choice in the public sector*. New York: Cambridge University Press. 1995.

Kaufman, Herbert. *Politics and policies in State and local governments*. Prentice-Hall. 1963.

Kaufman, Herbert. *The Limits of Organizational Change*. University of Alabama press, 1971.

Kaufman, Herbert. *Are Government Organizations Immortal?* The Brookings Institution, 1976.

Lewis, David E. *Presidents and Politics of the Agency Design*. Stanford: Stanford University Press. 2003.

March, J. G. and H. A. Simon. *Organizations*. John Wiley. 1958.

March, J. G. and J. P. Olsen. *Rediscovering Institutions: The Organizational Basis of Politics*. Free Press. 1989.

Meyer, John W., and Brian Rowan. "Institutionalised Organizations: Formal Structure as Myth and Ceremony." *American Journal of Sociology* 83-2: 340-363. 1977.

Pierson, Paul. *Politics in time: history, institutions, and social analysis*. Princeton: Princeton University Press. 2004.〔ポール・ピアソン　粕谷祐子監訳（2010）『ポリティクス・イン・タイム　歴史・制度・社会分析』勁草書房〕

Samuels, Richard J. *The Politics of Regional Policy in Japan*. Princeton, N.J.: Princeton University Press, 1983.

Selznik, Philip. *Leadership in Administration: A Sociological Interpretation*. New York: Harper & Row. 1957.

Simon, H. A. *Administrative Behavior*, 3rd ed., The Free Press, 1974.

Tolbert, P. S. and L. G. Zucker. "Institutional Sources of Change in the Formal Structure of Organizations: The Diffusion of Civil Service Reform, 1880-1935.", *Administrative Science Quarterly* 28: 22-39. 1983.

Tolbert, P. S. and L. G. Zucker. "The Institutionalization of Institutional Theory", in S. R. Clegg, C. Hardy and W. R. Nord (eds.) *Handbook of Organization Studies*. London: Sage.1996.

Walker, Jack. L. "The Diffusion of Innovations among the American States," *American Political Science Review* 63: 880-899. 1969.

索　引

【サ行】

【タ行】

【ナ行】

【ハ行】

【マ行】

【ヤ行】

【ラ行】

著者紹介

稲垣 浩（いながき・ひろし）

1976年大分県臼杵市に生まれる。学習院大学法学部政治学科卒業、東京都立大学大学院社会科学研究科政治学専攻博士課程単位修得退学。博士（政治学）。
横須賀市都市政策研究所研究員、首都大学東京都市教養学部法学系助教、國學院大學法学部兼任講師、財団法人自治研修協会研究員などを経て、現在、北海学園大学法学部講師。

主な論文に、「国・府県間人事交流の制度形成」（『東京都立大学法学会雑誌』第41巻２号、2004年）、「戦後府県企画担当部局の形成と展開」（『年報行政研究』41号、2006年）、「組織と人事をめぐる府県行政の戦前と戦後——戦後内政・府県行政の変化と「非公式制度」の形成」（『北海学園大学法学部50周年記念論文集』アイワード、2015年近刊）など。

戦後地方自治と組織編成
「不確実」な制度と地方の「自己制約」

2015年３月30日　初版第１刷発行

著　者　稲垣　浩
発行者　吉田真也
発行所　合同会社 吉田書店
102-0072　東京都千代田区飯田橋2-9-6 東西館ビル本館32
Tel：03-6272-9172　Fax：03-6272-9173
http://www.yoshidapublishing.com

装丁　折原カズヒロ
DTP　アベル社
印刷・製本　シナノ書籍印刷
定価はカバーに表示しております。

ISBN978-4-905497-29-5